小历史·大世界

希腊小史

晏绍祥 著

A LITTLE
HISTORY OF
ANCIENT
GREECE

北京大学出版社
PEKING UNIVERSITY PRESS

图书在版编目（CIP）数据

希腊小史 / 晏绍祥著． -- 北京：北京大学出版社，
2024.8． -- （小历史·大世界）． -- ISBN 978-7-301-35213-7
I. K545.0

中国国家版本馆 CIP 数据核字第 2024YB7461 号

书　　　名	希腊小史 XILA XIAOSHI
著作责任者	晏绍祥 著
责 任 编 辑	王晨玉
标 准 书 号	ISBN 978-7-301-35213-7
出 版 发 行	北京大学出版社
地　　　址	北京市海淀区成府路 205 号　100871
网　　　址	http://www.pup.cn　新浪微博 @ 北京大学出版社
电 子 邮 箱	编辑部 wsz@pup.cn　总编室 zpup@pup.cn
电　　　话	邮购部 010-62752015　发行部 010-62750672 编辑部 010-62752025
印 刷 者	北京九天鸿程印刷有限责任公司
经 销 者	新华书店 730 毫米 ×1020 毫米　32 开本　13.375 印张　310 千字 2024 年 8 月第 1 版　2024 年 8 月第 1 次印刷
定　　　价	98.00 元

未经许可，不得以任何方式复制或抄袭本书之部分或全部内容。
版权所有，侵权必究
举报电话：010-62752024　电子邮箱：fd@pup.cn
图书如有印装质量问题，请与出版部联系，电话：010-62756370

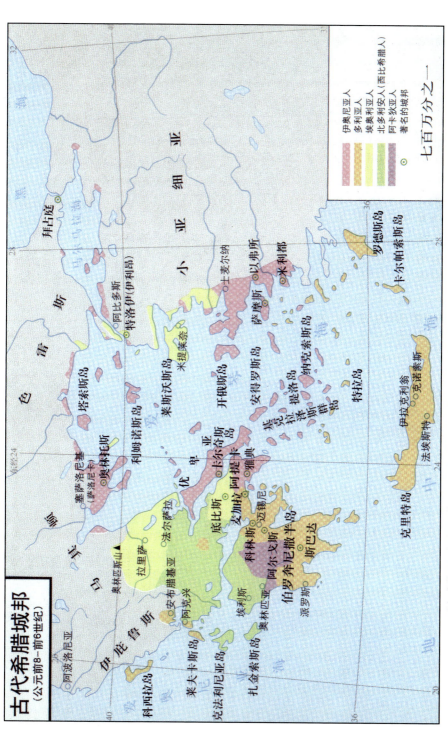

引自《世界历史地图集》，张芝联、刘学荣主编，中国地图出版社，2002年4月出版，部分地名有改动。

目录 CONTENTS

爱琴文明

第一章 发现希腊的远古时代 002
第二章 克里特与迈锡尼文明 013
第三章 特洛伊之战和迈锡尼文明的灭亡 028

荷马时代

第四章 城邦初生：史诗、英雄和人民 042
第五章 希腊神话的产生与发展 056

古风时代·双城记

第六章 希腊城邦的形成 072
第七章 公民与城邦——希腊政治文明的核心 085
第八章 斯巴达社会：公民、边民和黑劳士 097
第九章 斯巴达制度——国王、长老会和公民大会 109
第十章 雅典开始走向民主——梭伦改革 124
第十一章 雅典民主制度的确立 138

古典时代·希波战争

第十二章　地中海格局的改变　154

第十三章　马拉松战役　167

第十四章　斯巴达的勇气——血战温泉关　182

第十五章　决定命运的一战——萨拉米斯战役　196

第十六章　波斯梦碎、希腊制胜　208

雅典的黄金时代

第十七章　从盟友到臣民——提洛同盟和雅典霸权　224

第十八章　伯里克利时代雅典民主制度的发展　237

第十九章　城邦中的边缘群体——妇女、外侨和奴隶　253

大变局

第二十章　恐惧还是好战——对修昔底德陷阱的思考　266

第二十一章　城邦"夕阳"？——斯巴达和底比斯的兴衰　280

第二十二章　野心与征服——马其顿征服希腊　293

希腊化时代

第二十三章　霸业成空——亚历山大东征　306

第二十四章　谁是最强者？希腊化世界的终局　319

希腊的遗产

第二十五章　荷马的餐桌——古希腊的文学　332

第二十六章　理性精神——希腊的哲学与思想　345

第二十七章　希罗多德及其他：西方史学的起源　360

第二十八章　美的追求——古希腊的建筑与艺术　375

第二十九章　卓越就是目的——赛会与竞争精神　394

第三十章　古典希腊到现代希腊　412

爱琴文明

第一章
发现希腊的远古时代

1846年,英国伟大的史学家格罗特出版了他的名作《希腊史》第1卷。在该书的导言中,格罗特特别声明,希腊的信史只能从公元前776年古代希腊的第一届奥林匹亚赛会算起。因为在那之前的希腊,只有传说,没有历史。甚至公元前776年之后的大约两百年中,合格的历史证据仍非常少。在阐述自己这样处理的理由时,格罗特借用柏拉图和亚里士多德的话说,在很多时候,承认无知远比假装知道那些不能确定或者实际不知道的事情要好。尽管他在自己的书中叙述了早期希腊的传说,但那只是想从中探索古希腊人的精神。至于从早期希腊的传说中发掘出历史的尝试,属于徒劳无功的事业。

然而,大约60年后,伯里在撰写他的名作《希腊史》时,已经抛弃了格罗特的论断,撰写了希腊人从起源,经过爱琴文明到古风时代的历史,还辟出专门的篇幅讨论迈锡尼文明、特洛伊战争和英国银行家、政治家和学者，写有12卷《希腊史》。他熟悉德国古典哲学、英国古典政治经济学和史料批判方法，其《希腊史》是古希腊史研究中的标志性成果。

乔治·格罗特

多利亚人的征服，将希腊人的起源与古风时代希腊城邦的起源联系起来。此后，关于希腊人的起源和克里特－迈锡尼文明的历史，就成为古希腊史一个有机组成部分。到20世纪后期英国人修订《剑桥古代史》时，古代希腊史不仅包含克里特－迈锡尼文明，而且被追溯到更早的旧石器时代。此版关于早期希腊史的篇幅，较之《剑桥古代史》第一版扩张一倍有余。100多年来，人们对希腊史的认识发生了天翻地覆的变化。而这个变化的源头，要从德国商人施里曼说起。

施里曼的发现

1822年,施里曼出生于德国北部城市梅克伦堡附近的一个小村庄,父亲是一位贫穷的牧师,并没有让他接受很好的教育,但经常给他讲一些关于荷马史诗的故事。其中希腊人攻陷特洛伊、掳掠大批宝藏的故事,让他印象深刻,因此他立志要找到荷马描写的特洛伊。然而他的出生和经历,让他无法马上实现研究荷马的愿望。为了谋生,他在酒馆里当过侍者,在船上当过水手,但都非常不顺利。尤其是当水手那次,船只出海后遭遇风暴沉没,他侥幸拣得一条性命。即使如此,他仍没有放弃自己的梦想。在阿姆斯特丹一所商行当杂役期间,他开始学习外语,并且很快掌握了英语、法语、荷兰语、西班牙语、葡萄牙语和意大利语。从22岁起,他开始学习俄语。当时欧洲人学习俄语的人和资料都很少,他的学习材料,不过是一本旧语法书、一本词典和一部记述奥德修斯之子特勒马科斯的故事书。然而仅凭这些材料,他居然在学习一个半月后,就能够用俄语与商人谈判,顺利签下合同。从此以后,施里曼时来运转,逐渐有了自己的公司,而且经营得顺风顺水,到19世纪50年代即他30多岁时,已经成为积累了相当资产的富商。

然而,对施里曼来说,经商致富只是他实现自己梦想的一个手段。他的主要目标仍然是找到荷马描写的特洛伊。为此,他从1856年开始学习希腊语,后来又学习古代希腊语以及荷马史诗特有的六音步诗歌,而且居然不到半年时间就掌握了。19世纪60年代,他

> 施里曼写有众多著作,介绍了他的考古发掘经历和发现。他写书的速度,足以与他作为商人的效率媲美。

施里曼

两次前往希腊大陆考察。1870年,他初步确定了特洛伊遗址的位置,经过与土耳其政府谈判,开始发掘特洛伊。

施里曼确定的特洛伊遗址位于今黑海海峡入口处的亚洲一边,是一座名叫希萨里克的山丘。本来在施里曼之前,西方人已经为何处是荷马的特洛伊进行过研究和考察。大多数人认为,特洛伊可能位于离海岸线3小时路程的一个叫布纳尔巴希的小村庄。他们想当然地认为,由于古代海盗猖獗,离海太近的村庄,例如希萨里克,容易遭到攻击和洗劫,不太可能是特洛伊。而布纳尔巴希有泉水,离海岸有一定距离,且巧妙地隐蔽在一个山坳内,选址建城的可能性很大。不过施里曼认为,荷马描写的特洛伊应当离大海很近,因为英雄们交战之时,一天之中可以在特洛伊和大海之间数次往返。如果特洛伊真在布纳尔巴希,那这样的事情不可能发生。而且施里曼发现,荷马描写的特洛伊城附近只有两处泉水,布纳尔巴希却有40处。再就是荷马曾经说过,当希腊英雄阿喀琉斯追逐特洛伊方面的统帅赫克托尔时,两人曾经绕城奔跑数圈。可是布纳尔巴希村庄周围地形陡峭,普通人不要说是跑,就是绕着走都会连滚带爬。而希萨里克山丘虽然距离海边较近,但那里坡度比较平缓,一圈不过3英里,在被人追逐的激烈战斗里,跑上3圈是完全可能的。同时,那个地方发现了不少陶片,罗马人时代的新特洛伊也位于这里,其高耸的土丘,显然是古昔历代城市废墟累积的结果。因此,施里曼确定,希萨里克才是荷马描写的特洛伊。

施里曼是一个商人,一个没有接受过任何考古学训练、一心想寻找特洛伊宝藏的商人,加上那时近代考古学还处在初级阶段,没有那么多顾忌,发掘方式自然与众不同。他直接在希萨里克山丘上从南向北开掘一条大沟,以尽快找到他心目中的特洛伊。对于那些他认为无用的器物和文物,则非常随意地丢弃。不过他有一个长处:比较细心地汇集他认为有助于说明问题的陶片,区分基本的地层,所以能够先后在特洛伊发现9座相互叠压的城市。对于他发现的文物,尤其是他认为属于荷马时代的那些珍宝,他并没有履行与土耳其政府签订的协议,而是在发现之后想尽办法先是偷运到希腊,然后又运回德国,并在那里发布。

施里曼的发现在欧洲引起轰动,不仅因为他发现了大量他认为属于荷马时代的文物,如金制王冠、手镯、项链以及8700件类型各异的贵金属制品,还因为他通过发掘证明,希萨里克山丘有可能就是荷马描写的特洛伊的所在地。

施里曼的发掘公布之后,大部分人对这一发现抱着积极和赞赏的态度,但也有部分学者怀疑那里是否属于荷马曾经描写过的特洛伊遗址。在 19 世纪部分富有理性的欧洲人看来,荷马的描写太过神奇,神灵亲自参与人间战斗并且受伤的经历,尤其难以置信。对于质疑最有力的回击,当然是请专业考古学家继续发掘,由他们来证实那里是否就是荷马描写的特洛伊。然而施里曼因为偷运文物出境与土耳其政府闹翻,不得不采取另一个策略:发掘荷马描写的其他城市遗址,用这些城市的存在证明特洛伊存在的真实性。于是他把目光转向希腊大陆,去发掘荷马描写的迈锡尼、提林斯等地遗址。迈锡尼据说是希腊讨伐特洛伊联军的统帅阿加门农的国家,在史诗中经常被称为"富有黄金的迈锡尼"。施里曼根据古代作家的记载,认为国王们的陵墓应当在迈锡尼城墙内,而事实再次证明他迷信古典作家的做法是正确的,因为从 1876 年 8 月开始发掘后不久,他就发现了古代的一些陶瓶,另外还有其他类似希腊远古时代的建筑,接着就是他最为轰动的发现:找到 9 块墓碑,其中 4 块还有完整的浅浮雕,并在这些陵墓中发现 15 具遗骨,有些尸体的面部还覆盖黄金面罩。施里曼认为,这些尸体就是荷马描写的国王阿加门农及其亲属的尸体。于是,他打电报给当时的希腊国王说:"我非常高兴地向陛下报告,我已经发现了一批古墓,按照传说,墓中的死者应为阿加门农、卡桑德拉、尤利梅顿和他们的战友。"

虽然后来的事实证明,他发现的那些墓葬比他心目中的荷马至少要早 400 年左右，属于迈锡尼统治的中期而非末期，但那并不重要。重要的是，施里曼能够证明，以荷马史诗为核心的早期希腊传说，有着基本的历史内核。如果没有施里曼对荷马史诗的狂热喜爱以及他具有的开创精神，希腊青铜时代文明的发现，恐怕至少要晚上很多年，我们对古代希腊历史的认识，不免也要受到严重影响。

迷宫、涅斯托尔与线形文字 B

施里曼的发现，引发了欧洲对于希腊青铜时代的兴趣。20 世纪希腊最重要的考古成果，非克里特文明的发现莫属。

发现和奠定克里特文明研究基础的是英国学者伊文思。伊文思曾在牛津的阿什慕莲博物馆任职，接受过考古训练。他顺利取得了发掘许可，从 1900 年开始在克诺索斯发掘。发掘开始不久就发现大量文物。他发掘出从新石器时代到罗马时代的一系列城市遗址。通过当地文物与埃及文物的比对，伊文思确定了克诺索斯历史发展的分期，根据传说中的国王米诺斯的名字，分别将克里特文明划分为米诺斯早期、中期和晚期，并在每个大的时期之下，进一步划分出若干小的时期，确立了克里特文明研究的基本框架。此外，伊文思还自掏腰包，对发掘出来的建筑遗迹进行修复。

伊文思在克诺索斯的发掘，把克里特变成了考古学界的热点，欧洲其他国家的考古学者纷至沓来，而且都有程度不等的发现。意大利人发掘了法埃斯特以及邻近的圣特里亚达，法国人发掘了马里

伊文思

英国考古学家，克诺索斯发掘者。他将一生献给了克里特文明的发掘和研究，著有《克诺索斯的米诺斯王宫》《米诺斯文字》等。

亚，美国人发掘了古尔尼亚。他们的发掘，大多与英国人在克诺索斯的发掘同时进行，有些则稍晚，有关的研究一直延续到今天。

伊文思在克里特发现了不少刻有文字的泥版文书，并且出版了有关专著。因为克里特的发掘和修复很大程度上是他个人出资，他拒绝在自己进行研究之前公布有关文书。就在这时，美国学者布列根的工作，成为爱琴文明研究的新起点。布列根是一个勤勉的学者。在美国塔夫脱基金会的资助下，他曾非常细致地重新发掘特洛伊，取得非常重要的成果，并重新确定了荷马所描写的特洛伊的地层。他还曾与英国考古学家沃斯合作，确立希腊大陆青铜时代年代学的基本框架。1939年,正当欧洲战云密布之时,他率领美国考古队前往伯罗奔尼撒半岛西南的派罗斯发掘。那里是传说中的希腊老将、派罗斯国王涅斯托尔的家乡。在这里,他不仅发掘出规模宏大、装饰奢华的宫殿,更重要的是找到大约600块泥版文书,并在附近发掘出一些迈锡尼王室使用的圆顶墓。他将所有文书根据发现地、发现时的形状和性质,一一登记造册后向学术界公布。第二次世界大战结束后,布列根返回派罗斯重新发掘,又发掘出不少文书。同时,其他学者在希腊大陆的迈锡尼、底比斯和雅典等地继续发掘,也得到部分文书。到此时,对文书进行全面研究的时刻终于到来。

在克诺索斯发现的文书用两种不同的文字书写。较早的一种被伊文思称为线形文字A,稍晚的一种被称为线形文字B。对于文书的研究,则从它们被发现时就开始了。伊文思和布列根都曾经猜测,文书可能是用一种古老的希腊语书写,但希腊语是字母文字,而泥版文书显然不是,研究一度陷入停滞。但这些文书引起年轻的文特里斯的注

布列根

美国考古学者,曾与英国考古学家沃斯合作,基本确定青铜时代希腊大陆考古年代,著有《特洛伊和特洛伊人》等著作。

意。据说 1936 年伊文思在伦敦就线形文字做学术报告时，当时年仅 14 岁的文特里斯就是听众之一。这个故事不免让我们想起希罗多德对修昔底德的启发，以及施里曼听到荷马史诗故事后的激动。无论如何，也许这次报告激起他对文书的兴趣，后来他虽然成为建筑工程师，却并未放弃他的爱好。年仅 17 岁时，他就

文特里斯

写出一篇有关线形文字 B 的学术论文，并在权威的《美国考古杂志》发表。后来他继续研究，终于在 1952 年取得突破。在英国 BBC 广播公司一次有关线形文字 B 的节目中，文特里斯如此宣布：

> 在过去的数周中，我已经得出如下结论：克诺索斯和派罗斯的文书，终归是用希腊语书写的，由于它比荷马早了 500 年，而且形式简短，因此是一种困难且古朴的希腊语，但它毕竟是希腊语。
>
> 一旦我有了这个设想，曾困扰我的这种语言及其拼写的大多数独特性似乎都有了合理的解释。虽然许多文书仍像过去一样难以理解，但大量其他文书突然之间变得可以理解了。①

---

① 本书引文为作者根据原文译出，部分参考中译本，下同不另注。

在剑桥大学的约翰·柴德威克的帮助下，文特里斯最终成功解读了线形文字B，而且得到学术界普遍承认。1953年，他与柴德威克合作，后来出版了他们最重要的著作《迈锡尼希腊语文献》，其中论述了他们解读的原则和具体操作办法，从而向世人宣布，又一种古老的语言被攻克。虽然文特里斯1956年不幸因车祸去世，未能看到自己和柴德威克合作的《迈锡尼希腊语文献》出版，但他对线形文字B的解读科学性得到了证明。大量用线形文字B书写的文书，从此成为可资利用的史料，为研究克里特－迈锡尼文明奠定了最为坚实的基础。

从1870年施里曼在特洛伊投下第一锹，经过伊文思发掘迷宫、布列根发掘涅斯托尔的王宫，到1952年文特里斯成功解读线形文字B，在将近100年的时间里，学者们付出的巨大辛劳终于得到了他们期望的回报：远古希腊青铜时代的文明，终于在考古学家的铁锹下和古人留下的文书中逐渐揭开了面纱，成为世人近距离观察的对象。希腊文明的历史，也从格罗特时代的公元前776年，上推到公元前2千纪初。正是因为学者们的努力，我们今天才能从头开始讲述希腊文明的历史。至于青铜时代希腊文明的具体情况，有待下一章细说。

第二章
克里特与迈锡尼文明

上一章介绍了考古学恢复早期希腊史的情况,意在说明早期希腊的历史是怎样通过考古一步步被重建起来的。古希腊青铜时代的文明——克里特和迈锡尼文明,就是靠考古学家以及文字学家挖掘和解读出来的。

之所以将克里特和迈锡尼文明称为希腊青铜时代的文明,是因为最初的文明使用的主要金属是青铜,最早的文明如苏美尔、古埃及、中国的商周和印度河流域文明,都是如此,克里特和迈锡尼文明也不例外。

有人可能会说,古希腊的早期文明是爱琴文明,而爱琴文明指的是爱琴海诸岛屿上的文明,也包括克里特和迈锡尼文明,因此应当将其统称为爱琴文明。这话既对也不对。对,是因为爱琴文明确实包括爱琴海周边的地区及其岛屿上的文明,但是从主体言之,更多的还是克里特和迈锡尼文明。其他地方的文明我们偶尔也会涉及,比如莱斯沃斯岛上很早出现的城市，还有特洛伊和米洛斯岛等的早期遗迹。米洛斯岛后来名气极大，因为那里是米洛斯的维纳斯的出土地。但中国学界还是会用克里特和迈锡尼文明指代爱琴文明。

我们首先要谈的是为什么希腊最早的文明出现在克里特。这与它的地理位置有关。克里特是巴尔干南部大海中一个东西向的岛屿，东西比较长，达到250千米，南北比较窄，最窄的地方是12千米，最宽处也只有57千米，所以岛并不是特别大。岛的北边自然条件相对较好，古代克里特文明的宫殿，即文明的中心都在岛北边。由于岛屿位于爱琴海南边，它一方面和希腊大陆，另外一方面和西亚，比如说小亚细亚和埃及之间联系比较密切，是地中海上居民东迁西移的一个重要中转站，所以岛上的居民成分随时可能都会变化。截至目前，就我们所知，最早的居民是在公元前6000年左右从外地迁移而来。这些居民一到克里特，就知道哪个地方适合农业。他们最初定居的位置，就是后来修建迷宫的地方克诺索斯。

关于克里特文明，古希腊人有很多传说。在《奥德赛》中，荷马说道，有一个大岛叫克里特，岛上有90座城市，最大的城市是克诺索斯。岛上居民有多利亚人，所谓的克里特人，还有真正的克里特人等。在《伊利亚特》里，克里特人的领袖是一个叫伊多墨纽斯的英雄。他的地位相当重要，因为他曾经出现在希腊人远征特洛伊的议事会中，是议事会的成员，曾经公开与统帅阿加门农唱反调。在希腊神话中，克里特也相当重要。在奥林匹斯神系中，第一大神是掌管雷电的宙斯。据说他出生之后，为躲避他的父亲，母亲把他

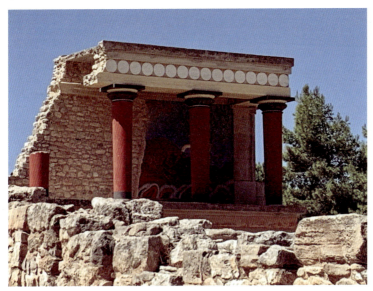

克诺索斯宫殿复原图（部分）

宫殿由英国考古学家伊文思修复，注意宫殿依山而建，柱子下细上粗。

藏在克里特的伊达山的山洞里，在那里长大。另一个神话是关于克里特国王米诺斯和能工巧匠戴达罗斯的。据称米诺斯是宙斯的儿子，掌握着王权。有一次他祭神时缺少牛，于是他向神祷告，说如果神能给他送来一头牛，他马上把这头牛祭献给海神波塞冬。

海神波塞冬听见了他的祷告，真的给他从海里送来一头牛。但米诺斯看这牛太漂亮了，觉得祭神太可惜，所以就食言了，把牛留下来了。米诺斯就这样得罪了海神。作为惩罚，神让米诺斯的王后疯狂地爱上了这头牛，而且居然和这头牛生下了半人半牛的一个怪物——米诺牛。米诺斯为遮掩丑闻,或者是其他原因,修造了一座宫殿,把牛养起来。据称为修建宫殿,米诺斯请来巧匠戴达罗斯,建造了迷宫。

忒修斯的传说也与克里特有关。据称雅典曾被克里特打败,承诺每9年向克里特进献7对童男童女。这些孩子到达克里特后,都会被投入迷宫,最终被米诺牛吃掉。忒修斯本为雅典国王埃勾斯与特罗曾城的公主之子,成年后才去雅典寻找父亲,并与父亲相认。但父子刚刚团聚,就遇上了雅典要向克里特贡献童男童女的事情。忒修斯主动请缨,去了克里特,并得到米诺斯的女儿阿利阿德涅的帮助,不但杀了米诺牛,还从迷宫里逃出来,由此还留下了著名的阿利阿德涅的线团故事。因为迷宫曲回廊绕,外人进去后根本出不来。为帮助忒修斯,阿利阿德涅给了忒修斯一个线团,这样他一边走一边放线,杀死米诺牛后,再顺着线原路返回。忒修斯逃离克里特时,还带着阿利阿德涅一起逃走。然而遗憾的是,忒修斯虽然摆脱了米诺斯的追击,却在半道抛弃了阿里阿德涅。为给忒修斯遮羞,雅典人宣称是酒神看上了阿利阿德涅。

古希腊的历史学家也记载过关于克里特的很多事件。修昔底德和希罗多德都谈到过克里特和米诺斯王,修昔底德谈得更具体。这位历史学家说,米诺斯是第一个掌握海上霸权,并且在爱琴海上进行殖民的人。他镇压了海盗,派自己的儿子做爱琴海上各岛屿的总督。修昔底德认为这是真正的历史,但现代学者表示严重怀疑,尤其是对所谓米诺斯霸权。美国学者斯塔尔就专门写了一篇文章,叫

《所谓米诺斯的海权的神话》。他直接用神话来形容米诺斯的海洋霸权,显然是质疑它的真实性。或许斯塔尔是正确的,毕竟在公元前3千纪,当西亚文明和古代埃及文明都相当强大时,克里特不太可能掌控爱琴海的霸权。

因此,要重建克里特文明的历史,我们依然要依靠考古。从考古资料看,约公元前3千纪初年,宫殿建筑开始在克诺索斯兴起。前面提过,这里位于克里特岛北部,是平原地带。考古资料还告诉我们,宫殿后来有过多次的重建。直到公元前1700年前后,克里特进入了鼎盛时代。最著名的卡马瑞斯式陶器,就是这时候出现的。这种陶器最大的特点是器壁薄得像鸡蛋壳。

创造了宫殿的是什么人?这是一个大家很感兴趣的问题。有人猜测是埃及人,理由两个:第一,此前克里特并无像样的建筑,迷宫似乎是突然出现的;第二,公元前3100年,传说埃及的美尼斯征服全埃及,实现了埃及的统一。人们猜测,一些埃及人不愿意接受被征服的命运,迁居到了克里特,在克里特发展起文明,修建了宫殿。不过这种说法没有得到普遍接受。理由一,如果克里特人真是埃及移民,那他们应当在公元前4千纪末或3千纪初就已迁居埃及,那何故1000年后才建起大规模建筑!理由二,考古证明克里特文明是当地发展的结果。在迷宫之前,克诺索斯的宫殿已开始发展,公元前3千纪初年,小规模的宫殿出现,经过1000多年的发展,到公元前两千纪中前期发展至鼎盛时代。也就是说,考古证据比较清楚地展示了宫殿兴建的整个进程。

关于克诺索斯的规模,学者们估计,其人口可能达到 10 万之众。我们今天或许认为,10 万人才多少!对于今天一个大城市动辄上千万人口而言,还没有一个区的人多,甚至随便一个大学都有几万人。如果这样比较,那就不免缺乏历史感了。在古代尤其是青铜时代,一个城市能达到 10 万人,规模已经算是很大了。克里特之前的苏美尔城市国家,克里特之后出现的希腊城邦,人口也很少超过 10 万人。

所谓克诺索斯宫殿的御座间

据称这里是国王和朝臣们议事之处。其中的石头宝座可能属于国王,朝臣们应坐在石凳上。墙上是优美的装饰画,多以海洋动物为题材。

克诺索斯的宫殿本身值得我们注意的，是这个盛期的宫殿占地大概是 5 万平方米，结构非常复杂，有门房、御座间、卧房、仓库，甚至有抽水马桶，马桶竟然还有防臭的设计。宫殿还铺设了下水道，管道非常粗大，可容一人进出。在古代世界，这些设施可谓非常齐全和先进。它也表明，从古代以来，人们就非常重视卫生条件，努力在既有的条件下，过得更加舒适。

克里特文明是不是出现过国家？目前还有讨论的空间。宫殿有专用的仓库，仓库中储藏着很多橄榄油、谷物、葡萄酒等。这个仓库的存在，基本上可以确认克里特有税收系统。税收系统的存在意味着有一个比较完善的组织系统。同时，克里特有军队：在克里特附近的特拉岛发现的壁画中，出现了成队的克里特士兵。也就是说，国家权力的标志之一：军队，当时是有的。此外，作为国家通常具有的其他特征，如文字、阶级分化等，在克里特也具备。所有这些迹象表明，克里特的确存在过国家。

除克诺索斯外，克里特还有很多其他宫殿。考古学家们在法埃斯特、古尔尼亚、圣特里亚达等地都发现了规模不等的宫殿。由此产生的问题，是这些宫殿之间的关系是怎样的？对此我们得承认，到目前为止还很难有确定的结论。我们可以看到的是，这些宫殿相互之间都有大道连接，意味着它们肯定相互有交往。修昔底德说，克里特处在米诺斯的霸权之下，但更早的荷马似乎暗示，克里特的各个地区相互独立。从目前的证据看，我们倾向于认为，至少在迈锡尼人入侵之前，克里特的各个宫殿可能是相互独立的单位。

克里特妇女

克里特人的日常生活让我们印象深刻。迷宫的壁画描绘了很多生活场面,整体上看比较惬意,缺少后来迈锡尼世界那种尚武斗狠的气氛,至少没有出现太多战斗的场面。妇女们梳着高高的发髻,穿着低胸的服装,领子高高竖起,犹如出席晚会的仕女。有些学者把她们与18世纪巴黎的贵妇相提并论。克里特人的日常娱乐之一应当是欣赏斗牛表演。在克里特的壁画中,有一幅著名的斗牛表演壁画。如果从画面上看,一个牛仔从牛的头部跃上牛背,在牛背上翻一个筋斗,再从牛的尾部落地。似乎是为了保证动作成功,牛的头部有一人压住牛头,尾部有一人张开双手,大约是接应斗牛士落地。这个动作过于神奇,根本不可能完成。或许在斗牛过程中,一些斗牛士不幸"阵亡",于是后来在希腊流传开所谓米诺牛吃人的传说。

《收获归来》的画面表现了农民的生活。这幅画出现在陶瓶上,

收获归来花瓶

画面上一帮农民扛着劳动工具，扯着嗓子边走边唱。一个农夫可能喝高了，自己走路东倒西歪，反倒对他人怒目而视，好像别人打扰了他正常行走。如果这个画面可信，则克里特农民的小日子看起来过得还不差。壁画的另一热门题材，是海洋和海洋生物。有些表现的是人们拎着鱼等，有些则拿着水罐，可能是打水或准备祭神。

也许克里特人的繁荣与平和，引起了周边人的嫉妒和贪婪。公元前1450年左右，克里特文明突然被摧毁。对于克里特文明毁灭的原因，有人怀疑是地震，因为约当此时，它附近的特拉岛发过一次大规模的火山喷发以及地震。火山灰随风飘向克里特，毁灭了那里的庄稼和人类。不过这个说法并未被接受。无论如何，公元前1450年以后，克里特岛上的统治者变成了迈锡尼人。

迈锡尼人是谁？从语言上看，今天我们可以说他们是希腊人，或者说是古典时代希腊人的先驱者。他们来自希腊大陆,那里最早的居民不是迈锡尼人,城市也不是迈锡尼人的。早在迈锡尼之前,希腊北部的迪米尼、塞斯克洛等地,已经出现了城市。塞斯克洛大概已经有1500人。由于房屋比较分散,能容纳1500人的城市,已经不算小了。创建这些城市的,是新石器时代希腊大陆的原始居民。他们不说希腊语,也非希腊人。

既然最早的居民不是希腊人,那希腊人什么时候到达巴尔干的?根据目前的考古学、语言学和人类学证据,在公元前2000年左右。在希腊人来临之前,希腊大陆已有比较发达的农业和手工业,还有一些城市,如莱尔纳等。前希腊人对后来希腊的发展还是产生了显著的影响,比如地名,古希腊的很多地名并非来自希腊语,而来自前希腊语,如很有名的城市Korinthos(英译为Corinth),即我们经常翻译成科林斯的,地名就是前希腊人的。还有一些植物,比如说希腊语中水仙花的名字,也是从前希腊语来的。公元前2000年左右,一波印欧人从北方进入巴尔干,和巴尔干当地新石器时代的居民融合,又吸收他们的一部分语言,形成了我们现在见到的古希腊人。这样看来,希腊人到达希腊大陆实际上比较晚。刚刚到达巴尔干的希腊人在文化上比较落后,把当地的很多定居点都摧毁了。经过数百年的发展,公元前2000纪中期,希腊大陆的发展进入了快车道。

希腊大陆发展的一个重要表现,是城市的兴起。迈锡尼、提林斯、派罗斯、雅典、底比斯(又叫忒拜),这些城市都发展起来,形成了一个所谓的迈锡尼世界。如果我们在眼前放上地图，会发现它的范围大致北起中希腊的比奥提亚，中间经过雅典，再到南希腊的迈锡尼和提林斯，从提林斯到克里特，还包括斯巴达在内，出现了一批城市。

由于迈锡尼世界相互联系紧密，加上特洛伊战争的传说，有人怀疑是不是有一个所谓的迈锡尼的霸权：迈锡尼统治了希腊大陆。荷马史诗里面提到，迈锡尼的统帅阿加门农俨然一个老大，统帅着所有的希腊人军队，强横如阿喀琉斯，也必须服从阿加门农的权威。修昔底德也说，阿加门农之所以能够发动特洛伊远征，并非因为当时所有求婚人所发的誓言——要求他们一定要帮助海伦的丈夫，而是因为阿加门农实力最为强大，才能够召集远征。然而考古发现证明，这个说法不一定有道理。现有的证据显示，派罗斯和迈锡尼没什么关系，提林斯和迈锡尼相距不远，也是一个独立的国家，有宫殿，可能也有自己的一套官僚系统，不受迈锡尼统治。就目前的证据而言，迈锡尼世界是由一批彼此独立的国家组成的。

对于迈锡尼世界的历史，由于我们第一章提到的原因——文特里斯解读了线形文字B，所以我们知道迈锡尼的国家制度大体的状况。

迈锡尼世界的核心是宫殿国家。国家有完善的官僚系统，其最高统治者叫瓦那克斯（wanax）。他实力最为强大，掌握的军队和占有的土地，都远超国中任何其他人，而且学者们发现，每个国家中只有一个瓦那克斯，他应当是最高统治者。在瓦那克斯之下，可能有一个军队统帅,叫拉瓦盖塔斯(lawagetas),字面意思是人民的统帅,故人们推测他可能是军队统帅,或许还有其他职能。还有特奈斯特,他们到底是什么阶层还不是太清楚。在迈锡尼国家中,有一批占有较多土地的人。地方上可能有行省,像派罗斯,学者们现在认为这个国家可能有两个省,一个近省,一个远省。巴西琉斯在迈锡尼时代还是村社首领,地位比较低。但到荷马时代,这些人成为国王了。

迈锡尼的狮子门

这是进入迈锡尼卫城最主要的通道,图中清晰可见城墙和城门使用的巨型石块。

与克里特比较，迈锡尼相当尚武。在迈锡尼国家，军队的主力是战车兵。战车兵的武装和训练，都需要相当强大的经济基础，多是埃及、亚述和赫梯这类强国使用，战车兵具有职业军队性质。考古发现的文物中，常见盔甲、盾牌、短剑、匕首等武器，短剑上雕刻的形象是迈锡尼人狩猎，尤其是狩猎狮子这样一些情景。艺术作品中的迈锡尼人，不是在作战，就是在为战争做准备。迈锡尼人的国家和克里特也不一样，克里特的宫殿基本不设防，迈锡尼的宫殿都修在山顶上，而且有水源，有高厚的城墙和坚固的城门。似乎为抵抗入侵者，城墙的走向与设计，都非常注意防御。所有这些给我们的印象是，迈锡尼人相当好战。

希腊人传说中的迈锡尼人也多与战争有关。关于迈锡尼时代的传说，最著名的有两个，一是七雄攻打底比斯，一是特洛伊远征。两者都与战争有关。前者叙述以阿尔戈斯国王为首的 7 个英雄率兵攻打底比斯，最终被底比斯击败的故事，后者则得到了荷马的注意，诞生了不朽的《伊利亚特》和《奥德赛》。此外，围绕围攻底比斯和特洛伊战争，希腊人还创作了大量其他史诗，形成所谓史诗组（epic cycle）。

迈锡尼国家的另一重要特点，是国家对经济的控制比较严格，尤其是手工业和商业，很可能都在宫殿的直接控制之下。宫殿仓库中收藏的很多东西，尤其是大量的粮食、金属、各种武器，还有线形文字 B 泥版文书的记录，以及墓葬中陪葬的大量黄金饰品，都证明迈锡尼国家实行的是集权统治。至于统治的具体实现，可能靠的就是这些书吏，他们负责记录宫廷各种物资的收付、分配事务。整个文书给我们的感觉，是从生产到消费、从农业到手工业的各个部门，组织都相当细密和完善。当然克里特国家可能也有对社会生产的控制，但由于线形文字 A 文书尚未解读成功，对那里的情况，我们知道的要少一些。也许某一天当我们解读线形文字 A 以后，会发现迈锡尼国家和克里特国家在这方面相当类似，让我们一起期待那一天吧。

这一章我们主要介绍青铜时代的希腊文明。简单归纳一下，我

所谓阿加门农的金面罩

这是施里曼在迈锡尼卫城墓葬中发掘出来的文物，他认为面罩属于阿加门农。

们可以发现，青铜时代的希腊历史大体上分成两个阶段，第一阶段是克里特文明，第二阶段是迈锡尼文明，克里特文明的创造者是非希腊人，但迈锡尼人已经是希腊人了。也就是说，古希腊人并不一直都是民主的，青铜时代的希腊国家，显然更接近西亚和埃及的国家类型，是某种程度的专制统治。从文明的风格来说，克里特更多面向大海，迈锡尼人更有大陆特点。克里特人相对和平，迈锡尼人比较好战。另外应该提及，克里特曾深刻地影响过希腊大陆，包括线形文字 B，可能就是迈锡尼人接受克里特文字后，用来书写自己的希腊语的。在迈锡尼人征服克里特后，与克里特人融合，到古典时代，他们都变成了希腊人。

克里特和迈锡尼文明创造了很多在当时的希腊可谓先进的东西，并影响了希腊后来的发展。他们发明了农业、手工业，培植了多种农作物，后来希腊农作物的象征：葡萄、无花果和橄榄，在克里特和迈锡尼时代都已经种植，而且非常重要。迈锡尼人的战争和神话，诸神的名字，也都流传到了后世。古典时代希腊的某些神灵的名字，至少已经出现在迈锡尼的线形文字 B 文书中了。虽然这些文明后来都灭亡了，而且希腊人对它们几乎没有留下多少记忆，但并不表示它们不重要。正因为有了青铜时代的基础，后来古典时代的希腊历史才表现得更加特殊。关于迈锡尼文明的瓦解和灭亡，以及希腊的转变，将在下一章中交代。

第三章
特洛伊之战和迈锡尼文明的灭亡

本章是我们上一章留的尾巴,即特洛伊之战和迈锡尼文明灭亡。虽然事实上两者之间未必有直接关系,但是在古代希腊人那里,特洛伊之战和迈锡尼文明的灭亡,是紧密联系在一起的。

首先我们要感谢古代希腊伟大的历史学家——修昔底德。修昔底德曾在他的《伯罗奔尼撒战争史》中提出了非常重要的判断:特洛伊战争本身就打了10年,而这些英雄们从特洛伊回到希腊之后,引起很多的变化和迁移。其中比奥提亚人(指后来古典时代的比奥提亚人,即中希腊以底比斯为中心的地方,其居民叫比奥提亚人)从色萨利进入现在的比奥提亚,修昔底德称之为卡德米亚。

另外修昔底德还提到,特洛伊战争后80年,赫拉克勒斯的后代回归。赫拉克勒斯是希腊伟大的英雄,宙斯的儿子。但赫拉克勒斯死后,他的政敌得势,把他的儿子驱赶得到处流浪,不仅儿子被赶走,孙子辈的也被继续赶走。最后这些子孙们希望回到赫拉克勒

英国古史学家，剑桥大学古代史教授，写有《古代经济》《奥德修斯的世界》《古代世界的政治》和《古代希腊的经济与社会》等，部分有中译本。

芬利

斯的老家，那就是南希腊的伯罗奔尼撒半岛。特洛伊战争结束80年之后，这些人终于回去了。

可是特洛伊战争到底是哪一年发生的？我们现在真的很难说清楚。首先，我们要弄清楚特洛伊战争是不是真的发生过。如果的确存在过，跟迈锡尼文明灭亡之间，又有什么关系？这是一个很有意思的问题。

特洛伊战争是不是真的存在值得讨论。20世纪60年代，英国很有名的一个古典学杂志《希腊研究杂志》发表4篇文章，出自4个非常有名的学者。第一位叫M.I.芬利，第二位叫D.L.佩吉，第三位叫卡斯克，第四位是专门研究赫梯的学者，叫古特博克。这几位学者在所发表的文章中，对于特洛伊战争本身提出了非常不同的看法。

芬利直接否认特洛伊战争的存在，认为这就是一个神话而已。特洛伊被毁，可能是青铜时代末期地中海地区移民的结果。佩吉和卡斯克倾向于有特洛伊战争，古特博克也持大致相似的立场。如果投票，则芬利肯定出局。不过学术问题不是投票可以决定的。因为除他们之外，在他们之前和之后，还有很多人讨论这个问题。

我们在第一章中提到的布列根说，如果特洛伊战争真的发生过——他后面补充到，谁能否定它是真的呢——那应该是公元前1280年左右，他连年代都准确地给出来了。研究赫梯的那位学者从赫梯文献里面找到有关阿赫雅瓦的记载，被称为阿赫雅瓦的一群人，在小亚细亚西海岸活动，并与赫梯发生了关系。

阿赫雅瓦在语音上似乎和迈锡尼世界的希腊人——阿凯亚人比较接近，果真如此的话，则意味着希腊人的传说得到了赫梯文献的证实，而赫梯文献类似宫廷档案记录，一般认为比较可靠。双方相互印证，则证明阿赫雅瓦人即阿凯亚人的确在赫梯帝国边境活动，很可能进攻并毁灭了特洛伊。那样的话，特洛伊战争就真的发生过。然而持否定的人仍然不少，这里的争论非常多，就不细说了。

如果我们回到希腊人的记载，那么这场战争到底是怎么发生的？这里的源头可以说非常早。在希腊英雄佩琉斯和女神忒提斯举行婚礼时，因为是女神结婚，所以邀请了很多的英雄和神灵出席，唯独没有邀请不和女神（Eris）。不和女神觉得自己被忽视，就制造事端，在宴会上留下一个金苹果，宣称这个苹果献给最美的女人。当时众神在，英雄也在，许多神和英雄都希望得到金苹果，其中最厉害的是三位女神,一个是爱与美之神阿芙罗狄特,一个是天后赫拉,另一个是雅典娜。三位女神都极有地位,争夺的目标当然不是苹果,而是最美的女人这样一个头衔。在场的神和英雄一看事情不好办,于是就找特洛伊王子帕里斯去裁决。

法国古典学家韦尔南曾提出一个很有意思的看法。他说,众神心里明白,这事很棘手。因为三位女神,不管是哪一个,都得罪不起。爱与美之神据称是宙斯的女儿,掌管人间性爱,连天后赫拉都需要找她帮忙,众神的领袖宙斯、太阳神阿波罗等也都上过她的当;天后赫拉善妒,不知道收拾过多少人间英雄和神灵;雅典娜是女战神,脾气暴躁,曾经把与她比赛的凡人变成恶心的生物,也曾经打败过战神阿瑞斯,仗着宙斯撑腰,在人间和神界飞扬跋扈。所以,这个裁决无论是谁来做,都不可避免地会得罪另外两位大神。为了甩锅,他们把皮球踢给凡人——特洛伊王子帕里斯。

三个女神为得到最美女人的头衔,纷纷向帕里斯承诺。雅典娜承诺权力,赫拉承诺统治权,阿芙罗狄特说让帕里斯得到世界上最美的女人。帕里斯把金苹果判给阿芙罗狄特,后来阿芙罗狄特帮助帕里斯拐走了斯巴达的王后海伦。但帕里斯的裁决也得罪了雅典娜和赫拉,以至于后来特洛伊战争中,赫拉和雅典娜成为特洛伊最可怕的敌人。斯巴达国王麦奈劳斯和迈锡尼国王阿加门农是亲兄弟,麦奈劳斯妻子被拐,去找阿加门农,阿加门农和麦奈劳斯联手,据说把所有迈锡尼世界的国家都联合起来,发动了 10 万大军,进行了 10 年征战。

帕里斯拐走海伦

希腊瓶画，表现帕里斯正拐走海伦的情景。传说帕里斯到斯巴达做客，得麦奈劳斯款待。帕里斯违反主客之谊，借机拐走海伦，因而引起希腊人对特洛伊的远征。

按照希腊神话的说法，特洛伊战争持续了 10 年，特洛伊城市被攻陷，特洛伊的男女或者被杀，或者被俘虏后变成了奴隶。关于海伦，在神话里有两个说法。一个是攻陷特洛伊之后，海伦确实被她的丈夫麦奈劳斯带回斯巴达，继续过着幸福的生活；另外一个说法是，海伦实际根本不在特洛伊，而是在与帕里斯一起途经埃及时被法老扣留，所以特洛伊交不出海伦。直到麦奈劳斯回国经过埃及时，才得以接回。

神话就是神话，给我们提供的战争的理由显然是靠不住的。希腊历史学家希罗多德就说，女人如果被拐了，也是她们自愿被拐。当然我觉得这话不对，因为很多时候女人确实是糊里糊涂地被拐走。修昔底德则说，如果海伦真在特洛伊，肯定会被交出，因为特洛伊不可能为了一个女人进行10年战争，尤其是特洛伊主要的决策人物是赫克托尔而非帕里斯。

接着来谈特洛伊战争。这场战争到底是海盗行动还是海上远征，也值得讨论。说他们是海盗，是因为荷马史诗里描写的希腊人的那些船只都是黑壳船。为什么是黑壳船？海盗船是黑的，所以有很多人认为希腊人实际是海盗。当然也有人认为，特洛伊战争的确是海上远征，然而是不是希腊人的海上远征？也难说。我们回头再看看考古提供的资料。

小亚细亚西北角的特洛伊是古代一个重要城市，它从公元前3千纪后期就存在，一直延续到罗马时期。如果真有这样一场所谓的特洛伊战争，荷马所说的特洛伊到底是哪个城市？施里曼是第一个去发掘特洛伊遗址的人，他在特洛伊遗址第二层找到了最心仪的那些财宝：耳环、手镯、金盏子等各种东西，所以他就认为富有黄金的第二层是荷马所说的特洛伊。

可是现在的考古证明，施里曼的结论不正确，因为他找到的那些文物属于公元前1900年左右。如果真有过一个荷马所说的特洛伊的话，那应该是在公元前1200年前后。

德国学者道普菲尔德——后来接替施里曼发掘特洛伊的人——认为荷马所说的特洛伊应当是特洛伊遗址第6期。那时特洛伊相当

特洛伊城墙

这是特洛伊遗址第七层的城墙，即布列根认为属于荷马所说的那层。但因特洛伊战争发生的具体年代不易确定，因而并不能完全肯定。不过城墙的高厚，证明那是一座设防比较坚固的城市。

繁荣，与荷马的描写比较接近。然而对这个时间，学者们还是认为太早了一点。直到20世纪20年代，美国学者布列根在重新发掘特洛伊遗址后，确定特洛伊遗址第7层A亚层才是真正的荷马的特洛伊。可是从考古上看，特洛伊遗址7A很破烂，特洛伊遗址第6期很强大。布列根之所以认为是7A，有一个很重要的理由：城里很多居民的房子沿着城墙搭建，显然是因为外面即城郊或乡村的人进了城，进城的原因很大可能是为了躲避敌人。敌人是谁？迈锡尼时代的希腊人。此外，特洛伊遗址7A最后有被火烧的迹象。在荷马史诗里,希腊人攻陷特洛伊,把人和东西抢了之后,就用一把大火把特洛伊烧了。因此从考古角度看,特洛伊遗址 7A 最有可能是荷马描写的特洛伊。

确定 7A 是荷马描写的特洛伊之后,下一个问题随之而来:谁烧的?芬利否认是希腊人所为,认为他们没有那样的能力。更可能的纵火者是海上民族。公元前 2 千纪末,东部地中海发生过一次大范围的民族迁移活动,学过世界古代史的人都知道,那时海上民族在整个东部地中海地区活动,腓尼基、巴勒斯坦、埃及都遭到过进攻,赫梯也遭遇过攻击,所以芬利认为,烧毁了特洛伊的是这些人。

而古代希腊传说认为,烧毁特洛伊的是希腊人。从历史学家的立场看,如果真的有希腊人远征特洛伊那样一场战争的话,那绝不可能是 10 万大军,征战 10 年,因为面对特洛伊这么一个小城市,根本不需要打 10 年。战争迁延几个月,城市被围困,居民可能就没粮吃,马上就得投降。而且 10 万大军摆在城池前面,根本施展不开。至于说战争打 10 年,就更不可能。一个简单的问题:给养从哪里来?修昔底德解释说,希腊人不是 10 年中一直在作战,因为给养不足,很多人实际上到欧洲那边的克尔索奈斯种地去了。但这个说法问题也很多:为围攻一个如此不起眼的地方,分那样大一批人去种地,毫无必要,他们完全可以回希腊取回粮食。基于这些理由,特洛伊战争到底存在与否,如果存在,进程到底如何,在今天还有很多争议。

特洛伊战争跟迈锡尼文明灭亡的关系,是本章讨论的另一个主要问题。我们一开头就提到,修昔底德说特洛伊战争之后人口有迁移,比奥提亚人进入了卡德米亚,也就是后来的比奥提亚。赫拉克勒斯后代回归。现代的学者根据部分古代希腊人的说法,又创造出一些新理论。新理论中最流行的是多利亚人入侵。我们的很多著述仍然接受最后这个说法。

然而,考古资料提出了严重挑战。迈锡尼宫殿大概在公元前13世纪末,至少是公元前12世纪前后,被攻陷和烧毁。但是所谓的新居民来临和定居,往往要到公元前10世纪。我们总不能说200

迈锡尼卫城遗址

> 迈锡尼被视为青铜时代希腊大陆最强大的国家,归阿加门农统治。卫城设防严密,有多圈城墙,显然属于一个比较强大的统治者。

年之后的人,穿越到200年之前把人家宫殿先烧掉了!所以这个说法现在被很多人否定。

另一个说法,是迈锡尼世界内部暴动,因为迈锡尼国家压迫周边居民,居住在乡村中的居民发起暴动,把这个城市摧毁了。这个说法有它的道理,但也有问题。道理在于,迈锡尼世界以宫殿为中心,对周边居民有压迫,被压迫者暴动完全可能。它的问题在于,暴动后宫殿被烧可以理解,为什么最后连文字、制度全都没有了,社会几乎倒回到原始状态?这似乎在历史上很少出现。至少熟悉中国史的人都知道,中国历代的农民起义,如果有成功的,如秦末农民起义,那一般会继承前朝的基本制度。迈锡尼世界却基本从希腊人的世界和记忆中绝迹,这无法用农民起义解释。

第三个说法是,迈锡尼世界实行的是再分配的经济体系。再分配体系环环相扣:宫廷把种子等分给农民,农民播种收获后,部分交给共同体,必要时再由宫廷将粮食返还给农民,如此循环不已。但迈锡尼末年,因为某种原因,比如说天灾或是某个国王无能,或者其他原因,循环中断。链条一断,整个体系瓦解。这个说法无法解释的是,随着再分配体系瓦解,虽然宫殿消失可以理解,但为什么文字以及与之相关的制度等等都消失了。尽管中国历史上经过许多次严重的冲击和破坏,但我们的封建专制统治还是从秦始皇一直维持到清朝末年,从未间断。

这样看来,迈锡尼世界的灭亡,很难用某个单一的说法去证明。唯一较能确定的是,从考古上来看,迈锡尼的宫殿都是设防的,而

线形文字 B 文书

> 线形文字 B 属希腊语。现今发现的绝大多数线形文字 B 文书保存在宫廷中,主要记录物品收支情况,学者们据此推测,迈锡尼世界社会经济受到宫廷控制。

且都设在山顶上。我们在上一章提到过,公元前 13 世纪,很多地方都加强了防御。但从最后的结果看来,防御没有奏效。宫殿被烧,文书被毁,那些服务迈锡尼的书吏也都消失。所以这次破坏很可能是一个长期的过程。

如此长期的过程,不太可能是一次入侵或者某次起义的结果,更可能是整个迈锡尼世界内部出了问题,或许是不同国家之间先相互内战,或许是统治不善,下层人民发起暴动,在内部衰退的情况下,又有新的入侵者迁移而来。当然,根据古希腊人的传说,雅典没有受到入侵。虽然如此,雅典的处境也不好:阿提卡人口严重下降，人口最后都集中到几个定居点，大部分龟缩到后来雅典卫城周围定居。古代的传说称，雅典因收容了太多流亡人口，雅典自己无法容纳，曾组织前往小亚细亚的移民。不过这个传说也不可靠，如果真有移民，考古证据指向的时间也是公元前10世纪，和公元前13世纪至前12世纪迈锡尼的灭亡关系不大。

这一章给我们的感觉，是关于迈锡尼文明灭亡的原因，好像说不清楚。但迈锡尼文明灭亡的后果，我们可以比较清楚地看到。

第一，希腊大陆出现混乱，人口下降。这点特别明显，像在派罗斯这个涅斯托尔王宫所在地，强大的派罗斯王国，到公元前10世纪前后只剩下一个60人左右的村庄。这60人的村庄慢慢发展，成为古风时代希腊的一个城邦：美塞尼亚。

第二，迈锡尼的宫殿和官僚体系消失，而且消灭得很彻底，连为这些国家服务的文字——线形文字B也消失了。对迈锡尼世界的情况，希腊人除一些歪曲的传说，没太多实际的知识。

第三，如果再看远一点，则随着迈锡尼宫殿国家瓦解，官僚体系消失，原本处于依附地位的农民独立了，因为希腊世界地广人稀，农民自己可以种田，税收体系也消失，只有在宗教和传说中，还保留一点点关于迈锡尼世界的东西，比如神的名字波塞冬、雅典娜等等。即使在这里，我们也要注意，神灵名字虽然一样，但神的职能、他们与人类的关系，是否还与迈锡尼时代一致，就很难说了。

总结一下，我对两个问题的回答可能都是否定的。特洛伊战争显然是传说多于事实，无论是战争原因还是军队人数，古代传说都不太靠得住。这也提醒我们，对于历史上的有些传说，我们要有基本判断，不要太多去相信它们。神话就是神话，不是历史。在特洛伊战争和迈锡尼文明灭亡的关系上，如果特洛伊战争不存在，它跟迈锡尼文明的灭亡也就不会有关系；修昔底德的判断，也就有问题。关于迈锡尼文明灭亡，我们掌握的材料还无法做出确定的回答。但是，迈锡尼文明灭亡的后果是清楚的，就是希腊文明脱离青铜时代，在公元前1千纪初期，迎来铁器时代，希腊新的文明在铁器时代重新开始。

新的文明的首次出现在哪里？在希腊人最早的文字作品荷马史诗里。

荷马时代

第四章
城邦初生：史诗、英雄和人民

荷马史诗概论

前面三讲主要回顾了青铜时代希腊文明的大概情况。在迈锡尼灭亡之后，希腊世界是一个什么情况？迄今为止，我们了解的还非常少，至少非常不完备。所谓的不完备，主要是我们的文献。

从迈锡尼到荷马社会，中间大概间隔了400年。迈锡尼文明大约灭亡于公元前13世纪末到前12世纪初，荷马时代一般认为处于公元前8世纪。对于它们之间的时代，我们几乎没有任何文字文献可据以考察。此外，迈锡尼世界灭亡后，青铜时代辉煌的物质文明随之消失，考古发掘出来的，都是一些很零碎的物件，如陶器、武器、墓葬、少量建筑物等，考古资料也比较少。对于既无文献，考古史料又少的时期，历史学家们巧妇难为无米之炊，非常头痛。

但对希腊历史发展来说，这400年非常重要。之所以重要，是

公元 1 世纪复制品，原作可能属公元前 5 世纪。据称荷马是盲人，这尊雕像也以盲者形象出现。但诗中大量关于颜色的描绘，暗示诗人或许并非盲人。

荷马

因为在荷马史诗之中，荷马描绘的世界已和青铜时代的迈锡尼世界非常不同。既然荷马史诗是我们的第一份文献，在希腊人那里又有非常崇高的地位，我们还是先看看荷马史诗到底是什么？又是如何创作出来的？当然还要谈到史诗反映的究竟是哪一个时代？史诗中所描写的国家，如果那时有国家的话，其形态是什么样的？

首先我们来看荷马是谁。老实说，古代希腊人对荷马到底是谁，并没有十分准确的概念。早在 20 世纪初，爱尔兰学者伯里在关于荷马的论述中，指出了一个显而易见的事实：古代希腊人实际上不知道他们历史上诗人的祖宗荷马到底是谁。因为在希腊的传说之中，有 7 个城市都说自己是荷马的家乡，而且谁也没有决定性的证据。

这里我们想起古代中国的一些事情。如诸葛亮躬耕于南阳，南阳到底是在湖北的襄樊，还是河南的南阳？学界一直有争议。比较

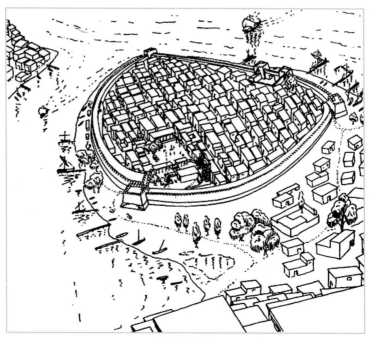

早期士麦尔纳

士麦尔纳是希腊人在小亚细亚西岸最早的定居点之一。当希腊人定居在小亚细亚，面对完全陌生的环境时，他们希望通过回忆更早时期的神话保持传统，因而小亚细亚最有可能是荷马史诗产生的地方。图为公元前8世纪左右士麦尔纳的情形。

而言，中国这一争议已经算小了，毕竟只有两个地方争夺诸葛亮的家乡。而在古代希腊，有7个城市都说自己是荷马的家乡，而且各有理由，但谁也说服不了谁。学者们经过讨论，觉得开俄斯或士麦尔纳这两个城市可能性最大。开俄斯是家乡的理由，是因为荷马颂诗中,有一篇谈及开俄斯的歌者,尽管那里并未提及荷马之名。还有一个传说,称荷马死在开俄斯。在历史时代,开俄斯有一群自称荷马后代的诗人(Homeridai),似乎增强了那里作为荷马家乡的理由。选择士麦尔纳,则可能因为该城是希腊人在小亚细亚比较早的城市。但是另外5个,似乎也各有各的道理,并不能完全排除。

据称荷马留下的史诗主要是两部:《伊利亚特》和《奥德赛》。《伊利亚特》有15000多行,《奥德赛》12000多行。前者以所谓阿喀琉斯的愤怒为中心,后者以奥德修斯的回归为中心,两者还相互呼应,《奥德赛》通过奥德修斯等人的故事,交代了特洛伊战争和若干希腊英雄们的结局。对于《伊利亚特》已经叙述的,则尽量回避。具体内容我们在上一次介绍迈锡尼的时候已经提到,这里不赘述。

规模如此宏大的两部史诗是如何创作的?从18世纪到20世纪前期,西方学界有两种主要看法。一种认为史诗是荷马一人创作的,因为史诗是一个完美的艺术整体;另一种认为,无论是《伊利亚特》还是《奥德赛》,里面都存在很多自相矛盾的地方。例如,《伊利亚特》第2卷介绍希腊军队的时候,居然说的是10年以前希腊人出发时而不是战争进行时的情况。在《奥德赛》中,有很多开头答应交代的事情,比如奥德修斯最后的结局,史诗中没有给出交代。所以相当多的学者认为,《奥德赛》和《伊利亚特》一样,都是把一些民间故事汇集在一起,然而在汇集过程中,没有完全融合,导致出现了很多矛盾。有些描写英雄们的形容词不太合适,比如把奥德修斯的一个奴隶称为"人民的领袖";形容奥德修斯的妻子的手是"肥厚的"。奴隶被称为领袖显然不合常理；而奥德修斯的妻子帕涅罗帕据称非常漂亮，如果长着一双肥厚的手，不知何美之有！尤其滑稽的是，在《伊利亚特》中，有一个特洛伊人出现了两次，而且非常不幸的是，他两次都在刚出现时就被杀死。真是够可怜的！

  两派学者各自陈述自己的理由，谁也无法说服对方。到20世纪前期，这个问题在美国学者帕里那里得到了基本解决。帕里发现，荷马史诗的创作符合口传诗歌的特点。根据他的口传诗歌理论，史诗的创作分为三个层次。最小单位是一系列的程式化语句，如捷足的阿喀琉斯、足智多谋的奥德修斯、人间之王阿加门农、葡萄紫的大海、玫瑰红的朝霞、四面环海的伊大卡等。第二个层次是程式化的场景，如宴会、战斗、议事等。宴会往往是客人到来，迎入家中，沐浴更衣，准备饭食，吃喝过程；战斗则首先是穿戴武装、对武装的描写，与对手碰面，双方对话，掷出武器，一方死亡或逃跑，胜利者剥取盔甲或夸耀胜利等；议事则往往先叙述参会人员、主持人准备饭食，吃饭喝酒，酒后议事，做出决定等。第三个层次，即最大的单位是程式化的主题，如《伊利亚特》的复仇、《奥德赛》的归返等。也就是说，当诗人们在表演时，他们心中所记忆的不是一个个单词，而是一个个短语，之后是一个个场景，最后是一个大主题。所有这一切都是程式化的。就像我们中国传统的说书人，当谈到某个年轻男性长得漂亮的时候，经常使用的是面如傅粉、唇若涂朱之类，如果是描写装备，则往往是银盔银甲或白盔白马之类。双方对话也几乎都是程式化的，诸如"来将报上名来""我刀下不杀无名之辈"等。最后的战斗，如果双方旗鼓相当，则会说大战多少回合不分胜负，如果双方实力差距颇大，则可能是一方一招毙命。

帕里不仅在荷马史诗研究中提出了这样的理论，而且他和助手洛德一道，前往南斯拉夫进行田野调查，搜集了大量当地的民间口传诗歌，并且在那些诗歌中找到了类似的现象。只是南斯拉夫已经是文字社会，所以写信场景比较常见，而在荷马史诗中，几乎没有写信场景。帕里的理论，既有理论假说也有实证研究，还有田野调查支撑，具有相当的说服力，改变了荷马史诗研究的走向，基本解决了诗歌创作的问题。

史诗反映的时代

接着我们要讨论的是史诗反映的时代问题。这个问题过去和现在都有很多争议。

最初研究荷马的那些人，如施里曼和佩吉，认为史诗反映的是迈锡尼世界，至少包含迈锡尼世界的许多因素。在荷马史诗中，他们找到了迈锡尼世界的某些痕迹。荷马描写的政治地理与古典希腊相当不同，如迈锡尼只是在青铜时代重要，在古风和古典时代无足轻重；英雄们都使用战车，突出个人单打独斗；到处是国王统治。这些都和迈锡尼世界吻合，而与古典时代无缘。

但这样的看法随着考古研究的深入逐渐被抛弃。人们发现，迈锡尼世界的情况，如高耸的城堡、大量的贵金属、官僚体系、对社会生产的控制，在荷马史诗中毫无踪迹。所谓的战车，其功能在荷马史诗中也和青铜时代相当不同。荷马史诗中的战车主要作为运载工具，但在历史实际中，战车主要的作用是集合起来集团冲锋，士兵在战车上而非在车下作战。芬利等据此对荷马与迈锡尼的关系提出质疑。在线形文字B被解读之前，芬利就写了一本很有名的书《奥德修斯的世界》。在该书中，芬利指出，荷马根本不是迈锡尼世界的向导，而是古典希腊的起点。不过他认为，荷马所描写的时代并非城邦时代，而是家族主宰社会的时代，再结合诗人创作的习惯，他认为史诗刻画的时代应当在公元前10世纪左右。后来的一些学者，如迪金森的《荷马：黑暗时代的诗人》等，也大体认同了芬利的结论。

不过，芬利的看法并未被学界普遍接受。美国学者伊安·莫瑞斯在《作为文化史的考古学：铁器时代希腊的词与物》中，根据考古资料，并将其与荷马史诗印证，认为史诗反映的应该是公元前8世纪的希腊，因为在那里，城邦已经萌芽。荷马所描写的世界，不管是在《伊利亚特》中，还是在《奥德赛》中，都是城邦的世界。他还提出了"8世纪革命"的理论，认为公元前8世纪是希腊城邦因人口增长和结构变化而形成的时期。其他学者如美国的拉弗劳勃等，也大体赞同莫瑞斯的论断。

最极端的看法出自英国剑桥大学考古学家斯诺德格拉斯。在《历史的荷马社会？》中，他证明荷马描写的是一个不同时期的大杂烩，因为史诗中既包含迈锡尼时代的因素，如青铜武器、战车等，也有黑暗时代的元素，还有公元前8世纪的，甚至有公元前7世纪或前6世纪的。也就是说，史诗是一个不同时代因素的复合体，要想从中找到一个单一的时期，无异于异想天开，结果只能是水中捞月。我个人曾写过《荷马社会研究》，论证的核心观点，是城邦萌芽于荷马时代，因而在某种程度上倾向于莫瑞斯的结论。下文所说，大部分是在《荷马社会研究》里已经谈过的，当然也会有一定修正和补充。

荷马社会的新特点

任何一个看过荷马史诗的人都会明显感觉到，荷马世界的人分成两种，一种是英雄，一种是普通人。

英雄是谁呢？是阿喀琉斯、奥德修斯、赫克托尔这样一些人物。他们主要做的事情不是在田里劳动，像奥德修斯所说，他不喜欢在地里干活。他们喜欢的是远征、劫掠、饮宴和运动。在《伊利亚特》和《奥德赛》里，有很多作战与抢劫的场面。《伊利亚特》不用说，从头到尾都是在作战。神灵们也没有闲着，在宙斯允许的情况下，他们曾在战场上大打出手。雅典娜击败阿瑞斯，赫拉胖揍阿尔特弥斯，雅典娜还殴打了正扶着阿瑞斯离开战场的阿芙罗狄特。只有阿波罗比较文雅，主动避让长辈波塞冬。即使在《奥德赛》中，回国途中的奥德修斯及其伙伴也没有放过任何他们可以抢劫的对象。在奥德修斯编造的故事中，作为主人公的他自己也特别喜欢到处抢

埃阿斯与阿喀琉斯

这里表现的是两位英雄在特洛伊战争间隙掷骰子的情景。请注意艺术家构图时巧妙利用瓶身的造型,使人物、武器、情节和瓶身完美地结合在一起。

掠,而且靠抢掠发家。那时的道德,看起来和文明社会相当不同。

英雄们喜欢的另一活动是举行宴会,而且频率很高。当然那时的宴会在今天的我们看来确实很一般:杀上一头猪或者宰上一只羊,个别时候赶上祭神,会杀一头牛,然后把肉穿在铁钎上,放在火上一烤,撒上大麦粉,就搬上来开吃。从史诗的描写看,希腊人相当喜欢喝酒,逢宴会必然是一边吃肉,一边喝酒。吃饱喝足以后开始说正事,讨论后续的行动,或者请人来表演歌舞。当然有时他们也会举行一些赛会,例如在帕特洛克洛斯的葬礼之上,阿喀琉斯埋葬帕特洛克洛斯之后,举办了一场赛会,很多英雄例如奥德修斯、狄奥麦得斯等,都参与了不同项目。在《奥德赛》中,法埃西亚人也曾举行竞赛，奥德修斯只参加铁饼比赛。老英雄涅斯托尔自称，他年轻时竞赛是一把好手，曾在一次赛会上夺得多项冠军。

普通人的地位如何？一句话概括：在荷马史诗里得不到重视。在《伊利亚特》中，那些普通战士出场的唯一作用，就是被屠杀，以展示英雄们的英勇或丰功伟绩。在《奥德赛》里，出现了一个相对普通的形象：农民拉埃尔特斯。其实他并不普通，因为他是奥德修斯的父亲，退位的太上皇。在史诗中，儿子奥德修斯因为离家二十年未归，很多人都认为他死了，家里来了108个向他儿媳妇求婚的人，消耗他儿子的家产，拉埃尔特斯却毫无办法，就下乡开荒去了。他带着几个奴隶开荒播种，跟奴隶一块干活，穿的是一种简单的兽皮。苏联学者安德列耶夫说，这位农民最大的特点是，他是

这个几何陶时代的陶瓶瓶身上刻画了一个英雄死后，家人为他举行葬礼的情景。上方条带中央是死去的英雄，两边是他的亲朋在表示哀悼。哀悼之后，可能有赛会，如《伊利亚特》描写的那样，阿喀琉斯在举行帕特洛克洛斯葬礼后，举行了一次盛大的赛会。

荷马英雄葬礼陶瓶

一个彻底的孤独者,跟外界没有任何联系。

除普通自由人外,在奥德修斯家,以及法埃西亚人国王阿尔西诺家,都出现了位于社会最下层的奴隶。在《伊利亚特》中,那些被抓的俘虏不是被杀掉,就是被卖为奴隶。他们的生命没有保障,随时可能被主人处死,或者卖掉。不过那时奴隶到底有多少,无法确定。奥德修斯等国王的家里,据称有50名奴隶。但50这个数字在别的家里也出现过,也是指奴隶。看来家里有50个左右的奴隶,可以算富有者了。

如果我们把荷马社会与迈锡尼时代比较,会看到荷马社会一些非常明显的变化。先看拉埃尔特斯,他是农民,一个孤独的、独立的农民,自种自收,既没有人来打扰他,也没有任何人来向他收税。这意味着迈锡尼时代的税收系统可能已经消失。在《奥德赛》中,国王阿尔西诺曾建议在送礼给奥德修斯后寻求补偿,但如何补偿,他心里也没有概念,实际上我们后来也没看到补偿送礼人的情况。

与税收体系相连的,是官僚系统的缺失。对古代中国史熟悉的读者都能想象,古代中国很多时候官僚系统相当庞大,他们的剥削和掠夺,是古代中国农民起义频发的重要原因。但在荷马史诗里,没有出现任何官僚系统。巴西琉斯和宙斯——后者是神界的大王——都需要自己处理所有事情。迈锡尼时代的职业军队在荷马史诗中也消失了。荷马史诗中的军队由普通人组成。整体上看,迈锡尼时代的许多东西在荷马社会都不复存在。

普通人在荷马史诗中经常被忽视,他们在战场上唯一的使命,是成为那些英雄们屠杀的炮灰,但实际上普通人非常重要。为什么?如果仔细阅读史诗,你会发现,那些英雄一旦遇到困难,马上回头看看自己的同伴在不在,或者遇到危险时,马上躲到同伴中间。实际上,所谓的英雄无论多么风光,都从来没有脱离这些普通士兵,普通人是非常重要的一个因素。

上面主要谈的是荷马社会的一些弱点,但回头再看荷马社会,也有一些迹象预示后来希腊人的城邦存在。比如,这时的最高统治者被称为巴西琉斯。在迈锡尼社会,巴西琉斯只是地方首领,但到荷马社会,他们成了最高统治者。史诗给我们的印象是,他们一般世袭继承。比如说奥德修斯、阿加门农等,王位在他们家里已经世袭了好几代。

不过我们应注意,荷马社会没有税收系统,没有官僚系统支持。那些巴西琉斯的主要权力基础,是个人财富和能力。一旦他们个人的财富被消耗,或者作为首领的能力消失,他们基本就宣告失败。像特勒马科斯——奥德修斯的儿子,由于父亲不在,他自己过于年轻,缺乏足够能力,因此对家里那108个求婚人毫无办法。例外的是奥瑞斯提斯,阿加门农的儿子。他把谋杀父亲的那个人杀死,自己坐上王位。但那依靠的是个人能力。如果我们看佩琉斯——阿喀琉斯的父亲,就会发现荷马史诗中所谓国王的地位,取决于他个人的战斗力。老了之后,就没人理他们了。虽然佩琉斯的妻子号称女神,叫忒提斯,但女神的光环只能保护她自己的荣耀,对其丈夫却不起作用。一旦阿喀琉斯不在,佩琉斯老迈,他就无任何权力了。

任何巴西琉斯，当他希望从事某些工作时，必须亲力亲为，身边没有人给他帮忙，能帮忙的只有他自己的随从。像中国古代丞相，各部的部长，在荷马社会里面都没有。巴西琉斯身边是他的那些朋友所组成的长老会。在荷马史诗中，长老会往往由巴西琉斯的近亲或朋友组成。这些人都是有权力和地位的，都有自己的势力。遇到重大事情，这些巴西琉斯会跟他的长老们预先商量，商定之后再提交到人民大会上。

荷马社会第三个重要机构是人民大会。和长老会一样，它也是迈锡尼世界中没有，而在史诗的世界中相当常见的一个机关。人民大会由全体自由民即自由的男性组成。重大事情在人民大会上讨论，但普通人没有资格发言，会议的程序也相当随意。如果听众对演讲满意，则他们敲打武器或者是喊两声，表示同意。即使两个首领在会上争吵，出席大会的人也起不了太大作用。只在很偶然的情况下，他们才能发挥决定性作用。这个很偶然的情况就是老国王去世，几个首领抢位子的时候，那些自由民选谁就十分关键。在这种时候，人民大会是有作用的。

简要归纳一下，可以发现：第一，我们看到集体议事的机关长老会和人民大会出现，他们在公共广场集会，并对相关提案进行表决。这意味着权力从原来的宫廷走向广场和民众之中。政治公开化，是古典城邦兴起的一个显著标志。巴西琉斯的权力，不管在政治上还是行动上，都已变得很脆弱。第二，普通民众以拉埃尔特斯为典型。他为自己准备一切，摆脱了对国家的依附，成了独立生产者和士兵。由此可以看出,迈锡尼世界被摧毁之后,整个希腊社会发生了非常大的变化,最终的结果,是城邦制度初步在荷马史诗的时代中显露出来。

在这个意义上,从青铜时代到铁器时代是希腊历史重要的转折。据此我们可以赞同芬利在《奥德修斯的世界》里的结论:荷马根本不是迈锡尼世界的指南,它是古典时代希腊新的起点。

第五章
希腊神话的产生与发展

荷马与赫西俄德

这一章要和大家介绍希腊神话。希腊神话包含着希腊人远古时代的传说,也有他们对世界的看法。希腊人为什么用神话来表述他们的宇宙观?因为哲学尚未出现。现在学界公认,希腊第一个哲学流派米利都学派出现在公元前6世纪。在此之前,神话承担起帮助希腊人理解世界的责任。具体地说,诗人荷马和赫西俄德,奠定了希腊人最初的世界观。

如我们在上一章所说,荷马是史诗诗人,约属公元前8世纪,赫西俄德稍晚,约属公元前7世纪,也有人认为他可能跟荷马同时,甚至更早。对此我们不用太介意,因为无论两者在年代上有多大差别,在世界观上他们实际是一致的。古希腊历史学家希罗多德很明确地告诉我们:"正是荷马和赫西俄德教给希腊人神的名字和职能。"据此,我们要探讨古希腊神话及其世界观,主要也依赖荷马和赫西俄德的史诗。

赫西俄德留下了两部著作:《神谱》和《田功农时》。还有一个作品也被归在赫西俄德名下,但不一定是他的,学界经常称为伪赫西俄德的《名媛录》,记录了历史上那些非常有名的女性事迹。荷马的主要作品是《伊利亚特》

赫西俄德,比奥提亚农民诗人

和《奥德赛》。不过,除《伊利亚特》和《奥德赛》外,以荷马之名流传下来的作品要多得多。如以荷马之名流传的颂诗——给每位神灵写有一首或多首赞颂诗歌,介绍每个神的起源和职能,还有围绕《伊利亚特》和《奥德赛》产生的其他一些史诗,补充和解释两部史诗未说明的问题,如奥德修斯的命运、阿喀琉斯之死、奥德修斯之子特勒马科斯的命运等。它们也被归到荷马的名下,尽管希罗多德已经知道,许多诗歌的作者根本不是荷马。这些史诗构成了我们最重要的资料来源。

除文献外,还有少量考古资料,尤其是建筑、雕刻、绘画,以及各类宗教物件。它们可以补充文献的不足,有时还会出现与文献相互矛盾的新说法。以下的论述,基本以荷马和赫西俄德为主,兼采其他资料。

宙斯

我们要解决的第一个问题,是荷马和赫西俄德所记录的神话的来源,因为来源与它们作为资料的价值直接相关。但在这个问题上,恰恰非常难以确定。由于希腊人不是希腊大陆的原始居民,而是印欧人的一支,在公元前2000年左右进入巴尔干并定居下来。与他们一起到来的,是印欧人的原始神话。比如后来希腊众神的领袖宙斯,在印欧人的神话里是天气神,或者是下雨的神。所以希腊人经常说的"宙斯下雨""宙斯打雷",表达了印欧人的传统。此外,希腊人到巴尔干之后,吸收了当地新石器时代居民的信仰。如我们看到的克里特的蛇女神,一位双手各握一条蛇的女神,可能就不是印欧人的,而是克里特当地的。印欧人的神话和当地神话的混合,形成古代希腊人的神话。这一点在宙斯身上就有体现。宙斯本是印欧人的天气神,在希腊神话中,却是在克里特岛伊达山的山洞中长大的。希腊神话中最初包含的,主要来源于这两个因素。不过,构成希腊神话的,还有后来的新因素。

从迈锡尼时代到黑暗时代,希腊人到处迁移。迁移过程中留下了很多英雄传说、建城传说,这些故事也被希腊人纳入神话谱系,大大丰富了有关传说。如多利亚人大英雄赫拉克勒斯、雅典国王忒修斯、底比斯国王俄狄浦斯等的传说,都被加入希腊神话中。到公元前8世纪,希腊人和西亚、埃及等古老的东方文明全面恢复联系,西亚和埃及的有些神话也被纳入希腊神话中。东方古老文明的神话如何塑造和影响希腊神话,学术界已有不少研究。贝纳尔、克尔克和伯克特等人在比较了西亚尤其是巴比伦、赫梯的神话和希腊神话之后,发现西亚神话和希腊神话有很多相似之处。举一个例子:赫梯的库玛尔比神话,巴比伦的马都克神话,都是后一代神起来之后把前一代神推翻,占据统治地位的往往是第三代神灵。这一点尤其在赫西俄德的世界起源神话中表现非常突出。一个学者据此提出,赫西俄德的理念可能基本上来自东方。

希腊神话一直处在变化中,古风时代,随着希腊人开始殖民扩张,他们在地中海世界到处建立城市,于是过去的一些神话被延伸、被演绎,增添了许多内容。甚至到古典时代,如希波战争的某些事件和传说,也被诗人和悲剧作家们整合进神话之中。在这个意义上说,希腊神话从来就没有一个固定版本,一直在被改造,被丰富,成为一个包含东地中海区所有文明因素的大杂烩,其中既包含原始印欧人神话、新石器时代巴尔干原始居民神话,也包括迈锡尼文明灭亡后英雄时代的传说、西亚传入的某些神话以及古风或古典时代的某些传说。

这种混合,因希腊历史的多中心而变得更加混乱,因为每个城邦都有自己的神话,它们为了自己的利益,都会改造神话,由此造成的是神话间的相互矛盾。举一个例子。有关雅典王忒修斯的神话产生相当晚近,但为显示雅典的重要性,雅典作家把忒修斯塞进了几乎所有相关的神话中,如七雄攻打底比斯时,忒修斯出于正义收敛了阵亡者的尸体;但根据另一传说,忒修斯与赫拉克勒斯、雅逊取金羊毛、劫掠海伦、攻打特洛伊等,也都有关系,导致凡人忒修斯参与了上下千年之间的事件。不仅如此,雅典人还让他们这位国王的鬼魂参与在马拉松打败波斯的行动。事实上,所有这一切根本不可能。要想把如此混乱的神话整合成一个系统,非常困难。

虽然如此,经过学者们细心的爬梳和研究,我们大致还是可以看到一个基本轮廓,尤其是荷马和赫西俄德给我们创造的体系。且让我们从他们开始。

世界的创造和诸神的谱系

按希腊人的传说,世界最初的时候什么样?按赫西俄德的说法,世界最初是混沌,没有秩序,没有时间,只有无边无际的混乱。从混沌之中首先诞生了大地盖亚,盖亚生天神乌拉诺斯。乌拉诺斯和盖亚结为夫妻,不断与盖亚交合,生下这世界上所有自然存在的物事:大地、山脉、海洋、河流以及爱和恨之类抽象观念。

在此过程中,天神一直覆盖在大地上,他们生下的大地、山脉、海洋、河流都被掩藏在大地之下,盖亚因此非常痛苦,于是她造了一把镰刀,期望她和乌拉诺斯的儿子们可以阉割父亲。然而,他们所有的儿子都非常紧张，无人敢下手，只有最小的儿子克洛诺斯接过镰刀，把他父亲的生殖器给割掉了。由于生殖器被割掉，天神乌拉诺斯离开盖亚，升到上面成为天空，这样天地实现分离。随着天神成为天，大地上的山脉、海洋、河流等都露出了它们自己的面孔。此外，阉割乌拉诺斯过程中，一个很重要的神——爱与美之神阿芙罗狄特，从大海中出生了。她是在乌拉诺斯的阴茎被丢入大海后，从大海的泡沫中诞生的。

克洛诺斯和他的姐姐瑞亚结合，生下一系列神灵。他们生育的神灵包括一些观念上的东西，如厄运、死、悲哀、报应、欺骗还有暴力神等，都与抽象的观念或人间某些道德有关。乌拉诺斯和盖亚生育的基本都是自然界的事物，克洛诺斯和瑞亚生育的，则大多与人类的道德有关。它们代表的，是世界产生过程中的第二阶段：与人类有关的某些理念。

克洛诺斯从登上王位就知道，他会被自己的儿子推

赫拉

翻。为避免父亲的厄运，每当瑞亚生孩子之后，克洛诺斯就把所有孩子一律抢过来直接吞下肚子，根本不让他们见到天日，瑞亚觉得不可忍受，在最小的儿子宙斯出生时，她用一块布包个石头给克洛诺斯，克洛诺斯不辨真假，直接吞下。瑞亚把宙斯放到克里特伊达山的山洞里长大。宙斯长大之后，向他的父亲发起挑战，并推翻了他的父亲。这里我们一句话带过，实则惊心动魄。

宙斯在推翻克洛诺斯的过程中，设计让父亲把之前吞下去的那些哥哥姐姐全给吐出来，最早吐出来的是那块石头，之后有波塞冬、哈德斯、赫拉等。宙斯推翻克洛诺斯之后，确立了自己的统治。然而根据命运的规则，他也会被自己的儿子推翻。不过宙斯知道了这个事情之后，就和墨提斯即智谋结婚，并趁着墨提斯不注意，一口吃掉了妻子。这样一来，智谋就成了宙斯的一部分。一旦他掌握了智谋，他的地位就稳定了。

宙斯地位的稳定还有另一重要的因素：他不是把所有权力都掌握在自己手里，而是根据正义原则给各个神做分工，每个神掌管一种或若干种技艺，他自己当老大。这是希腊人中很有意思的现象：只有把权力分配给别人，而且分配根据正义，统治才能稳固。就此而论，神界的权力分配，是城邦权力配置的曲折反映。

根据宙斯的分工，他和赫拉分别是神王和天后。宙斯自己是雷雨神，手中掌握着霹雳，还掌握了智谋，成为权力的象征。他和别的女神生下了一些象征其他权力的神灵，如优良法制、秩序、工艺、射术等。赫拉是天后，同时是他的姐姐，也掌握部分统治权。作为妻子,这位天后特别爱吃醋,对情敌绝不手软。这里宙斯有非常大的责任。这位神王仗着自己的能力和权势,到处寻花问柳,有时和女神,有时和人间美女,生育了一大串神灵和英雄。大家可以设想,如果你是那位妻子,估计也很难忍受,否则就不是人了。也因为如此,赫拉把宙斯看得特别紧,跟宙斯的关系也相当紧张。除他们二位之外,希腊神话中另外还有十个主要的神,这十二位也就是希腊人经常说的十二主神。对其他十位主要神灵,我们这里也略作介绍。

波塞冬是海神,据说地震、海面的巨浪都是他制造的。他象征着不受拘束的野心。哈迪斯管的是阴间,他平常根本不出来,在冥府里呆着。他们和宙斯是兄弟关系。在宙斯击败克洛诺斯之后,三位大神抽签瓜分世界。宙斯得到天空,波塞冬得到海洋,哈迪斯获得阴间。

爱与美之神阿芙罗狄特我们前面已经谈过,这里不再多说。阿波罗和阿尔特弥斯,一个是太阳,一个是月亮,两位是兄妹神。他们的母亲是勒托。勒托是宙斯的情人,这件事为赫拉所知,赫拉故意不让她生产。勒托满世界找可以生育的地方,但没有一个地方敢得罪赫拉,

阿波罗

最后小小的提洛岛接受勒托。即使如此，赫拉仍留住掌管生育的神，不让勒托顺利生育，于是其他女神出场，私下贿赂生育之神，才使阿波罗和阿尔特弥斯得以顺利降生。阿波罗是远射神，在《伊利亚特》中，阿波罗就是弯弓射箭的神，也管部分音乐和文艺。至于他成为太阳神，则是侵夺赫里奥斯权力的结果，相关职能和传说出现得比较晚近。他的妹妹阿尔特弥斯是少女神，最喜欢在山林里游荡打猎。少女们出嫁时，要把自己的玩具之类献纳给阿尔特弥斯，以示与自己的少女时代告别。

雅典娜的出生比较独特，宙斯吞下智谋之神墨提斯后头痛欲裂，匠神赫菲斯托斯用斧子劈开宙斯的脑袋，于是雅典娜全副武装从脑袋里跳出来。所以雅典娜主管战斗和智谋，但她也管女性的手工、纺织等。在《伊利亚特》和《奥德赛》中，雅典娜更多的是一个战神，古典时代的雅典崇拜她，例如帕特农神庙里的雅典娜，绝对是英姿飒爽，穿着盔甲，拿着盾牌，一只手还托着胜利女神像。因为她是父亲生育的，因此

雅典娜

在奥瑞斯提斯案件中,她站在父权一边,投下关键一票,使因为父报仇而杀死母亲的奥瑞斯提斯无罪开释。

其他几位神我们只能略作介绍。德麦特尔是谷物神。荷马颂诗里最感人的一首诗就是关于德麦特尔的。在听闻女儿珀尔塞福涅被抢走后,她凭借母亲的本能满世界去找女儿。因女儿被拐入冥府,她多日寻找无果,最后从太阳神那里才知晓实情。在《荷马史诗》里,太阳神叫赫里奥斯即阳光,阳光因照射到所有角落,所以知道珀尔塞福涅到底被谁抢走。得此消息,德麦特尔就去找宙斯索要,但她终归还是没有要回来。德麦特尔大为生气,拒绝履行自己作为谷物女神的责任,导致大地一片荒凉,人类陷入饥荒,也不再有任何物资可以祭神,于是神也挨饿。宙斯被逼无奈,去做他兄弟哈德斯的工作,让后者放归珀尔塞福涅。遗憾的是珀尔塞福涅在阴间吃了东西,不能完全回来,只能回来半年,另外半年呆在地下。女儿回来的那一半时间里,德麦特尔心情愉快,大地一片花红柳绿,庄稼长得也好,另外那一半时间女儿不在,德麦特尔也无精打采,大地一片荒凉。这个故事反映的,是希腊人解释季节变化的尝试,在很多农业居民中,都有类似传说。

赫尔墨斯,保护信使和小偷的神,是宙斯跟一个山洞里的仙女生的。他一生下来就干了一桩坏事:把阿波罗的牛偷了,而且他偷牛的时候,拽着牛的尾巴让牛倒着走,在吃掉一头后,把剩下的其他牛藏起来。阿波罗发现牛不见后,到处找。由于牛的脚印只有往前走的,没有回来的,怎么也找不到。但阿波罗知道是赫尔墨斯偷了，于是把官司打到宙斯那里。宙斯贵为众神之父，当然知道赫尔墨斯的德性，就告诉赫尔墨斯别玩小花样，老实把牛还给人家。牛被归还后，阿波罗和赫尔墨斯也和好了。也许是因为这种本能，赫尔墨斯成为小偷的保护神。同时，赫尔墨斯是在山洞中出生的，负责给诸神送信，也是路人的保护神。在有希腊人的地方，我们都会看到路边有他的头像。这个头像上半截是一个脑袋加上方形的身体，下面是一个方形的石柱，具有路标的功能。

阿瑞斯和赫菲斯托斯，是两位不太受宙斯待见的神灵。阿瑞斯和雅典娜都是战神，但雅典娜掌管战争中的胜利等积极方面，阿瑞斯掌管战争中的痛苦和死亡，宙斯骂他犹如丧门神。在《伊利亚特》中，他被雅典娜一拳放倒。当阿瑞斯去找宙斯告状时，还被宙斯咒骂。赫菲斯托斯是工匠神。他之不招宙斯待见，是因为他的出生就是赫拉跟宙斯赌气的结果。赫拉愤恨宙斯到处寻花问柳，自己无性生殖一个，这个神就是赫菲斯托斯。但他天生丑陋，还在宙斯和赫拉的冲突中站在母亲一边，被宙斯从天上拎着小腿扔下天庭，从此成为残疾。在后来的希腊神话中，他主管手工业制造。在天庭中，众神宴会时他担任侍者，阿喀琉斯的武装被赫克托尔从帕特洛克洛斯那里夺走时，也是赫淮斯托斯帮助重新打制。希腊人也特别搞笑，居然把最丑的赫菲斯托斯跟爱与美之神阿芙罗狄特安排成两口子。在《奥德赛》里，诗人提到阿芙罗狄特不守妇道，与战神阿瑞斯勾搭，结果被赫菲斯托斯捉奸，众神都从奥林匹斯山顶赶到赫菲斯托斯家中看笑话的故事。贵为神灵通奸也就罢了，居然还被捉奸，而当事人的丈夫在大庭广众之下还希望跟岳父要回彩礼，让人忍俊不禁。

总体上看，在希腊诸神的家庭中，宙斯无疑最有权力。用他自己的话说，即使所有神灵联合起来向他挑战，也不是他的对手。但是其他神也各有自己的地位和职能。这个既有等级也有正义的神族所以到宙斯时代能够稳定，就在于宙斯没有把所有权力集中到自己手中，而是和其他神灵共享权力。从这个意义上说，希腊神话是萌芽中的城邦的缩影。

人类的地位

最后一个问题，是在这样的体系中，人类处于什么位置？按照希腊神话，准确地说是赫西俄德的看法，人类由普罗米修斯创造，因而具有一定神性，最初也与神一道生活。但普罗米修斯在主持神和人的祭品分配时玩花样，导致人类和神界分离。普罗米修斯宰杀一头牛，分成两堆：一堆是牛肉，上覆牛皮；一堆是牛骨，上覆白花花的牛油。希罗多德说，贫穷始终是希腊人的伴侣。诸神大约也感到食物不足，因此宙斯在代表神灵挑选时，选择表面看来非常美丽的牛油，可是揭开一看，才发现是森森白骨。宙斯虽然心里不快，但也没有直接表露。于是他拒绝将火种送给人类。不过这也难不倒普罗米修斯。他从太阳那里偷来火种。宙斯发现人类获得火种，更加恼怒。为惩罚人类，他下令造一个女人。女人造好后，所有神灵都送她一份礼物,因而这个世界上的第一个女人叫潘多拉(Pandora),意思是众神的礼物。由于她是按照女神的形象创造出来的,阿芙罗狄特又送给她优雅等礼物,非常吸引人。普罗米修斯知道宙斯不安好心,特意警告他兄弟埃皮墨透斯不要接受任何来自神的礼物。但潘多拉实在太漂亮了,埃皮墨透斯很高兴地接纳了她。潘多拉出嫁时带了一个瓶,瓶里面是诸神送她的礼物。一日她忍不住好奇心把瓶子打开,于是战争、疾病、欺骗等各种灾难满布人间,人类从此陷入灾难。从内容看,这个故事应该是在男人掌权之后创造出来的,将自己的无能诿过于女人。

不过赫西俄德叙述了人类起源的另一神话,其中人类进程被划分成五个阶段。第一阶段是黄金时代,人类不用劳动,也无灾无难,长命百岁,最好。白银时代次之,青铜时代又次之,英雄时代再次之,最后到黑铁时代即自己的时代最差。因而在赫西俄德那里,人类是一个连续发展进程的产物,只是这个进程表现为不断下降的过程,越到后来越差,自己所处的黑铁时代最差。

在唯物史观看来,人类从原始社会经历阶级社会,再到无阶级的共产主义社会,是一个从古代到现代缓慢进步的过程。在赫西俄德那里,情形正好相反,人类历史发展是一个不断下降的过程,越到后来,离神性越远。虽然如此,人终归分享一部分神性,可以变得善良友好,当然也可以变成野兽,非常恶劣。此外,神和人在希腊人那里虽然性格上相近,但终归已分道扬镳。神是不死的,他们更有力量,也更漂亮。

结语

对本章大致可以做如下小结：希腊神话主要由荷马和赫西俄德奠基，但不同时代不同地区的因素都混入希腊神话之中。就世界的产生言之，希腊人世界的形成分混沌、自然世界的构造、抽象观念产生和人类形成与发展等阶段，最后是宙斯的统治。此时人类虽然已与神分开，失去大部分神性，但宙斯给了人类一个最好的东西——正义。因为有正义，人类才有可能构建一个相对稳固的社会。这是希腊人通过神话系统设想对世界的构造。尽管这个结构与今天相当不同，但仍给希腊人思考天地万物和人类提供了最基本的素材和理念，给后来希腊人的思考提供了起点。

古风时代·双城记

第六章
希腊城邦的形成

殖民运动及其影响

第四章我们介绍了荷马世界的城邦,谈到那时城邦已萌芽,主要表现是政治公开,政治进入广场、到人民之中,普通人和贵族开始发挥作用,不像在迈锡尼时代,由最高统治者瓦那克斯说了算。在世界历史上,这是一个很重要的变化。

但是荷马的城邦还是一个小树苗的状态,它能不能长成大树,还有很多其他的因素在起作用,犹如一个婴儿,要长大成人,中间要经历不少磨难。希腊城邦的形成也是如此,其中很多因素发挥了作用。

我们这一章主要介绍政治方面的变化。但政治变革以其他变革为基础。城邦的形成虽然是政治现象,却要从一些非政治的事物开始。首先是殖民运动。从公元前8世纪中期到前6世纪中后期,希腊人有过一次大范围的殖民活动。他们纷纷从巴尔干、小亚细亚迁出，到西西里、意大利南部、今法国南部（当时叫高卢）、西班牙东南部、北非（希腊人叫利比亚）、埃及，还有黑海周边的广大地区定居，建立新的城邦。通过两百多年的殖民，希腊人把他们的势力范围从原来的以爱琴海为中心，扩展到了以地中海和黑海为中心的广大地区。用希腊人自己的话来说，是西起赫拉克勒斯柱，东到弗西斯河，或者用柏拉图的概括，世界很大，我们希腊人犹如蚂蚁和青蛙，栖息在地中海这个大池塘的边上。

殖民的原因相当复杂。的确，一个200多年的运动，不太可能用一个单一的原因解释。殖民的结果值得我们交代一下。但凡看过关于希腊地理的介绍，都知道希腊的基本情况是山多、土地贫瘠，对农业生产不太有利。公元前8世纪，希腊人口猛增，然而由于殖民，这些猛增的人口大多迁出。由此造成的，是希腊本土以及殖民地都形成了人口和土地之间比较恰当的平衡。我们今天讲生态文明，实则这个东西不新鲜。希腊人知道巴尔干地区人太多养不活，多余的人必须送出去，于是开始殖民。人口迁移后，本土人口减少。殖民地人本来也不多，有时还需要从其他城邦招募人丁。这样，通过殖民，殖民地和本土都在人和土地之间保持了相对合理的比例。同时，希腊人的统治范围扩大之后，社会经济发展起来。希腊本土和殖民地之间，殖民者和土著之间，殖民地相互之间，以及整个地中海区不同的族群之间，经济交往空前活跃，以至于有学者戏称此时有一个地中海共同体。随着希腊人活动空间的扩大，商品交流日益频繁。他们进口粮食、金属和奴隶，周边地区进口希腊的手工业品、武器等，形成了一个范围较大的贸易网络。例如，希腊相当一部分粮食进口来自西西里、埃及和黑海周边地区，而希腊人的精美陶器和钱币，大多也在意大利等本土以外的地区发现。

殖民的第二个影响，是手工业和商业的进步。我们必须承认，古代农业的发展程度有限。希腊的生产力水平、自然条件、生产技术以及农作物品种对农业发展的限制，基本从荷马社会起就确定了。但公元前8世纪到前6世纪，随着希腊人活动范围的扩大，手工业和商业慢慢发展起来。希腊人的陶器、金属制造、造船、武器生产，都有所发展。建筑行业如港口整修、神庙建造等，也有明显进步。手工业和商业的发展，有助于农民地位的稳固。

比较熟悉中国史的朋友可能会联想到，在古代中国，手工业和商业的发展会严重冲击农民的经济，因此古代中国一直重农抑商，难道古代希腊人不担心这个吗？然而同时我们也不要忘记另一个说法：农业和手工业、商业的结合，造成了小农经济的稳固。古代希腊恰是后一种情形。手工业和商业的进步，实际上稳固了农民的经济地位。而古代中国小农经济的破产，不应由手工业和商业"背锅"，而是统治阶级的税收导致的。那时候税收太多太重，农民辛辛苦苦挣得的收入，基本都被统治阶级榨干，因此陷入债务，走向破产。希腊农民基本不负担国家税收，他们是独立的生产者，所以手工业和商业的发展，把小农经济稳定了下来。

小农经济的稳固，促使了古风时代的另一重要变化——重装步兵的兴起。在荷马社会中，步兵已很重要，但是在战场上起决定作用的，是那些英雄在阵前一对一的决斗。到古风时代，随着希腊社会经济的发展，家道小康的农民都能够制备一套作为重装步兵的装备，包括头盔、胸甲、胫甲，还有盾牌、长枪，当然还有剑和匕首等。

重装步兵与荷马笔下的英雄们不同，他们戴着头盔，只有眼睛和鼻子露在外面，视线和听力都受到影响，必须依靠集体的力量，排列成整齐的重装步兵方阵。在战斗中，个人的技能固然重要，但同伴的保护更重要。无论是斯巴达人还是雅典人，不管是贵族还是农民，都必须依赖同伴的掩护。具体的战斗，则是双方列成整

重装步兵交战

此图出自科林斯著名的"齐格"陶罐，约属公元前7世纪中后期，表现两支重装步兵队伍正要交战时的情形，说明那时重装步兵决战已是经常现象。

齐的队形，相互逼近，以长矛或短剑肉搏，最后甚至要靠双方士兵的推挤。因此，集体的力量是第一位的。至于平时的身份，无论是将军还是士兵，都需要在战斗和推挤中各自坚守自己的位置，以确保自己和整支军队的胜利。在这种情况下，重装步兵的战法，也有助于培养希腊城邦公民的平等主义精神。由于重装步兵的支持，从公元前7世纪开始，希腊城邦发生了另一重要变革：立法运动和僭主政治。

立法运动与僭主政治

按照亚里士多德的说法，早期希腊是君主统治。在荷马史诗中，我们已看到"巴西琉斯"，他们都还是所谓的王，但这时权力已经不大，能否行使权力主要看个人能力，以及他身边那些人势力的大小。也就是说，荷马时代的王权本身就比较弱小。在古风时代，整个希腊大陆总体上保持和平，没有大规模的战争。众所周知，王权强化过程中，对外战争具有重要意义。但早期希腊的这些首领们，很少有借战争扩大势力、强化自己权力的机会，无论是财富还是权力，都受到相当的限制。公元前8世纪至前7世纪，这些王慢慢地被取代。取代的具体过程，在不同城邦的时间和方式都不同。有些城邦的王是被暴力推翻的，有些则相对和平，如雅典王权据说就是逐渐衰落的。国王先是丧失了兵权，后来又失去了其他执行权，到梭伦时代，王就只是一个主管宗教祭祀的、一年一任、由民众选举产生

克里特德莱鲁斯关于科斯摩斯的法律铭文

的官员了。

取代君主政治的是贵族政治。与君主政治比较，贵族政治有一个很重要的变化：集体议事。集体议事需要规则。因此我们看到的最早的希腊立法，比如公元前 7 世纪中期克里特德莱鲁斯城的立法，就规定了当官必须遵守规则。具体的内容是：如果一个人担任了科斯摩斯——克里特最重要的官职，他必须间隔十年之后才能再任。如果他违反规定连续担任，他做出的所有决定都将归于无效，并有双倍的惩罚降临到他自己头上。按照原文的说法，这个人就成为无用之人；我们今天理解，是剥夺公民权。

从议事需要规则来说，贵族政治较君主政治进步。但是贵族政治的社会基础狭窄，少数富豪之家垄断权力，后来变成了财富贵族的寡头政治，在内部和外部都遭到了反对。内部有贵族不满意，希望成为首脑，外部平民无权参政，同样不满意。

此外，当时希腊一个很重要的问题，是法律乃不成文法，属于口传律令。口传的东西，一般只有贵族知道如何执行规则，普通公民并不清楚。执法权由贵族掌握，解释法律的权力也在他们手里。执政的寡头们随意修改法律，对民众的不满无动于衷。为此，民众要求颁布成文法，以便与贵族在法庭中较量。类似的情况在春秋时代的中国也出现过。当时孔子听闻晋国要公布成文法时，表示反对，理由是那样会让民众知晓法律条文，并与官家辩论，由此会导致政权倾覆或者动荡。因此希腊城邦的第一项要求，是公布成文法，把口头规则变成成文法律。

最早的立法家据说是斯巴达的来库古，按照古代希腊人记载的年代推算的话，则最早的立法时间要到公元前9世纪，现代学者的推算，基本倾向于公元前8世纪或前7世纪。由于斯巴达制度的根本变革发生于公元前7世纪至前6世纪，如果来库古改革真的与斯巴达制度本质性的变革有关，则其真实年代要晚得多。从考古证据来说，最早的可能还是我们前文提到的克里特德莱鲁斯城的立法，克里特另外一城市格尔廷颁布了著名的《格尔廷法典》。虽然法典现存版本属公元前5世纪前期，但原始版本应当更早。其他立法家还有西西里的加隆达斯、雅典的德拉古、阿尔戈斯的菲东等。公布成文法的好处，在于一旦成文法公布，所有人都得按照成文法律执行，从而避免贵族根据自己的需要随意解释法律，一定程度上限制了贵族的胡作非为。

颁布成文法需要一个很重要的前提：文字。荷马史诗时代没有文字，那时人们传达信息的基本方式是口头传递。公元前8世纪，希腊人从腓尼基人那里学到了字母文字。与线形文字B比较，字母文字

	原始迦南语	早期腓尼基语	希腊语		原始迦南语	早期腓尼基语	希腊语
ʾ			A	l			Λ
b			B	m			M
g			Γ	n			N
d			Δ	s			Ξ
h			E	ʿ			O
w			Y	p			Π
z			Z	ṣ			M
ḥ			H	q			Ϙ
ṭ			Θ	r			P
y			I	š			Σ
k			K	t			T

腓尼基字母和古希腊字母

这是一张字母发展进程图,清晰可见从腓尼基字母演变为古希腊字母的历程。

符号数量少,排列固定,有确定的读音,只要你能读出来,基本就能写出来,便于人们掌握,因而字母文字的发明具有相当重要的意义,使公布成文法成为可能。希腊人的另一个重要习惯,有助于法律的公开化:他们把法律条文刻写在石头或墙壁上,公布在非常显眼的地方,如神庙墙壁或者广场的石碑上,便于人们阅读和掌握。

但是这些早期立法者公布的法律基本是希腊的传统习惯。传统当然有好的一面,但也有跟不上时代变化的问题。一旦把这些习惯写成文字,变成了正式的法律,有时还真成问题。其中之一,是很多法律确认了贵族的特权和平民的无权地位,有些法律认可了债务奴役。因此,成文法的公布,并未完全解决平民和贵族之间的矛盾,有时还恶化了平民的处境。

平民最大的愿望是改善经济处境,提高政治地位,但成文法几乎解决不了这两个问题,因为它大多还是沿袭原来旧的东西,贵族仍是贵族,平民还是平民。在有些城邦,平民的不满导致了一个新制度的出现,那就是僭主政治。

"僭主"这个词可能来自吕底亚语。吕底亚是小亚细亚的一个国家,很早就与希腊人有联系。公元前7世纪,吕底亚开始征服小亚细亚的希腊人城邦,"僭主"这个词第一次就出现于那时,后来慢慢流行开来。

僭主的产生与城邦固有的弱点相关。许多读者熟悉古代中国的情况,自秦朝以来,中国就建立了完善的官僚体系、军队和治安系统。但希腊城邦一没有官僚体系,二没有职业军队,三没有维持治安的警察。也就是说,城邦缺乏足够的强制资源和手段。一旦遇到挑战,它只能依靠普通公民自发的支持。但在公元前7世纪,当平民和贵族矛盾尖锐之时,掌权的贵族不可能指望占公民多数的平民的支持。重装步兵兴起后,军队里多数是平民,这就造成了严重问题：枪杆子并不完全掌握在政府手里，反而分散在公民群体中。保家卫国时，贵族必须依靠平民，可是平民缺乏权利，对贵族垄断权力不满。贵族中一些人发现了机会，希望利用平民的不满夺取权力。用亚里士多德的话说，他们讨好平民，赢得他们的支持。在平民的支持下，推翻贵族从而独占国家权力。他们中有些人直接依靠暴力，有些人用其他非法手段夺取权力。对希腊人来说，这些非法上台的人当然不合法，犹如那些征服了希腊城邦的吕底亚国王，因而希腊人称他们为僭主。所谓"僭主"，就是僭越法律之上的主人，僭越自己应有的地位成了第一人。请注意，他们是依靠平民支持上台的，所以上台后，需要适当照顾平民的利益。

伯里安德在位的公元前7世纪末到前6世纪前期，是科林斯最强盛的时代。他大力鼓励海外殖民；凿出科林斯地峡上的"曳道"，使船只可以从爱琴海经过曳道进入科林斯湾；他可能处死了部分贵族，把土地分给平民。死后，他被尊为希腊七贤之一。

伯里安德

僭主们的做法基本印证了支持平民的倾向。如阿尔戈斯的菲东可能是第一个在重装步兵支持下上位的僭主，他死之后，阿尔戈斯慢慢出现了所谓"重装步兵政体"。所谓"重装步兵政体"，就是家道小康的人都能参与到国家的权力之中，他们中的许多人无疑是平民。科林斯的库普塞罗斯依靠军队支持上台，在此人和接替他掌权的儿子伯里安德的时代，不少科林斯贵族被屠杀，他们的田地也有一部分被分给普通的平民。西库翁僭主克里斯提尼提升了西库翁的非多利亚人群体的政治和社会地位。麦加拉的泰奥格尼斯依靠屠杀富人在公共田野上放牧的牛羊的办法赢得支持，成为了僭主。雅典僭主庇西特拉图上台后，也采取措施帮助平民。

总体上看，僭主虽然属于非法夺权，有时还非法行政，但他们在打击贵族、扩大公民队伍和改造城邦社会中的作用非常明显，有助于城邦制度的形成。

改革者

除僭主外，古代希腊平民与贵族的冲突还造就了一批改革家。有些立法家也是改革家，比如前文提到的斯巴达的来库古。古典时代的希腊人把斯巴达的很多制度归于他的创造。他给斯巴达公民分配土地，使公民成为不事生产靠地租过日子的人，并使他们都能够参加公民大会。有些城邦请外国人来仲裁，比如在米利都——小亚细亚的一个希腊人城市——内部发生过激烈的冲突，斗争迁延多年，米利都深受其害，最后米利都人从帕罗斯找了几个人来裁决。这些帕罗斯人到米利都后，就考察邦内的田地，看谁家田地种得好，就把那人名字记录下来，然后把政权交给那些种田种得好的人。这实际上也就把政权交给了农民，而且是比较好的农民。经过他们的改革，米利都稳定下来，进入到最繁荣的时代，成为伊奥尼亚的花朵。

公元前6世纪前期，开俄斯、米提莱奈也出现了改革家。开俄斯的改革家和改革过程都未见传世文献，但留下了一部重要的法律。那里第一次出现了平民议事会，并且握有重要权力。开俄斯被认为是希腊第一个建立民主政治的城邦。米提莱奈的皮达库斯是一个民选独裁官——由人民选举产生，但有独裁权。他最重要的工作，是把原来的那些贵族流放的流放，赶走的赶走。那些想强制返回的，他则以武力抵抗，从而稳定了米提莱奈的政治。皮达库斯的特殊之处，是他在任满10年之后，主动放弃权力，米提莱奈人因此对他特别尊敬。

在希腊人的殖民地，也出现了一些重要变革。比如在北非的库莱奈——更流行的译名是昔兰尼，公元前6世纪发生过一次很严重的内讧。在经历多次冲突后，库莱奈人从希腊本土的曼提莱亚请了一个叫戴莫纳克斯的人主持改革。戴莫纳克斯首先剥夺了国王的大部分权力，同时将整个国家的制度重新组合，把居民按照来源分成利比亚人、后来去的希腊人、原来的库莱奈人等，并赋予他们处置国家事务的必要权利。经过这一次改革，库莱奈的政治也稳定下来了。

公民集体与城邦的形成

最后我们大致评估一下这些政治变革的结果。希腊的立法家们第一次让法律公开化,而且树立了法律的权威。如克里特的德莱鲁斯的法律规定,如果有人不遵守法律,违规连任科斯摩斯,则要受到严厉制裁。负责制裁的是德莱鲁斯人,并且吁请神灵监督。这是希腊的第一波变革。第二波是僭主用非法手段上台,打击贵族,提升平民的地位。这一点和春秋战国时中国的情况不太一样,那时是君主联合平民打垮了贵族,把贵族打成平民,而希腊是把平民变成了某种程度的贵族。僭主还鼓励经济发展,助推了城邦的统一。最后一波,是改革家们构建了希腊城邦的新制度,包括部落制度、城邦政制。通过这一系列变革,贵族和平民融合成为一个整体,形成了城邦公民群体。

这个公民群体就是希腊城邦制度最根本性的基础。在公元前6世纪末,我们第一次非常明显地看到了他们的存在。公民群体最大的特权是直接参与国家管理。至于公民有哪些具体权利,如何行使这些权利,是我们下一章要介绍的内容。

第七章
公民与城邦——希腊政治文明的核心

"公民"的概念是希腊人发明出来的。在希腊人之前,两河流域、埃及都已经有了各种各样的国家或者法律,而且文明的历史比希腊更长,但那里的民众更多的是臣民,缺少作为公民的一些基本权利,因而完整意义的"公民"这个概念是由希腊人发明出来的。

公民的含义与条件

"公民"到底是什么,它和城邦之间的关系是什么,我们希望通过一个故事加以说明。

故事发生在公元前480年,希波战争特别关键的时期。雅典将军地米斯托克利和科林斯的将领阿德曼图斯之间,有一段对话。对话发生在一次会议上。当时希腊舰队集中在萨拉米斯准备跟波斯作战,但雅典人因波斯的进攻失去了雅典城。在会上讨论时,地米斯

>希波战争期间雅典政治家和将军,曾任雅典执政官,整修比雷埃夫斯港口,大力发展雅典海军,公元前480年薛西斯入侵希腊期间,他是雅典最重要的将领之一,对萨拉米斯战役的胜利有重要贡献。

地米斯托克利

托克利一上来就要发言,欧吕比亚戴斯出言讥讽:"地米斯托克利,竞赛中起步太快的要挨鞭子。"地米斯托克利答称:"不过,落后的人得不到荣誉。"在地米斯托克利对其他将领演说后,另一将领阿德曼图斯又来挑衅,宣称由于雅典已经被波斯占领,一个没有祖国的人是不应当多话的,而且要求舰队统帅——斯巴达人欧吕比亚戴斯——不要把地米斯托克利的建议付诸表决。地米斯托克利针锋相对,义正词严地回应,只要雅典人拥有两百条战船,战船上都是雅典人,则依靠战船,雅典人可以到任意地方去建立城邦。地米斯托克利的意思是:对一个城邦来说,疆土没有它的公民重要,公民才是城邦的核心。离开了公民,城邦就不成为城邦了。对希腊人而言,公民其人远较国土重要。

不过，并非居住在某个特定城邦的人都是公民。要成为公民需要一定的条件。满足了那些条件，才有可能享受相应的权利。所以我们首先要看哪些人有资格成为公民，接着讲公民有什么样的具体权利，最后讲在这样的城邦里，统治的方式大体是什么样的。

谁是公民？对今天的我们来说，只要你具有某个国家的国籍，基本就成了那个国家的公民。当然你也可以选择作为长期居民。无论如何，除少数国家外，今天世界各国的公民资格不算是特别严格。外国人只要满足一定条件，都有入籍的可能。在美国和澳大利亚一类的移民国家，公民资格相对开放。在日本等国，限制要更加严格一些。虽然如此，今天的公民资格在某些方面仍继承了希腊人的传统：公民的后代，只要不出意外，基本可以获得公民权。

但在希腊人那里，公民资格非常严格。一般外国人很难得到公民权。据称公元前5世纪之前，斯巴达只让两个外国人得到了他们的公民权。雅典相对宽松，但到公元前5世纪中期，也变得严格起来。即使是公民的后代，要真正成为公民，也有一个重要的限定：必须是公民合法婚姻的后代，而且要得到父亲的承认。那如何确认？古代不像今天，一出生就有一个出生证，在中国接下来还要上户口，每人都有一个身份证，对不对？因为这些能证明你作为中国公民的身份。

古代希腊人没有这些，他们靠习惯和社交。父母结婚时，需要邀请亲朋好友，以便将来证明他们的婚姻合法。孩子出生后，父亲要抱着孩子给周围的邻居、亲戚看，说出"这是我的儿子，大家以后多关照"之类的话，向人宣告自己有儿子了，以后他要成为公民。18岁登记时——雅典负责登记的单位叫德莫——如果有人提出异议，则这些人可以证明，他的确是某某人的儿子，出生时大家都知道。老公民生育新公民，是希腊最常见的公民来源。

希腊人对公民权有一个非常重要的限制：只有男性后嗣才可能成为公民，女性绝不可能成为公民。因为她们不能出席公民大会，更不能担任官职，总之，不能参与到城邦的管理中，不算是城邦的人（polites）。她们是雅典人、斯巴达人或者是某个城邦的人，但不够资格成为公民。如果有人提及女性是公民，那只能是因为，公民需要通过同为本邦人的女性才能生育后代，也就是说，妇女只是繁衍公民的工具，但绝不足以成为公民。

在希腊人中，也有过一个城邦因这样那样的原因给予外国人公民权的现象。但这种情况非常少，程序也异常严格。要授予外人公民权的话，必须要公民大会通过专门的法律，比如某某人给雅典做了一件很重要的事，以授予公民权作为奖励。而斯巴达，如我们前文提及的，很少把公民权授予外人。

奴隶是希腊城邦居民中很重要的一个部分。奴隶大多是被买来的外国人，古代希腊主要的奴隶来源，或者是希腊北部的色雷斯，或者是小亚细亚。奴隶肯定没有公民权，只有在非常特殊的情况下，偶尔才能得到公民权。例如，国家处于危机时期，需要解放奴隶入伍。公元前406年，雅典为装备舰队，就解放了一批奴隶，并授予他们公民权。斯巴达历史上，只有在公元前5世纪后期及以后，才会解放黑劳士，并授予部分黑劳士公民权。虽然如此，获得公民权的黑劳士仍与公民有区别，在文献中他们被称为"新公民"（Neodamois）。

另一方面，即使是公民的后代，或者是已经获得公民权的人，也可能丧失公民权。常见的原因是犯罪。刑事犯罪、公务犯罪，会被剥夺公民权；欠了国家的债，也会丧失公民权；如果出生时被父母遗弃，或者没有被父亲承认，也没有公民权。在底比斯，甚至10年内从事过市场交易的人，都可能被限制行使公民权。

公民的权利

之所以对公民权如此严格限制，是因为在城邦资源极其有限的情况下，公民享有一系列的政治和社会权利。按照今天政治学的习惯，这些权利可以分为积极权利和消极权利。积极权利包括：第一，也是最重要的，是直接参与国家管理，通过担任城邦的各种职务来管理国家，这是最直接的权利；第二，公民如果不够格或者不愿意担任国家官职，可以出席公民大会。公民大会原则上向所有公民开放，且拥有重要权力，决定比如战争、和平、授予外国人公民权、分配土地、分配国家资金、免费发放粮食等重大和具体事务，几乎所有重要的事情都在公民大会上讨论。只要出席公民大会，他就有可能通过发言、投票对国家的政策施加直接影响。

希腊城邦是一种直接民主，或者叫直接参与。为保证所有公民都有能力和机会参与到国家管理之中,就有一些与之相关的规定,比如希腊所有的官职都是集体职务。这和我们今天非常不同,今天所有的职务都是一人担任,尤其是正职。而在希腊,比如雅典,执政官是9人,将军是10人,议事会议员是500人,划分为主席团之后,每个主席团还有50人。其他如市场监督、港口监督、度量衡监督,不是5个就是10个,没有一个人专任的现象。同时,担任同一职务的官员权力平等,或各自独立负责某个方面的工作,基本没有高低之别。

第二,一般情况下所有职务任期只有一年,个别有任期半年的。为什么如此安排?希腊城邦的原则是所有公民都有资格参与国家管理,但是不可能所有公民都同时为官,于是希腊人实行亚里士多德后来说的"轮番为治"原则,今年甲当,明年乙当,后年丙当,依此类推,以使尽可能多的人担任职务和参与政治。在希腊,根本没有终身制,如果有,则只是极个别或偶然现象,如斯巴达的国王。

为保证所有人参与,有的时候还会有一些我们今天看来很奇怪的制度,如抽签选举。这个被我们现代人骂得狗血淋头的制度,对希腊人来说,则有相当充分的理由:如果举手或投票选举,则那些财力雄厚、势力强大、能力突出、名气极大的容易当选,一般平民百姓基本没机会。为了平衡这些不恰当的势力,希腊人发明了抽签的办法,抽签面前人人平等!不管你是穷人富人,大家都拥有平等的机会。为保证穷人任职后可以履职,有些城邦会给官员适当的津贴。钱并不多,大概相当于一家一天的生活费。因此,在希腊,当官绝无发财的可能。

人们可能担心,既然穷人那么多,当官又有可能拿到津贴,如果一个弱智抽签担任了官职怎么办?理论上这种可能性不是没有,但实际运作中似未发生过。第一,官员上任之前有资格审查;第二,上任之后,一年要接受十次公民大会的投票,任何一次不合格都可能被罢免,之后还可能被送上法庭受审,如果经审判被定罪,则很可能面临巨额罚款或死刑;第三,离任时提交述职报告。如果述职不合格,则会被送上法庭审判,如果被定罪,不是罚款就是处死。因此,希腊城邦对官员的监督非常严厉。一个有愿望为官的人,如果没有足够的能力,则风险极大。

除出任官职外,公民的积极权利还包括担任议事会议员,出席公民大会,到法庭做审判员。如果他认为某个官员不合格,或者通过的某个建议违背法律,他可以向法庭提起诉讼,进而使官员受到制裁,或者使公民大会的提案人受到监督。总之,希腊城邦创造了很多途径,使公民可以直接参与到国家管理之中。上述大致就是公民的积极权利。

除积极权利外,公民还有消极权利。所谓消极权利,是指即使不积极参与国家管理和政治,也享有某些福利或者不受打扰。希腊城邦公民的一项重要权利是充任士兵。在雅典那样的国家,当兵打仗有一定的报酬。作为公民,他有权拥有土地和房屋,而外国人不得在他居住的城邦获得土地和房屋。国家有时还会直接分发现金,也是只有公民才能享有。不经过审判,公民不得被定罪或处死。即

农民收获橄榄

> 古希腊城邦的绝大部分公民都是土地所有者。土地主要用来种植粮食，但也种橄榄和葡萄等。士兵、土地所有者和公民三位一体，是希腊城邦的基本特征。

便被定罪，他也可以上诉到公民大会。他一般不会被征收直接税，只有富人偶尔会被征财产税。在部分城邦，例如雅典，公民不得被债务奴役，即不能被本国同胞卖为奴隶。正因为公民拥有如此多的权利，与外侨、妇女和奴隶等非公民相比，公民成为一个特权群体。用黑格尔的话说，是拥有自由的那部分人。

公民与城邦治理

这样一个没有警察、没有职业军队、没有职业官僚的城邦，如何实现有效治理？由于所有公民法律上都是平等的，所以要管理好

格尔廷法典铭文

这部法律大约公布于公元前 5 世纪中前期，涉及婚姻、继承、奴隶等许多方面，是少见的综合性法典。

城邦，不能依靠强力，只能靠法治。我们在上一章谈过，自公元前 7 世纪起，希腊城邦有过立法行动，在古典时代，这样的行动一直在继续。法律大多被公布在广场或神庙墙上，以便所有公民都能看到。如前文谈到的克里特的格尔廷，公元前 5 世纪就公布了法律。不管城邦的政体是什么样的，都必须主要依靠法律，而且法律对所有人公开，依靠公民的参与和合作。公民合作要想成功，就必须要有规则，如我们前面讲的"轮番为治"，官员尤其要遵守法律。如果他们不遵守法律，则会被控告、被追责。总体上看，城邦一般来说，

格尔廷法典

是法治国家。

我们举一个例子就能说明问题,伯里克利是雅典最伟大的政治家,影响非常大。公元前446至前431年,他曾连续15年当选为将军,被修昔底德称为雅典第一公民,甚至说,雅典虽然名义上是民主政治,实际上正变成第一公民的统治。诚然,在很长的时间里,雅典人追随他的指导。但另一方面,伯里克利的地位是靠他自己的能力和威信保持的。像雅典其他官员一样,他每年要接受公民的10次信任投票。一旦公民不再认可,他马上可能会受到控告和制裁。公元前430年,雅典暴发瘟疫,大家觉得伯里克利应该负责,就撤销了他的职务,还罚了他一笔巨款。这笔款一说是15塔兰特,一说是50塔兰特。但不管是15还是50,都绝对非常重,因为一个塔兰特可以供1个人生活50年。当然过后没多久，雅典人认为还是需要伯里克利，又把他选为将军，尽管不久之后他就去世了。

法律重要，执法更重要。那么在希腊城邦中，谁具体负责执行法律呢？如我们上文已经说过的，执法者要么是公民选举的官员，要么是公民自身。当公民在公民大会上就某些重要问题发表意见时，说出来的话必须符合法律，否则可能会被控告。雅典对此有一个具体的法律，叫《违法提案起诉》，内容是如果公民认为某人提出了一个违法提案，则可以到法庭起诉。一旦起诉成功，被告不是被罚款就是被处死。这些规定体现了法律对城邦的重要性。

在希腊，战争是经常现象。有时是城邦主动进攻他国，有时是遭遇他国进攻，所以希腊城邦无一例外地重视军队。但希腊城邦并无常备军，士兵由公民充当，大多数情况下是由家道小康以上的公民充当。在绝大多数情况下，这些人是城邦的全权公民。比小康好一点的那些人，即比较富有的人，通常是家里能够养马的人，可以充当骑兵。穷人一般来说无法充任重装步兵，因为希腊人要求自备武装，而且出征时要自带给养，穷人既无力制备相应装备，也没有时间进行训练，更无力支持战争的开销；但在有些城邦，尤其是那些海军强大的城邦，如雅典，他们可以登上舰船当划桨手。在古代，海军舰船靠人力推动，一条三列桨战船需要200人左右。海军强大的城邦，需要大量人手。当然在这种情况下，国家必须提供给养和薪水。

建立在如此基础上的城邦国家，明显相当不同于古代西亚、埃及的专制主义大国。国家被某些思想家定义为暴力机关。但在希腊城邦中,这个所谓的暴力机关,不管是军队,还是政权,都不是掌握在少数统治阶级手里,而是掌握在所有的公民手中。政治上,只有公民有权当官和出席公民大会;经济上,只有公民有权拥有房屋和地产;社会权利上,公民不受债务奴役;法律上,公民享有立法、司法等权力;军事上,只有公民可以当兵。文化上,我们没太强调,但观念上非常明确,有些文艺活动和赛事,只有公民才能够参加。以上种种权利,使得公民成为一个特权集团。希腊的城邦,也因此被某些学者称为"公民国家"。

对希腊人来说,公民是城邦的核心,是城邦的基础,而公民又必须属于城邦。如果他不属于某个城邦,则用亚里士多德的话说,他不是一个神祇,就是一个野人。从这个意义上说,公民构成了希腊城邦的核心。希腊历史后来所有的现象,几乎都与公民、城邦联系在一起。在后面的两章中,我们会通过介绍斯巴达和雅典,给大家比较具体地说明城邦与公民的关系。

第八章
斯巴达社会：公民、边民和黑劳士

　　斯巴达和雅典是古代希腊最有名的两个城邦，但两者的制度相当不同。这种不同，很大程度上源自斯巴达和雅典的社会结构。本讲的主题是斯巴达，因此我们首先概要介绍斯巴达社会的结构，知道哪些人是斯巴达人，即斯巴达公民，哪些人是边民，哪些人是黑劳士，他们各自的地位和处境。

斯巴达的公民

　　古典时代，希腊大陆有三个主要族群：伊奥尼亚人、埃奥利亚人和多利亚人，其中多利亚人主要居住在伯罗奔尼撒，被认为是赫拉克勒斯的后代，在迈锡尼文明末期入主伯罗奔尼撒南部的优罗塔斯河谷，征服此前的土著，成为主人。斯巴达人是多利亚人的一支，约公元前10世纪，他们到达拉科尼亚，因而常被称为拉科尼亚人。

优罗塔斯河谷

> 优罗塔斯河是斯巴达境内的主要河流,沿岸土地肥沃,便于耕作。斯巴达人经常取河边芦苇作为铺上的垫草,也经常在河中沐浴。

在历史文献中,斯巴达人更经常地被称为拉凯戴梦人,因拉科尼亚古代的一个统治者拉凯戴梦得名。公元前10世纪至前8世纪,在征服拉科尼亚的过程中,斯巴达社会形成。

在斯巴达国家,居民实际分为三个不同等级。首先是斯巴达人,也就是那些征服者。另外两个分别是黑劳士和庇里阿西人,前者有时称为希洛人,后者有时称为边民。黑劳士的名称据说来自拉科尼亚南部城市黑劳斯(Helos),因这个城市拒绝向斯巴达人屈服,斯巴达人把他们打败，将当地的居民变为黑劳士（helot），跟黑劳士连在一块的是黑劳士制度（helotry）。庇里阿西人的意思是住在周边的人（perioikoi）。这个词由两个希腊语单词组成。前面的 peri 相当于英语的 around，周围，后面的 oikoi 意为家庭、人，合起来指住在周边地区的居民，中文有时翻译成边民。

公元前 8 世纪，斯巴达人征服拉科尼亚，在征服过程中形成了上述三个基本群体。但斯巴达人并不以拉科尼亚为满足，把眼光转向西边的邻邦美塞尼亚。经过数十年的战争，斯巴达人征服了美塞尼亚，把美塞尼亚人变成黑劳士。然而作为一个曾经的独立国家，美塞尼亚保持着独立精神和历史传统。公元前 7 世纪中后期，美塞尼亚人发动起义，斯巴达人加以镇压。起义据称延续 20 年，史称第二次美塞尼亚战争。就是在这一次战争过程中以及随后的年代里，斯巴达的基本制度逐渐形成。

在完全形成的斯巴达国家中，居民主要分为三个群体或等级。首先是斯巴达人，他们在历史上鼎鼎大名，在希腊语中被称为 Σπάρτης，特指征服者多利亚人群体。据说人数最多时即来库古改革时，有 9000 人。但这个群体的人数一直不断减少。到希波战争时，也就是公元前 480 年，就只有 8000 人左右了。到公元前 4 世纪时最少，据估计不到 1000 人。

这个趋势似乎与我们今天看到的世界人口总趋势相反。今天人口不断增加，地球都快不堪重负了。但斯巴达正好相反，公民人数不断下降。为什么会出现这种情况？

首先，斯巴达人不事生产，专门从事军事训练。为什么要这样？这跟我们前面谈到的美塞尼亚战争有关系。美塞尼亚战争使斯巴达征服了美塞尼亚，把当地居民变成黑劳士，后者需要向斯巴达人交租纳税，并从事其他服务。然而美塞尼亚曾是独立国家，黑劳士保有历史记忆，富有反抗精神，时刻想造反和争取独立。斯巴达人为对付黑劳士，只好把自己变成职业士兵。庇里阿西人有时也会反叛。为防范他们的暴动，斯巴达人就特别小心，只好长年生活在军营中，以备随时出征。

然而，并非任何公民后代都有资格成为职业战士。在出生之前，

希腊士兵

斯巴达人因靠黑劳士养活，得以脱离生产劳动，成为职业的重装步兵。

斯巴达母亲就特别注意锻炼,以生育合格公民。很多人都知道斯巴达妇女和其他希腊城邦的妇女不同,她们要像男人一样锻炼,身体比较强壮。锻炼的目的,并非为了女性的健康和美丽,而是为了生育健壮的婴儿。婴儿如果有缺陷,则在经过斯巴达的长老检查之后,被直接从悬崖扔下去。我们今天讲人权,斯巴达人对有点残疾的儿童是不讲任何人权的。

同时他的母亲也会对婴儿进行考验,据说斯巴达人会拿酒给孩子擦身子。如果小孩身体不够健壮的话,按照斯巴达人的说法,擦身子时孩子会痉挛。如果出现这种情况,对不起,扔!所以能够活下来的婴儿都需要经过多次考验。

7岁开始一直到18岁,斯巴达人要接受军事训练,中间要经过很多次的锻炼和考验。如果不能通过考试或者考验的话,也会失去公民权。于是那些侥幸活下来的人,又可能被部分淘汰,丧失公民权。到18岁时,斯巴达人成为准公民,还不能叫真正的公民。他们可以得到武装,但要去参加斯巴达国家的克里普提。所谓克里普提,是每年斯巴达监察官上任时都会向黑劳士宣战,宣战后派出18岁至20岁的斯巴达年轻人到美塞尼亚,白天潜伏在野地中,秘密侦查美塞尼亚人是不是有反叛倾向,或长得过于强壮。如果有,则这些年轻人夜里会悄悄潜入别人家里,将这些人处死。这类行动肯定经常发生,但不太可能大批屠杀,否则黑劳士就难以自我延续,斯巴达的制度也会垮台,但它具有重要的象征意义:斯巴达人通过这样的行动,表明自己作为统治者的身份,恐吓黑劳士。年轻人则通过这种活动，宣布自己成年，成为合格的战士。

即使成为合格的战士后，斯巴达人也不能保证一直享有公民权。参军后如果上战场，腿肚子筛糠，表现不佳，会丧失公民权；从战场上逃跑，丧失公民权；斯巴达人实行共餐制，要向集体缴纳一定的粮食和金钱，如果做不到，又会丧失公民权。

我们不应忘记，斯巴达是一个好战的国家。公元前5世纪到前4世纪，斯巴达人不断打仗，战场上不断有人阵亡，有些人阵亡时尚未结婚，更无子嗣，家庭绝户，也会减少公民人口。以上种种，使斯巴达的公民人数在古典时代不断下降，国家却毫无办法，成了斯巴达国家的心病。

斯巴达人的婚姻制度，也不利于人口的自然增长。首先是结婚。今天我们结婚非常隆重，需要举行各种仪式，有人甚至提前数年就开始筹备，还嫌不够热闹。斯巴达人的结婚则完全不同！斯巴达人一直在军营里过集体生活，和同伴一块接受训练。到结婚那天，家里会安排一应事务，新郎则白天和同伴继续呆在一起，犹如无事一般。晚上他和同伴吃完饭，看同伴都睡熟后悄悄溜回家，来到自己的新房。新房也不让点灯，不过结婚当天，新娘会被剃光头（也是奇葩习惯）。如果新郎摸到光头，那就是新娘子了。两人行完夫妻之礼，这战士又得赶紧跑回兵营。此后夫妻一直这样秘密来往。有的夫妻孩子都大了，妻子还没见过丈夫什么样。只有到30岁以后，斯巴达人才可以过家庭生活，但大部分时间还是在兵营里。虽然如此，斯巴达人对夫妻和家庭观念仍然淡薄，如果某个丈夫被发现从妻子的房间里出来，要被嘲笑。据称斯巴达人这样规定的理由是保持夫妻之间的新鲜感，有利于生育，实际情况则是降低了受孕的机会。在这样的情况下，加上古代婴儿死亡率高，斯巴达人家庭的延续，成为严重的问题。

因为丈夫经常不在家，斯巴达人的妻子被迫承担起所有的养育和家庭责任，由此造成了斯巴达人母亲的强势。我们经常听到的一个说法是，斯巴达战士出征时，母亲把盾牌交给儿子时会说，要么拿着盾牌回来，要么让别人用盾牌把你抬回来。如果同伴阵亡而自己逃回，会被鄙视，遭遇"社会性死亡"。有一个故事说，一个母亲看他儿子回来，问他儿子，怎么就你一个回来了，其他的同伴呢？他答称，他们都战死了。母亲大怒，咆哮儿子就是个报丧的，于是扔出一块瓦片，直接把儿子打死。

总之，斯巴达人固然在古代享受着征服带来的好处，却也不能不承受征服的代价：被迫生活在军营中，而且几乎放弃了家庭和所有其他娱乐。至于文化创造，则斯巴达无所贡献，近乎沙漠。

庇里阿西人

斯巴达社会的第二个阶层是庇里阿西人，即住在周边的人，最初也是在征服拉科尼亚过程中形成的，征服美塞尼亚过程中，有些边缘地区的城市或定居点没有被降为黑劳士，而是庇里阿西人，所以古典时代的庇里阿西人分布在拉科尼亚和美塞尼亚的周边地区。

和斯巴达人比较，他们有相似之处：他们都有人身自由，充任重装步兵。不同之处在于，庇里阿西人需要从事生产活动，承担税收，交纳一部分货币。他们不是正宗的斯巴达人，不能出席公民大会，也不能担任国家的官职。

在军事上，一部分相对富裕的庇里阿西人要充当重装步兵，贫穷者需要充当轻装兵或水手。我们第一次看到庇里阿西人当重装步兵是公元前480年的温泉关战役中，第二次是公元前479年。第一次有多少庇里阿西人出征，轻装兵和重装步兵各占多少比例，并不清楚。第二次则比较清楚。希罗多德说，公元前479年，斯巴达人出兵普拉提亚抵抗波斯，斯巴达人出兵5000，庇里阿西人也是5000。这样看来，庇里阿西人的人数可能比斯巴达人要多，因为在一般的希腊人城邦中，重装步兵只是整个公民队伍的三分之一左右。如果可以类比，则庇里阿西人和斯巴达人的比例大约为3∶1。对斯巴达的统治，庇里阿西人显然是不满意的，因为他们承担的义务更多，要交税，还要充当重装步兵。如果战争胜利，好处归于斯巴达人；如果战败，则他们可能丢命、受伤，至少需要赔上时间。那些比较贫穷的要充当轻装步兵，或在舰船上当水手。现在的研究表明，由于斯巴达公民人数不断下降，越到后来，斯巴达人对庇里阿西人的抽调越严重。可是，对于斯巴达的政策和国家提供的好处，庇里阿西人根本享受不到，因此，他们有时会和黑劳士联合起来暴动。

对于庇里阿西人，斯巴达人同样要防止反抗，为此采取了多种措施，比如让这些庇里阿西人分散居住。考古发现的庇里阿西人定居点都比较小。小的好处在于，人不多时不易反叛，即使反叛，也容易被镇压。另外，斯巴达人有意使庇里阿西人陷入贫穷，迫使庇里阿西人为生计奔波。当然，斯巴达人偶尔也会给点小甜头。总之，斯巴达人和庇里阿西人之间的关系，虽然不像与黑劳士之间那么紧张，但并不和谐。

黑劳士

斯巴达社会的第三个阶层是黑劳士。前文已经提及他们的起源，古典时代主要指美塞尼亚人，也谈到他们的反抗精神。这里主要讨论他们的人数和处境。为方便计，举个例子说明。

公元前479年，斯巴达出兵抵抗波斯，出兵5000，每个斯巴达人有7名黑劳士给他们当随军。后人由此推测，斯巴达人和黑劳士之间的比例大概是1∶7。也就是说，黑劳士的数量7倍于斯巴达人。而且我们注意，第一，美塞尼亚原来是一个独立国家，黑劳士住在美塞尼亚，不在拉科尼亚，也就意味着斯巴达人不能经常监督他们。第二，黑劳士受到的剥削非常沉重。他们要缴纳收成的一半给主人。沉重的压迫和相对统一的认同，以及他们巨大的数量优势，使黑劳士富有反抗精神。为此，斯巴达人想尽办法压制黑劳士。例如，斯巴达国王死了，黑劳士要哀悼；斯巴达主人死了，他们也得哀悼；监察官每年上任时都向黑劳士宣战，派出18岁至20岁的年轻人到美塞尼亚屠杀那些有反叛迹象的黑劳士；斯巴达人还故意让

黑劳士醉酒

这是一幅素描，途中戴头盔的和大笑的是斯巴达人，上身赤裸者是黑劳士。图中文字的意思是："酒会使人成为傻子，黑劳士尤其傻。"

黑劳士喝醉酒，跳下流的舞蹈。在极偶然的情况下，斯巴达人会直接处死黑劳士。修昔底德记载，伯罗奔尼撒战争期间，斯巴达曾让黑劳士选出2000名他们认为最有能力、最有资格获得解放的人。黑劳士不疑有他，选出了2000人。斯巴达人给这些人戴上桂冠，让他们绕神庙游行了一圈，好像真的要解放他们。但是，这批黑劳士真实的结局，是全部失踪。修昔底德还说，这批人是怎么死的，尸体去了哪里，都没有人知道。

虽然如此，黑劳士仍然经常暴动。除前文提及的第二次美塞尼亚战争外，最严重的是公元前5世纪中期爆发的第三次美塞尼亚战争。当时斯巴达发生了一次大地震，据说整个拉科尼亚的房屋绝大部分垮掉了，公民死伤惨重，小孩死得更多。但在这种情况下，斯巴达人的第一反应不是抗震救灾，而是采取措施防止黑劳士暴动。

斯巴达国王阿基达马斯马上到广场，号召所有还活着的斯巴达人赶紧把自己武装起来，集中在广场防范黑劳士暴动。而美塞尼亚的黑劳士真的利用这个机会暴动了，并准备进攻斯巴达。但因斯巴达人早有准备，就退回到美塞尼亚的伊托姆山。

地震过后，斯巴达人围攻暴动的黑劳士，但十年也未能完全击败对手，被迫与黑劳士签订协议，放暴动的黑劳士自由。

面对如此富有反抗精神的黑劳士，斯巴达人不得不生活在军营中，百般戒备。那么，这些黑劳士到底是奴隶还是农奴？这个问题所以重要，是因为它与斯巴达的社会性质密切相关。如果他们是农奴，则斯巴达理应是封建社会；如果他们是奴隶，则斯巴达就是奴隶社会了。

这个问题在学界争议非常多，很多人认为黑劳士是奴隶，理由是希腊人一直视黑劳士为奴隶。此外，既然古代希腊是奴隶社会，则黑劳士必然是奴隶。有人甚至认为，如果黑劳士是农奴，则斯巴达必然是封建社会。然而，与斯巴达同时的雅典是奴隶社会，晚于斯巴达的罗马又是奴隶社会，那样的话，封建社会先于奴隶社会出现，我们经常认为的真理五种生产方式理论就有破产的危险。

但是，如果我们只看事实，则无论是在理论上，还是在历史史实上，承认黑劳士是农奴都更合理。理论上，恩格斯在《家庭、私有制和国家的起源》中明确承认黑劳士是农奴。黑劳士实际的处境：耕种主人的土地，交固定的收成，多余的部分自留，都更符合农奴而非奴隶的特征。有些黑劳士确实积累了家产，还拥有其他一些权利,他们被固着在主人的土地上,主人既不能把他们解放,也不能把他们随便赶走。黑劳士还可以结婚成家、有孩子,否则黑劳士制度的延续就会成为问题。从这些方面来讲,我们觉得黑劳士更多地接近农奴。

这就是斯巴达城邦社会结构的大致情况。那里的居民分三个等级,相互之间区别明显。第一等级斯巴达人是统治者,作为统治者,他们过得非常辛苦。如果有机会让我去当斯巴达公民,我是宁可讨饭也不接受的。第二等级庇里阿西人,即所谓边民,他们有人身自由,也有自己的财产,但没有政治权利。这些人有反抗意识,斯巴达人需要防范他们。第三等级黑劳士,地位接近农奴,极其富有反抗精神,斯巴达人不得不时时盯着他们。

这样的社会结构造成了斯巴达社会严重的问题。古代希腊文化发达,但斯巴达,至少是古典时代的斯巴达相当于文化沙漠,因为斯巴达人都生活在军营里。不过,古代人并不这么看。斯巴达人公民这么少,却长期把持着希腊世界的霸权,后来还打败过雅典,因此有些人认为,斯巴达的成功有值得效仿之处。可以效仿的,在这些人看来,首先是斯巴达人不用劳动;其次,斯巴达制度稳定,长期执掌希腊霸权。关于这一点,我们还是留待下一章处理更好。

第九章
斯巴达制度——国王、长老会和公民大会

希腊城邦的基本制度大体是"三驾马车",官员、长老会或议事会、公民大会。这个基本构架在所有的希腊城邦几乎都一样。斯巴达的制度据称是一个名叫来库古的改革家通过改革确定的,有其特殊之处,但并未超出城邦的范畴。以国王、监察官为代表的官员,以长老会为代表的议事会和全体斯巴达人出席的公民大会,是斯巴达基本的制度框架。

双王制度

上一章已经跟大家介绍了斯巴达国家的社会结构,斯巴达人、庇里阿西人和黑劳士三个等级,构成了斯巴达基本的社会阶级。真正享有政治权利的只有斯巴达人即斯巴达公民,我们今天所讲的制度,只是对斯巴达公民而言,与庇里阿西人或黑劳士无关。另一方

面，斯巴达公民做出的决定，却会影响到庇里阿西人或黑劳士。由于大多数居民被排除在城邦政治之外，很多学者据此将斯巴达制度视为寡头政治。这样的界定可能并不适合希腊，因为雅典也有许多奴隶和外侨，他们都被排除在政治之外，从这个意义上说，雅典也够不上民主的标准。所谓的雅典民主，也只是对公民而言。虽然如此，即使就公民内部而言，斯巴达也难称民主，因为那里有世袭的国王，有终身制的长老会，公民大会则不够活跃。且让我们一一剖析。

斯巴达制度的第一个特殊性，在于它有两个国王。前面我们已经谈到，公元前8世纪到前7世纪，希腊城邦中的王政基本被废止。在很多国家，国王变成了一个普通官员，比如我们下一章会介绍的雅典，那里的巴西琉斯即"王"的官衔还留着。但到前7世纪初，巴西琉斯已经变成一个一年一任的官员，而且由民众选举产生。这样的地位，尽管有王的名头，却根本没有王的地位。但斯巴达的国王不一样，斯巴达的国王有两个，分别在两个家族中世袭产生，这两个家族是亚基亚德家族和欧里庞家族。

两位国王恐怕令古代中国人难以理解，因为从《诗经》开始，中国就已经只承认一国只能有一个君主了，所谓"天无二日，民无二主"是也。对斯巴达双王制度产生的原因，古代希腊人曾做过解释，其中希罗多德的解释最有意思。他说曾经有一个国王生了双胞胎，他们的母亲希望双胞胎都做国王，而按照斯巴达人的规定，只有长子才能是国王。于是斯巴达人就想分清哪一个是长子，以便立为国王。开始他们想观察他们的母亲如何区分，方法也比较笨拙：如果母亲总是先给其中一个喂奶，则那位可能就是长子。可是母亲大约知道斯巴达人在观察他，喂奶时有意识地不区分次序，今天先喂这个明天先喂那个。斯巴达人无法，只好承认两人都是国王，由此诞生了所谓的双王制。这个说法当然只能是民间传说，难以作为证据。现代学者希望另寻解释，莫衷一是。其中一种看法是：在《伊利亚特》里，吕底亚曾出现过双王。但那个地方的双王和斯巴达的双王到底是什么关系，几乎没有证据。至于谁影响了谁，就更

温泉关的李奥尼达像

李奥尼达是公元前5世纪前期的斯巴达国王。公元前480年，他率领300名斯巴达人，连同其他盟友7000余人在此阻击波斯大军。因对方强大的兵力和正确的策略，斯巴达人后路被抄。李奥尼达遣散盟军，独自与斯巴达人等阻击敌人，壮烈牺牲。

难判断。所以,双王制到底是如何出现的,至今无定论。

好在在一个更重要的问题——斯巴达国王的权力和责任问题上,我们更清楚一些。按照亚里士多德的说法,斯巴达国王的责任主要是世袭的军事统帅。无论什么时候斯巴达军队出征,国王都是天然的统帅。如果国王过于年幼,则会指定摄政王,由摄政代替国王行使权力。作为统帅,他有权决定战场上具体的军事行动,早年时有权宣战,后来至少有资格根据战场情况灵活处理,与对手签订停战协定等。在其他方面,国王也有一些特权。国王死时全国要哀悼,并把他称为斯巴达历史上最好的王。祭祀时国王会有特权,仪式由国王主持,牺牲的毛皮和下水等也被归于国王。吃饭时国王可能会得到两份,这不是因为国王特别能吃,而是国王可以把多余的一份饭菜送给某个他特别欣赏的人,那个人也未必真吃,令他得意的是这乃国王的恩宠,是一份莫大的荣誉。

除军事统帅权外,其他特权在我们今天看来意义不大,但我们应当注意,当其他职务都是集体职务,而且都有任期时,国王世袭产生,而且是终身制。世袭和终身制足以确保国王的影响。他可以利用自己统帅的身份,加上王室雄厚的财力,通过庇护关系,成为斯巴达公民中最有影响的人。公元前4世纪斯巴达的国王阿盖西劳斯就是如此,据称他乐于助人,让所有斯巴达人都欠了他的人情。在斯巴达历史上,出现过多个国王比较跋扈的情况。

第一个值得我们注意的,是公元前6世纪末到前5世纪初的国王克莱奥麦奈斯。这个人确有能力,曾击败阿尔戈斯,但也不顾原则。他曾经组织三路大军干涉雅典,把自己的同僚戴马拉托斯赶下台,将自己的亲信扶上王位;也曾前往埃吉纳索取人质,并在击败阿尔戈斯后拒绝进攻阿尔戈斯城;他还曾贿赂德尔菲的女祭司,让她说出自己希望的话;他也曾拒绝米利都的求援,直接把使者打发走。第二,指挥普拉提亚战役的宝萨尼亚斯曾自主决定,处死底比斯的人质;在统兵进攻拜占庭后,他放走了波斯的俘虏;当斯巴达禁止他担任统帅时,他私自前往小亚细亚。第三,我们前面提到的阿盖西劳斯,尽管登基时不无波折,但上台后相当强势,曾排斥伯罗奔尼撒战争末期斯巴达的海军统帅吕桑德,把另一个国王变成自己的跟班;还不止一次操纵审判,引起希腊世界对斯巴达的憎恶。

不过这是国王强势的一面。他们弱势的一面也应注意。斯巴达历史上国王先后上百个,但非常跋扈的实际比较少,主要是我们上面提到的几位。即使是他们,也会被制止或者被限制。

首先,斯巴达国王是两位,两个国王相互制约,严重限制了彼此的权力。按照斯巴达人的说法,第一代双王,也就是那对双胞胎,出生时就不和,他们的后代也一直不和。两个国王互相争斗,对王权是一个重要限制。

其次,国王过于强势,会引起其他机关的反弹,进而制约国王。按法律规定,监察官每九年一次会夜观天象,看天上是否有彗星划过。如果有,就要启动对国王的调查。监察官和长老一道行动,一旦他们发现国王有问题,就要把他送交审判。审判的权力归于长老会和监察官。所谓彗星划过当然是个噱头，真正的原因，是人们觉得国王超出了他的身份和地位，需要通过审判等加以打压。在斯巴达人历史上，因此受到审判的国王还真不止一个。克莱奥麦奈斯强横无比，然而当他从阿尔戈斯退兵后，他回国就被控告了。他贿赂德尔菲女祭司的事情被发觉后，自知无法继续留在斯巴达，曾逃到阿卡狄亚。后来虽然复位，但据说复位之后他就疯掉了，见谁打谁，而且是打脸。斯巴达人忍无可忍，把他关进牢房，由黑劳士看守。他跟黑劳士要了把匕首，用匕首切割自己的大腿，活活把自己给切死了。普拉提亚战役的获胜者宝萨尼亚斯不听斯巴达当局指令，被控告通波斯或亲波斯，最后也被抓捕，尽管逃入神庙，但被斯巴达人围困，被活活饿死在庙里。阿盖西劳斯平时非常注意掩饰自己的权力，但也曾被罚款。总之，过于跋扈的国王，在斯巴达大多不得善终。

这些事实表明，斯巴达有跋扈的国王，但他们只是证明了常规的例外。绝大多数国王满足于作为统帅的身份，温和地治理着斯巴达。亚里士多德等认为，斯巴达王政的延续，很大程度上得益于国王相对弱势的地位。

长老会

三十人组成的长老会是斯巴达另一重要机关。长老会据称也是改革家来库古通过改革设立的，它的议员由选举产生，但斯巴达人

来库古

传说中斯巴达改革家。后世作家认为,斯巴达所有制度都是立法家来库古确定的。他通过削弱王权,赋予贵族和平民权力,为斯巴达制度带来了稳定。但来库古到底有无其人,如有,属于什么时代,有很多争议。古代似无来库古雕像流传,图为布鲁塞尔的来库古像,是现代想象力和历史文献综合的产物。

真正选举的是28个人,另外两位国王是议事会的当然成员。长老会在希腊语中被称为盖隆特斯(gerontes)。盖隆的意思是老人,源自荷马时代。但那时的长老会成员中,有些人如涅斯托尔固然老迈,但阿喀琉斯、狄奥麦德斯等,或是青年,或值壮年。斯巴达的长老会则是真正的长和老的,因为有资格竞争长老职位的,必须60岁以上。如果没到60岁,连参与竞争的资格都没有。

由于长老是终身制,每年的选举只能是补选。选举时全体公民都有资格参加,按照后来亚里士多德的说法,选举非常儿戏,因为斯巴达的公民大会不是一人一票的投票制，而是呼声表决，谁的呼声最高谁当选。为选举长老，斯巴达还发明了一个特殊的办法：在主席台上放一排柜子，柜子里坐着裁判。候选人依次从主席台前通过，选民则以呼声表达自己的态度，待所有候选人依次通过主席台后，柜子里面的人出来，宣布哪几位呼声最高并当选。但这很容易被操纵。因为所谓呼声高低，有时很难判断。亚里士多德同样批评说，因为竞争激烈，候选人必须到处游说以争取支持。我们可以想象，他还需要组织自己的支持者，以便选举那天发出最大的呼声，确保自己当选。这样的选举，的确容易被操纵。

长老会人数不多，年龄不小，权力相当大。第一项权力，是给公民大会准备决议案。这个权力可大可小，小到只是简单地把相关问题提交给公民大会讨论，但大到可以相当大，因为它可以选择把问题提交，也可以不提交，或者提交一个比较具体的决议案。也就是说，它可以一定程度上左右公民大会的议程。公民大会当然可以对决议进行辩论，如果问题和决议都比较具体，则公民大会可以简单接受；如果公民大会不认可，或者认为决议需要适当修改，则公民大会辩论后，决议可能还会回到议事会，议事会再讨论和拟定决议后，才能再由公民大会通过。下面的案例，可以说明公民大会和长老会的关系。

约公元前 478 年或前 477 年，斯巴达觉得雅典人抢夺了他们对波斯战争的领导权，对此非常不满意，准备宣战，而且公民大会已经通过了相关决议。但是一个叫赫托马利达斯的长老站了出来，他认为不应该对雅典宣战，主张让雅典人掌握海上的领导权。当部分斯巴达人表示反对，宣称神谕告诉他们，如果失去海上领导权，则斯巴达的霸权将会"跛足"，那对斯巴达不利，赫托马利达斯则用了一系列相关的论证来证明他意见的合理性，最后，据古代作家记载，他出人意料地说服了公民大会。这样，公民大会就没有马上宣战。这样看来，长老会很可能先提交了一个关于是否宣战的决议（倾向宣战），并被公民大会接受（立刻宣战）。但赫托马利达斯发表意见后，这个问题又重新回到长老会。长老会根据新的辩论，重新拟定了一个决议（不宣战），并被公民大会接受。这个案例表明，在长老会与公民大会的关系中，公民大会一定程度上是能够推翻长老会决议的，而长老会也必须尊重公民大会的决定，显示了斯巴达公民内部政治某种程度的民主。对斯巴达内部政治来说，这是少有的我们比较清楚的一个事件。虽然记录出现的时间比较晚（公元前1世纪），但学者们公认它出自公元前4世纪的记录，应当可信。

长老会第二个很重要的权力，是它和监察官合作能够审判国王。监察官要启动对国王的审判，必须得到长老的支持，而且监察官和长老一人一票，监察官一共只有5个，长老是28个，加上另外一位国王实际有29个（那个被审判的国王无投票权），怎么着都是多数。

第三个权力，是处理内部危机。长老会是由60岁以上的老人组成的，既长又老。我们应当注意，古代希腊的大多数人不识字，斯巴达就有很多人不识字，或者不了解斯巴达的制度，很多法律都是一种习惯，长老因年岁较大，知道各种习惯和过去的经验，因而以他们的高龄和政治智慧，享有很高的道德威望。在一些重要的危机场合，长老可以提出处理意见。一些重大问题，如公元前395年基纳冬暴动时，监察官就是直接找长老商量后做出决定的。据色诺芬记载，监察官得到基纳冬准备暴动的消息时，考虑到参与阴谋的人数众多，根本来不及也不敢召集公民大会，于是和部分长老商量，决定以阴谋手段处置。他们借口派基纳冬前往美塞尼亚执行使命，半道上把他逮捕，并逼问出阴谋者，从而成功镇压暴动。

为公民大会准备决议案、与监察官联合监督国王、处置国内危机，加上长老的政治智慧，使长老会成为斯巴达政治中的重要机关。它成员极少，终身任职，且权力非常大，因而古代希腊人认为，它是斯巴达政制中的贵族因素。

公民大会

斯巴达国家第三个重要的机构是公民大会。来库古改革时，已经明确规定，人民有权做出决定，而且斯巴达的公民大会是全体公民都可以出席的。上一章中我们提到，斯巴达人和普通希腊人一个很重要的区别是不用劳动。既然不用劳动，就有时间出席公民大会，而他们常年又生活在军营里，除非出征，否则都住在斯巴达，所以只要开会，他们肯定都会在。

公民大会有相当重要的权力。斯巴达最重大的问题，如战争与和平、国王能否继位、是否罢免国王等,都由公民大会决定。斯巴达早期,公民大会可能由国王主持,但公元前5世纪及其以后,基本由监察官来主持,国王被剥夺了这个权力。

公民大会是否可以辩论,是衡量会议是否民主的重要标志。如果可以辩论,且有权对决议进行修改,则意味着公民大会有相当大的自主权。从历史上看,斯巴达公民大会上真正的辩论很少,理由如下:

英语里有一个词叫"laconic",这个词是"Laconia"(拉科尼亚)的形容词形式,在英文里的意思是说话简洁的。可是辩论需要演讲,用比较具体的事实和逻辑说服他人,意味着需要比较长时间地说话。过于简洁的人,两句话就说完,那是命令,难说是辩论。这个词表明,斯巴达人平时话不多,在公民大会上,大约也不会有太多的话。

一般来说,斯巴达人,至少是普通人,能够发言的时候不多,在表决时,例如选举长老时,候选人既不会发表演说阐述自己的主张,也没有其他人在会上为他宣传,而是一言不发地通过主席台。裁判坐在柜子里,只是听取呼声。这里不可能存在演讲。估计其他官职如监察官的选举,也是同样的情况。在对其他问题如宣战或媾和进行表决时,似乎辩论也不多。公元前432年左右,斯巴达人讨论是否对雅典宣战,在会上发言的有科林斯等邦的使者,斯巴达人中,只有国王阿基达马斯和主持会议的监察官发言,其他人似乎没有说什么话。最后表决时,可能意见比较平均,主持人分不清楚哪边声音大,哪边声音小,最后破例决定将主张宣战的和反对宣战的人分开,主张宣战的人占了多数,由此做出了那个引发伯罗奔尼撒战争的灾难性决定。亚里士多德说,斯巴达人的表决有类儿戏,大体合理。这里同时表明,斯巴达人中,擅长演讲的人不多。演讲的人少,则公民大会上的辩论就少。辩论少,就意味着很多时候公民大会很少就决议展开辩论,只是接受长老会的议案。公元前432年那次会议所以特殊,就因为国王阿基达马斯做了发言。当然前面我们也提到,公元前478年左右的那次会议,有一个长老做了发言。不过,斯巴达的普通人,似乎和雅典人不同,几乎没有在公民大会上发过言。也就是说,斯巴达的普通人很难在公民大会上有表达意见的机会。他们唯一的权利,是通过自己的呼声对决议表达认可或反对。

还有一点也很重要,那就是斯巴达人的习惯和心理。这是英国剑桥大学的芬利教授提出来的:别忘了斯巴达人是职业战士,职业战士最重要的美德是在战场上服从命令。平时惯于服从的人,到了公民大会上,会改变自己的习惯,向自己的长官或国王提出挑战吗?如果不能,那就意味着公民大会只是个橡皮图章,无法做出独立的决定。然而前面我们举出的例子,似乎也说明斯巴达人并不完全听话,有时他们确实会做出一些独立的决定,比如公元前478年那次。但总体上看,这类决定相对说起来比较少,尽管较少不代表它不重要。

上述简要的梳理,表明公民大会的确拥有重要权力。但因斯巴达的社会结构、习惯和制度等的制约,公民大会大多数时候比较顺从。如果公民大会代表斯巴达的民主因素，则这个民主因素不够活跃。

监察官

斯巴达最后一个重要职务是监察官。我们所以专门把监察官拎出来和国王分开讲，是因为他们和国王不一样。他们一共5人，由斯巴达人选举产生，一年一任。

监察官被亚里士多德认为是斯巴达政制中的民主因素，因为它由民选产生，没有被选举的资格限制，所有人都有资格竞选。当然实际上小人物很难当选。亚里士多德认为它是民主因素的另一理由，是监察官权力非常大。每年新监察官上台后的第一件事，是下令所有斯巴达人剃掉胡子。连剃胡子都管，还有什么是他不能管的！此外，监察官负责接待外来使节，谈判签订条约等。条约签订之后，需要提交公民大会批准。对外政策领域，宣战和派兵可能由监察官负责。如果派出的统帅是国王，则会有一或两个监察官做监军，监督国王的行动。此外，我们前面已经提到，监察官每九年夜观一次天象，如有彗星划过，要启动对国王的调查；如果证明国王有过错，则他们可以和长老会一道来审判国王。

上述权力使监察官纸面上的权力非常大，以至于亚里士多德说，监察官犹如僭主。但在实际政治中，监察官的作用并不特别明显，原因我觉得主要有两个：第一，监察官是5个人，即他们是一个集体,不是一人独任。5人也许意见不同,限制了他们对权力的行使。第二,监察官任期只有一年,国王是终身制。监察官在任上时可以监督国王,但一年后就会下台,成为普通公民和士兵,那时他就需要看国王的脸色行事了。这使得监察官在面对国王和长老行使权力时必有所顾忌。

以上我们对斯巴达的制度做了大致介绍。我们能感觉到,斯巴达有一个比较奇特的制度。奇特之处在于,国王代表了君主制,长老会议员的年龄和终身制表达的是一种贵族制或寡头制。监察官和公民大会合起来,经常被视为民主因素。三个机构各有各的权力,相互制约。国王统兵打仗,战场上是统帅,早年还可以宣战和签订条约,后来当然被剥夺了,但国王是终身制和世袭制,实际权力比较大。贵族长老会为公民大会准备决议案,长老和监察官联合可以审判国王;公民大会就宣战、媾和等进行讨论和投票。这些机构各有各的权力。三种权力因素混合,导致古代希腊哲学家柏拉图说,斯巴达的制度到底什么性质,很难界定,最好叫混合制。亚里士多德接受了他老师的说法,也把斯巴达视为混合政制,并做出了论证。但现代学者更倾向于认为,斯巴达的制度有民主的因素,如监察官民选、公民大会的表决权等。但民主因素受到了长老会和国王的限制,因而它更多地是一个贵族寡头色彩比较明显的、含有多种因素的混合政制。

在古代希腊,斯巴达制度以长于保持政治稳定知名,并受到许多思想家的推崇。近代早期,西方思想家们也极其崇拜斯巴达的制度和美德。但这种制度建立在压迫和剥削黑劳士的基础上,内部也存在诸多不协调,矛盾重重,由此导致斯巴达的政策摇摆不定。因此,到 19 世纪中期以后,随着人们对斯巴达制度研究的深入,这个制度就受到了越来越多的批评和否定。与之相对,雅典民主政治的地位日益上升。

第十章
雅典开始走向民主——梭伦改革

上一章我们说斯巴达有民主色彩,但寡头制倾向更明显。雅典是古典民主的典范,但这个典范经历了很长时间才形成。

梭伦之前——早期雅典的寡头制

雅典在中希腊一个叫阿提卡的半岛上,作为一个国家的面积,雅典实际上没有南希腊的斯巴达大。斯巴达加上它征服的美塞尼亚有 8000 多平方千米,而雅典只有约 2600 平方千米。然而与斯巴达不同的是,阿提卡土地贫瘠,且降雨量较少,一年只有 200 毫米至 400 毫米。希腊本身没有如同尼罗河或黄河、长江那样的大河,引水灌溉并非易事。土地贫瘠加上降雨量小,对农业生产不利。约从公元前 6 世纪初起,雅典就需要进口粮食。此外,除银矿外,阿提卡也缺少农具需要的金属如铜、铁矿藏。这些必需的原料也要从海外进口。从这些方面来说,阿提卡的条件远弱于斯巴达。

早期雅典是贵族寡头制。梭伦之前,雅典的基本制度大致如下:

第一,九执政官,名义上是全体雅典人选举产生,但选举时有资格限制:出身和财富。所谓出身,就是候选人必须出身高贵;所谓财富很好理解,必须是富人。由于执政官是当时雅典最重要的官职,掌管着雅典的政治、军事和司法等权力,可以说雅典那时的体制既贵族又寡头。

第二,战神山议事会。执政官卸任后进入战神山议事会,我们有的书把它音译为"阿里奥帕古斯"。因为这个议事会在战神山

战神山

地处卫城西北的一座小山,为当年战神山议事会举行会议之所。

（Areopagus）开会。它和斯巴达的长老会有相近的地方——任职终身，权力颇大，有监督官员之权，或许还要为公民大会准备决议。我们还需注意，这个机构由卸任执政官组成，执政官出自雅典最有势力的那些家族中最有能力的人。一个新官员上任后面对这么一个强大的机关，敢挑战它的权威吗？很可能不敢。

第三，公民大会。公民大会当时可有可无，名为"ecclesia"，意思是"被叫出门的人的集会"，很可能不是所有人都有资格出席。只有那些受到召唤的，才能够出席。就会议的权力论，公民大会也许拥有宣战、媾和、选举等权力，但因为出席者只有一部分公民，而且很可能表决也根据呼声高低，甚至就是个宣布决定、使贵族的决议合法的场所，顶多是个橡皮图章。所以当时的雅典是典型的贵族寡头制。

公元前6世纪初，雅典遭遇了严重的社会危机。危机来自内外两方面，内部的第一个危机是平民欠了贵族的债。当时雅典尚无货币，欠债应当是借的粮食或生活必需品。我们现在都知道高利贷的概念，但大多数人并无切身感受。可是当时的雅典，借贷确实是高利贷，利息可以到年利率三分之一，而且利滚利，三年之后就要翻倍，甚至更多。阿提卡的农民大多是小农，土地不多，收成不用说也相当低。一旦陷入债务，几乎没有翻身的可能。那些到期无力偿还债务的，不是变成债务人，被限制在土地上，就是在失去土地后无力偿债，被债主作为奴隶卖到国外。到公元前6世纪初，债务成为雅典必须面对的严重问题。

让债务问题更严重的是平民实际上缺乏政治权利，不能出席公民大会，即使出席，也无法表达自己的意志。国家政策严重偏向贵族和富人。由此造成亚里士多德说的两个严重问题：第一，平民负债；第二，平民觉得他们什么都没有参与。

雅典面临的第二个内部危机，是贵族之间会争权夺利，进而引发政治冲突。公元前 6 世纪之前，我们知道有两次政治冲突爆发的情况，一次在公元前 632 年左右，有一个叫库伦的贵族——他还是古代奥林匹亚赛会的冠军——网罗了一帮支持者，在那年发动政变，但是，政变被当年的执政官镇压了。虽然如此，贵族内部的矛盾并没有解决，雅典政局也因此非常不稳定。公元前 621 年，德拉古进行了一次立法。他把那些传统的习惯用文字的形式固定下来，一些不好的习惯也随之变成了法律。例如债务奴役以及把公民分成不同等级，并据此分享政治权利等。从后来的传统看，德拉古可能采用了重刑原则：用严苛的刑罚制裁犯罪。据称在他的法典中，所有犯罪都适用死刑。当有人问他，怎么所有的罪过都是用死刑？他答称，他觉得偷一棵白菜都需要判死刑，其他更重的罪行，他实在想不出比死刑更严厉的惩罚了。

当然这是后人的说法，实际上并不如此。他的法律一部分流传了下来，他在其中非常细心地区分了预谋杀人和过失杀人两种不同类型的罪行，并据此规定了不同的审判和处罚。无论如何，德拉古的立法没有解决雅典面临的问题。到公元前 6 世纪初，雅典社会矛盾越来越尖锐。

在内部危机恶化的同时，雅典对外政策也遭遇严重失败。雅典没有参加过殖民，直到公元前6世纪后期才有少量人移民色雷斯，也就是说，绝大部分人都在国内。公元前8世纪至前6世纪，希腊人口增长迅速，雅典人口也显著增加。这些人都留在阿提卡，造成耕地不足。雅典寡头政府希望通过就近扩张输出人口。公元前7世纪末到前6世纪初，雅典发动两次对外战争：一是跟米提莱奈争夺亚洲西北角黑海海峡出口的西格翁，但遭遇失败；另一场战争是与近邻麦加拉争夺萨拉米斯岛，同样以失败告终。两次战争都被打败，使寡头政治遭遇严厉批评。然而寡头政府竟禁止雅典人议论。敢提对麦加拉开战者，死刑伺候。

内外政策的失败，使雅典寡头政治难以维系。简要归纳一下：第一，平民的债务问题；第二，平民的政治权利问题；第三，通过扩张输出人口问题。三个问题中，任何一个都是难题。当时雅典人甚至认为，靠普通的立法手段已无法解决困境，唯一办法是选立一个僭主。前文已提及，僭主是用非法手段夺取国家权力的人。这让贵族感到害怕。于是平民和贵族经过协商，打算推举梭伦为执政官，委托他主持改革。那么，梭伦为何得到支持？具体又做了哪些工作？

梭伦改革

梭伦出身是贵族，有人说他是雅典早年国王的后代，真假不知，有抱大腿的嫌疑。也有人说他是商人,不过他是否经过商,也很有疑问,因为他好像并不是一个爱钱的人。有两点是明确的,他是一个很出色的诗人,一个很有头脑的政治家。他的部分诗歌流传下来,也许文字上没有那么优美,但爱国爱民之心跃然纸上。比如他说,他不忍心看到伊奥尼亚最古老的国家陷入困境;他抨击富人,要求他们抑制自己的贪婪,因为穷人不会永远服从;他崇尚正义,宣称如果一个国家不够正义,则神的惩罚将不加区别地降临到所有人身上。作为政治家,他主持过公元前594年的改革,而且不贪恋权力。在别人认为他可以自立为僭主时,他拒绝了;完成改革后,他出国远游;当庇西特拉图试图成为僭主时,他出面反对。他的作为和判断,非常符合当时雅典的需要。

梭伦

他帮助雅典夺得了萨拉米斯岛。按照古代作家的说法,他还没有上台之前,就曾经领导雅典人打败麦加拉,夺取了萨拉米斯岛,从而洗雪了雅典败于麦加拉的耻辱,并且为雅典夺得了相当大一片土地。夺得萨拉米斯岛后,雅典向那里移民,解决了相当一部分雅典人的土地问题。不过他并不居功自傲。在平民和贵族的冲突中,他发表过偏向平民的言论,最典型的是他指责富人过于贪婪,人民不会永远服从。当然他也劝说民众不要期望太高，适可而止。一个既有军功又擅长说理，还拒绝成为僭主的人，能得到雅典人的拥护，并不奇怪。公元前594年，当雅典社会危机特别严重时，他不出意外地被雅典人推举为拥有全权的执政官。

这里需要强调全权执政官。本来执政官只是雅典几个主要官职之一，其他还有王者执政官、军事执政官和司法执政官，梭伦当选的是名年执政官，即用他的名字纪年，并且拥有部分司法、行政和军事权力。按照惯例，执政官每年上任时要宣誓，在他离任的时候，雅典人的财富不会因为他被剥夺，每个雅典人都保有他们曾保有的所有东西。但作为全权执政官，梭伦上台时故意拒绝宣誓，暗示他将对雅典政制进行比较彻底和全面的变革。

梭伦的第一个法令是取消所有债务，不管是欠公家的，还是欠私人的，全部取消。这可是革命性的举动。我们可以想象一下，如果在今天我们突然宣布取消所有债务，将会引起多大的震动和骚乱！这个法令，针对的是当时非常严重的高利贷。雅典也确实通过这样的宣布，把所有高利贷取消。当时有些人据说非常反对，还有人诽谤梭伦从中捞取好处。但后人证明，梭伦本人因为他取消债务的命令损失一大笔钱，说明他这样做的确是出于公心。

第二个措施，与第一个措施紧密相关，禁止以人身为抵押的借贷。古代的农民一旦陷入债务奴役，第一步是抵押自己的财产，即土地和房子，无可抵押时，就需要抵押人口，先是自己的妻子儿女，之后是自己。最初的抵押或许还有期限，但高利贷经常无法还清，可能越还欠的越多,逐渐沦为债主的奴隶,或被债主卖到国外。因为卖到国内有道德伦理问题,很多情况下债务人会卖到国外。到那时,债务人就变成购买者的财产。梭伦禁止债务奴役的意思,是此后雅典人不得再奴役雅典人,确保雅典人的基本权利。到古典时代,雅典奴隶主要来自色雷斯等边远地区。因为梭伦取消债务,废止债务奴役,于是农民那些被抵押的土地又回到农民的手中,阿提卡的小农经济得以重新建立。

梭伦的第三条措施,是鼓励发展经济。他鼓励外国人定居、移居到雅典。宣布那些愿意永久放弃自己原有公民权的外国人,如果定居雅典,可以获得公民权。这也是打破希腊城邦常规的做法。我们曾在城邦形成中谈及,由于希腊可耕地少,土地贫瘠,只有公民可以拥有土地和房屋。这一措施对那些有手艺的外来移民有一定吸引力,毕竟他在雅典定居后,可获得与雅典人平等的权利。而作为雅典人,他不仅可以拥有土地和房屋,而且有资格参与政治,不受债务奴役。他对雅典的贡献,可以与他的权利大体匹配。如果他定居在其他城邦,则他很可能在经济上为定居地做出重大贡献,却不能享有应有的政治权利,也无法保障自己的财产。对雅典经济来说,这个措施具有重要意义。学者们的研究发现,雅典最初的手工业者名字多为非雅典人,说明有一定数量的手艺人的确到雅典定居。为保证粮食供应,梭伦还禁止阿提卡粮食等农产品出口,只有葡萄酒和橄榄油例外。

据说梭伦还规定,父母必须教会儿子一门技艺,否则老了以后

收获橄榄

　　橄榄是古希腊一种重要的农作物，可以有多种用途。橄榄果可以腌制作为食物，也可以榨油；橄榄树可以作为柴火。一个地区一年橄榄的丰收，甚至可能使来年生育率大增。图为公元前6世纪末阿提卡陶瓶上收摘橄榄的情景。

儿子可以不尽赡养之责。这看来也是有点奇怪。一部分现代学者解释，梭伦的目的是鼓励工商业，实际上未必，因为在希腊语里，所谓的技艺包含很多种含义，不一定只是指手工业。如后来柏拉图等所说，治理国家、在公民大会上发表演说，都可以用技艺一词表示，或许农活或放牧牲口，同样是技艺。无论如何，梭伦至少表示，无论你从事何种职业，都不会遭到歧视。

但梭伦是一个温和派，他拒绝重新分配土地，很多穷人之所以支持他，就是希望把所有土地收归国有后，再来一次均田制。梭伦坚决反对。按照他自己的说法，他不想损害富人的利益，也不愿让穷人得到太多。这个工作，后来在庇西特拉图时代可能小范围地进行过。

上述是梭伦在经济方面的改革。我们看到，他的目标一是保证公平，使所有人都能得到属于自己的一份，二是积极鼓励经济发展，希望通过把土地归还农民，推动手工业和商业发展，做大做强雅典经济。对于他的改革，学者们见仁见智，但大多承认他取得了相当程度的成功。公元前6世纪雅典经济的发展，与他的改革有着密切的关系。

在政治领域，梭伦也进行了诸多重要改革，主要内容包括：把公民按照土地收入高低分成四等，按照等级高低分享政治权利；创设400人议事会；扩大公民大会出席资格和权力；改革司法制度。下面我们具体分项叙述。

按照梭伦的规定，公民按照地产收入分为四等：第一等，500

斗级；第二等，300斗级，又叫骑士级，家里可以养马，在十分贫穷的古代希腊社会，能养得起马就算富豪；第三等，200斗级，又称为双牛级，就是家里养得起两头牛，这些人可当重装步兵；第四等，200斗级以下的所谓无产者，但实际上他们并不是无产者，他们只是土地收入不足200斗，需要给他人帮工以谋生。他还按照等级高低分配政治权利。第一、二等级可以担任高级官职，第三等级可任低级官职，第四等级被称为佣工，不能担任官职，但可以出席公民大会。今天的我们可能天然认为，这样的做法太不平等，大家应该有平等任职的权利，在公民大会中每人一票。梭伦只做到了第二点，即在公民大会中每人一票。但各个等级拥有平等的任职权，对雅典人来说，直到公元前4世纪也不曾实现。但与寡头制下的财富和门第双重标准比较，梭伦取消了担任官职的门第资格，仍是一个进步。

通过梭伦的等级划分，我们会发现一个很有意思的现象，古代希腊社会所谓的富人并不富，穷人也穷不到哪去，因为最高等级第一等级500斗级和第三等级200斗级之间，也就是富豪和小康之间只有两倍半的差距。第四等级的无产者，实际上还是有土地的，只不过土地收入不够，但他可以为他人务工，有些人的日子过得也不错。就雅典而言，贫富之间所以能够实现妥协，就是因为雅典社会分化远不如我们认为的剧烈。套用一句当今经济学的术语，古希腊的社会基尼系数还是很低的，是一个比较平均的社会。希腊城邦能够形成民主，跟社会财富的大致平等有一定联系。

在政治制度方面，梭伦还有一个很重要的创造：400 人议事会。历史上是否真有 400 人议事会，一直有争议，有人觉得那是公元前 5 世纪末寡头派的伪造，因为公元前 411 年，雅典有过一个所谓 400 人政体。很可能是寡头分子为了给自己的 400 人政体寻求历史依据，伪造了这个说法。但大多数学者认为，经过梭伦改造的雅典公民大会具有重要权威，由此确实需要一个类似常委会的机构帮助准备议案。从目前的证据来看，承认 400 人议事会存在似乎理由更充分。

议事会的议员由第三等级或以上的公民担任，就是重装步兵等级以上的人有资格出任议员。议事会的主要责任犹如斯巴达的长老会，要为公民大会准备决议案。但梭伦没有把这个事务托付给卸任执政官组成的战神山议事会，而是更加民主的 400 人议事会，等于把准备决议案的权利从执政官或者是从战神山议事会转移到 400 人议事会，使公民大会摆脱了战神山议事会议员的控制，因而具有民主意义。

公民大会的具体权力古典文献中语焉不详，但应当包括下述基本权利：选举、监察官员、通过立法、决定宣战与媾和等重大事务。

梭伦还授予雅典人一个很重要的权利：上诉权。如果他们对执政官判决不满或觉得不公正，可以上诉到公民大会，由公民大会来决定是非曲直。如果自己不敢或不能上诉，可以请别人帮忙上诉。这也是对贵族司法权一个很重要的限制。

为了鼓励国家认同，梭伦还创造了一个制度。公元前 5 世纪，这个制度最终成型,即国葬典礼:每年冬天雅典举行一次国家葬礼,以悼念那些为雅典打仗在战场上阵亡了的战士。葬礼由国家组织,并有专人发表演讲。如果阵亡者的子女未成年,则由国家负责抚养。

梭伦改革解决了一些问题,但他没解决的问题更多:第一,穷人的生计仍是比较艰难,因为他只取消了债务,没有重分土地,那些穷人的土地不足以养活全家,仍需要城邦给予更多支持;第二,

酒神与海盗

公元前 6 世纪中后期阿提卡陶瓶画。斜躺在船上的是酒神狄奥尼修斯,准备卖酒神的海盗已经被变成海豚,桅杆上则长出了葡萄藤并结了葡萄。故事是虚构,但葡萄和葡萄酒是雅典可以出口的少数农产品之一。

贵族势力仍比较大。梭伦把平民和贵族区分开,典型标志是担任高级官职的机会。第三和第四等级还是被排除在官员队伍之外。穷人因此不满,富人也不安心,造成政治不稳定,这也给后来的庇西特拉图提供了机遇。

最后我们对梭伦改革做个综合评估。第一,通过取消债务和鼓励经济发展,梭伦改革再造了雅典的公民队伍。原来已经陷入债务的很多人,现在自由了,失去土地的,大多拿回了属于自己的土地,雅典的小农经济又重新繁荣起来。正是这些农民构成了雅典民主的社会基础。第二,梭伦界定了雅典公民的身份。具体包括雅典人可以拥有土地、不受债务奴役、可以担任雅典国家官职等。第三,不恋权。梭伦干完一年任期,完成任务之后,到期自动下野,远游他国去也。

大致可以肯定,梭伦不是一个民主派。他虽然帮穷人做了有益的工作,但也保护富人利益。用他自己的话说,他就是一个调解人。但从重造雅典公民队伍的立场看,我们可以说雅典走向民主始自梭伦改革。当然,它终归不是民主。在他之后,雅典还要经历100年左右的曲折,才终于建立民主政治。

第十一章
雅典民主制度的确立

庇西特拉图家族僭主政治

雅典民主制度的确立是一个长期的过程。我们上一章介绍了梭伦改革，谈到梭伦留下几个问题有待解决：贵族内部的冲突、平民的生计仍然艰难、公民间仍不平等。这两个问题后来在公元前6世纪大体都获得了解决。

梭伦离开雅典后不到10年，雅典就爆发了内部冲突，还特别严重。上一章提到，梭伦没有解决雅典贵族内部的矛盾，他离开雅典时曾让雅典人宣誓遵守法律10年。雅典人很听话，前10年相对和平，但从公元前6世纪80年代中期起，雅典就开始了内部冲突。当时雅典分成三派：平原派、海岸派和山地派。后人根据他们的政治立场，认为平原派反梭伦，海岸派支持梭伦，山地派要继续推进梭伦的改革。这样的划分可能太简单，因为三派的成分都非常复杂，领袖也都是贵族。三派斗争的结果，是庇西特拉图领导的山地派在公元前 6 世纪中期取得胜利。虽然两次被赶下台，但公元前 546 年，庇西特拉图以武力入主雅典，牢固确立了自己的统治地位。

庇西特拉图的僭主政治和我们之前谈到过的科林斯、麦加拉的僭主制不太一样。雅典僭主政治产生于梭伦改革之后，而梭伦已经解决了雅典部分问题。庇西特拉图上台后，不需要大规模地杀人、流放和没收财产。按古代希腊人记载，他的统治非常温和，温和到他可以继续保持梭伦原来的制度。希罗多德和修昔底德都说，他及其后代的统治非常有智慧，基本不触动原来的制度，只是每一年选举的时候，设法让自己家族的一个人当选官职，掌握权力。

庇西特拉图及其儿子统治期间，采取很多办法促进雅典发展。第一，大力发展经济。扶植小农经济，给农民提供贷款；手工业发展较快，最典型的是制陶业。自公元前 6 世纪中期起，雅典几乎把希腊市场上其他精美陶器都竞争出了市场，雅典彩陶近乎取得了垄断地位。其他手工业如劳利翁银矿开发、金属冶炼和制造等，也有明显发展。

第二，对外和平。和平环境对于经济发展，尤其是小农经济非常关键。庇西特拉图在台上时，长袖善舞，跟周围的邻邦，即北方的底比斯，东邻优卑亚，伯罗奔尼撒的斯巴达、阿尔戈斯、科林斯等，关系都非常好。对雅典的手工业和商业发展来说，这种和平环境也非常有利。

第三，举办节日，增强国家认同。我们可能认为，节日就是花钱，举办节日跟雅典国家发展有什么关系？实际上很有关系。我们前面不断强调过，希腊城邦的公共权力非常有限，公共资源同样有限，贵族势力强大，每个家族都有自己的追随者。于是我们看到阿提卡或者雅典出现平原派、海岸派、山地派。庇西特拉图自己就曾是山地派的首领。他掌握国家权力后，希望增强对国家的认同。他举办很多节日，我们现在知道的，比如泛雅典娜节、酒神节等。这些节日对增强国家认同的作用，需要我们略说几句：节日由城邦举办，是一种公共活动；全体雅典人都可以参加，因而是全民参与的活动；活动中公民通过游行、宴会等，直接感受到国家的存在和国家带给他的获得感。这里以泛雅典娜节为例略做说明。

泛雅典娜节（有学者主张翻译成全体雅典人节，多少有点奇怪，不取）是崇拜雅典保护神雅典娜的节日，每年一次，其中三年常规节日，第四年要举行一次最为盛大的节日。节日包括诗歌比赛、游行和宴会。诗歌比赛据称主要是朗诵荷马史诗。或许正是在庇西特拉图时代，荷马史诗首次被写成定本。游行是国家举行的活动，所有雅典人参与，最终是给雅典娜献上一件袍子。这件袍子的制作是国家行为，由执政官负责组织，参与者是雅典家庭最高贵的姑娘们。能参与到袍子制作中，是一件很值得自豪的事。雅典娜节还有一个很重要的活动：祭神。祭神时要举行游行，姑娘们会头顶花篮参与游行，公民们也参与到游行队伍中。游行的最后，是把刚刚制作的新袍子敬献给保护神雅典娜，并给她换上新袍子。

泛雅典娜节游行

出自雅典帕特农神庙浮雕。

节日活动中,一个重要节目是宴会。我们知道古代希腊人很穷,也就是希罗多德说的,贫穷是希腊人的伴侣。即使小康之家,一年也难得吃到多少肉食。但祭神时雅典国家要屠宰大量牲口。牲口屠宰完之后,按照希腊人的习惯,油脂裹在骨头——那是神的一半——上烧化,神闻闻香味就饱,其余的肉类被参与祭神的人吃掉。这是雅典人一年之中好不容易有的吃肉机会,因而所有人都放开肚皮饱餐一顿。阿里斯托芬喜剧里有一个笑话:泛雅典娜节游行时,一个年轻人举着火炬赛跑,跑得极其缓慢,远远落在其他人之后,原因是肉吃多了,肉汤也喝多了,跑起来肚子里哐当响。有人实在看不过去，朝他屁股踹了一脚，把他踹翻，他手里的火把也熄灭了，模样非常狼狈。虽然这是喜剧的嘲讽，但说明泛雅典娜节是一个很重要的节日。国家给吃的喝的，所有人都参加了国宴。诸君试想，如果我们也有幸参加一次国宴，是不是也有资格得意多日！雅典其他节日中，例如酒神节等，也是国家节日，要举办悲剧和喜剧比赛，雅典人免费观看。在酒神节，同样也有一天举行国宴，雅典人借此又可以大吃大喝。

国家认同的树立，当然不是吃两顿饭那么简单。但起码在雅典那么小的地方，大家能凑在一起吃饭，相互认识，作为雅典人的认同无疑会有所增强。因此，庇西特拉图家族的统治，在推进经济发展，稳固小农经济，增强国家认同方面，都发挥了积极作用。有些学者形象地把庇西特拉图称为"带卫队的梭伦"，意思是他延续了梭伦的政策，为后来民主政治的发展奠定了基础，倒是有些许道理。

但是，庇西特拉图家族的统治在公元前510年左右被推翻了。根据希罗多德和修昔底德记载，导火索是一次爱情事件，结局是庇西特拉图的小儿子被刺杀，长子希皮亚斯为巩固统治，采取恐怖手段。雅典人无法忍受，借助斯巴达人的力量将希皮亚斯赶走。上面我们说了庇西特拉图不少好话，怎么突然雅典人就不喜欢了呢？这背后有复杂的原因，但最根本的，则是僭主的统治造成了矛盾的结果：一方面，他们增强了平民的经济和政治地位，使平民希望分享更多的权力；另一方面，僭主统治的根本特征，是权力被一个家族两人是一对同性恋人，因受到僭主家族针对，愤而发起刺杀行动。但刺杀失败，真正掌握权力的希皮亚斯并未受到伤害，刺杀者被处死。虽然如此，雅典人赢得自由后，两人仍被视为给雅典带来自由的英雄。

哈摩尔狄乌斯和阿利斯托盖同

垄断。两者之间的矛盾，可以说是无法调和的，睿智如庇西特拉图，也无法逃脱这个根本性的制度困境。加上庇西特拉图死后，他儿子不像他那么有威信，手段也不够灵活，最终导致他们在公元前510年左右垮台。虽然如此，经过僭主的统治，雅典已迥然不同于梭伦时代了。这种不同，在随后的克里斯提尼改革中表现了出来。

克里斯提尼改革

克里斯提尼出身于雅典很有名的阿尔克麦翁家族。他的祖上在

克里斯提尼

政治方面一直非常活跃。公元前 7 世纪,这个家族就出过执政官。公元前 632 年库伦政变时,镇压库伦的就是该家族的麦加克勒斯。梭伦改革时,阿尔克麦翁曾统帅雅典军队,此人也是他们家的人,即克里斯提尼的祖父。克里斯提尼的父亲麦加克勒斯在公元前 6 世纪中期的雅典政坛上非常活跃,是雅典三派之中海岸派的领袖。他曾与平原派联合赶走庇西特拉图,后来又帮助庇西特拉图掌权,旋即闹翻,再度将庇西特拉图赶下台。公元前 546 年庇西特拉图确立统治后,该家族一度流亡国外。但庇西特拉图死后,他们可能与庇西特拉图的儿子们和解,返回了雅典。那时麦加克勒斯或许已经去世,家族的领袖是克里斯提尼。

克里斯提尼本人在政治上也是活跃分子。约公元前 525 年,他出任过执政官。公元前 513 年刺杀僭主的阴谋,就是我们刚刚谈及的爱情事件之后,该家族再度流亡。不过该家族在国外显然有不少资产,流亡过程中承包了希腊很重要的宗教圣地德尔菲神庙的装饰工程。当时德尔菲人跟克里斯提尼签的合同,是用德尔菲当地的大理石装饰神庙的墙面。但克里斯提尼的工程实际上较合同规定的要好得多,用的是希腊最好的帕罗斯大理石。希腊的神,更准确地说是他们的祭司,也真是容易收买。因为克里斯提尼的工作,祭司们内心里非常感激他。

克里斯提尼当然没那么高尚。他所以不惜工本承包装修工程,一个重要原因是他是一个政治人物,希望返回雅典。只要庇西特拉图的后代还在掌权,克里斯提尼自己没有足够力量推翻庇西特拉图儿子们的权力,他就无法返回。于是他通过装修工程贿赂祭司,祭司果然也很识相,按照克里斯提尼的意思,设法刺激斯巴达出兵雅典。当时斯巴达是希腊世界最强大的国家,据说一直敌视僭主。当斯巴达来请示阿波罗神谕时,神谕每次都说,先解放雅典再给神谕。斯巴达人开始还没当回事,后来屡次三番遇到这个情况。虽然那时斯巴达与庇西特拉图家族的关系相当友好,但他们也比较虔诚,所以按照神谕的要求出兵进攻雅典。不过斯巴达人第一次只派了少量军队,不出意料地战败了。随后,国王克莱奥麦奈斯亲自率领军队到雅典,把庇西特拉图给推翻了。

僭主垮台后,克里斯提尼回到雅典。在当时的雅典政坛上,具有重要影响的除克里斯提尼外,还有伊萨戈拉斯。后者跟斯巴达国王克莱奥麦奈斯关系特别友好,得到斯巴达支持。公元前508年,伊萨戈拉斯当选执政官。克里斯提尼公元前525年已当过一次执政官,按照惯例不得再任,在斗争中处于劣势。据说在这种情况下,克里斯提尼和民众结合到一起。那么,他依靠什么获得雅典民众的支持呢？

古代史学家对此没有解释清楚，希罗多德纯粹从个人动机出发，宣称他不过是模仿自己的外祖父。亚里士多德更明确一些，称克里斯提尼提出了一个改革议案，议案得到民众支持。但伊萨戈拉斯不愿放弃，请求斯巴达再次干涉。斯巴达国王克莱奥麦奈斯带着少数人又到雅典，指名流放700户雅典人，其中包括克里斯提尼，并企图解散议事会。但雅典人不接受，议事会拒绝解散，雅典人发动起义，把斯巴达军队还有伊萨戈拉斯围困在卫城中三天。斯巴达人缺乏准备，被迫在协议下灰头土脸地离开。

克里斯提尼被迎回雅典主持改革。关于他的改革措施，一般的书上都有介绍，这里不细说，只是把他改革的结果做个简要介绍。

他把整个阿提卡分成三个部分：海岸、平原、山地。平原主要是城区，海岸就是沿海地区，内地主要是山区，再在每个大区下划分出10个三一区，每个三一区下有若干德莫，也译为村社。之后，克里斯提尼把三个不同地区的三一区结合成为一个部落，具体办法是：从海岸、山地和城区各拿一个三一区。三个三一区大多互不相邻，有时相距还相当远，但它们合在一起组成一个部落。由于每个部落都包含着阿提卡三个不同的部分，城区一块、海岸一块、山地一块，每个部落都是整个雅典国家的微型版，一个小雅典。10个部落结合在一块，构成整个雅典国家。克里斯提尼通过新的德莫、三一区和部落的整合，实现了国家的统一，也实现了所有公民的政治化。

部落有很重要的职能。在雅典议事会中，主席团按部落组织。任何一个部落作为主席团时，议员都来自阿提卡三个不同的部分，代表着雅典国家；军队按照部落组织，一个部落组成一个支队，由本部落将军统帅。在公民大会中的某些重要场合，雅典人按部落投票。部落既是国家的基本组织，又是划分雅典军队的单位，每个部落都代表着雅典的三个不同部分。通过这样的混合，雅典实现了国家统一。

克里斯提尼改革了雅典的议事会。梭伦创立了400人议事会，克里斯提尼把议员增加了100人，变成500人，而且议员按照部落组成主席团，这样议事会共10个主席团。议事会的议员选举产生，一年一任，最多连任一次。议事会的主要责任是主持公民大会，提出议案，监督官员，接待外来使者。这几样大事，每一件都跟雅典国家管理有关。公民通过这个途径，直接参与国家大事。议事会当然是由代表组成的，但如英国学者芬利指出的，它更多仍是公民直接参与国家管理的机关，强化了雅典直接民主的特点。

克里斯提尼创设10将军制度，每个部落一名将军。考虑到战场上的指挥直接关乎公民性命和国家命运，既专业又重要，所以他们经选举产生，可以连选连任。在战场上，他们集体议事，以军事执政官为统帅。马拉松战役后，军事执政官逐渐退出指挥，由将军们直接指挥军队。公元前5世纪雅典内外的环境，使将军的地位日益重要，到公元前5世纪后期，将军成为雅典最重要的职务。

克里斯提尼第四个重要的创新是陶片放逐法。虽然陶片放逐法是不是他发明的有争议,但至少符合他的精神。根据法律规定,在第六届主席团时,公民大会要专门讨论是否举行陶片放逐法。如果觉得需要,在第八届主席团时正式举行陶片放逐,最低投票数量是6000票。当时雅典公民大概30000人,如果低于6000票,则不足雅典公民的1/5,投票无效。如达到6000票,则得票最多的那个人要被流放国外10年。流放期间,雅典保留流放者的公民权,流放者的家人不受影响。

流放的人选随机,谁都可能被流放。公元前488年,雅典人首次举行陶片放逐法投票,后来成为经常行为。被流放的都是雅典有名的政治家,如阿里斯提德、地米斯托克利、西门等。按照古代作家的解释,这些人被流放的一个重要原因,是他们势力太大,大到可能影响雅典国家的稳定,只好被流放到国外。

在今天看来,这个制度非常荒唐。一个没有任何犯罪记录的人,居然就因为自己过于突出,会被流放国外10年。有人因此认为,这体现了民主政治的弱点:因为所有人都有权投票,而绝大多数人是普通人,对于那些突出的个人,往往不能容忍。这样说不是完全没有道理。但我们要将这个制度置于希腊城邦特定的背景中。雅典没有现代国家的官僚机构,没有职业军队,所有的事情都在公民大会上讨论,所有的事情都靠演说来解决。每当遇到重大问题,势必出现不同意见。此外我们还应注意,雅典公民大会每次出席会议的人并不都是一样的,今天可能是甲的支持者赢得胜利,明天可能是

流放地米斯托克利的陶片

过去一度译为贝壳放逐法，但现在发现的票都是陶片。这块陶片上清晰地刻着地米斯托克利的名字。因希腊人并无姓氏，多以某某的儿子称呼，故下面的一行是他父亲的名字奈奥克莱斯，整个陶片铭文的意思是：奈奥克莱斯的儿子地米斯托克利。

乙的支持者人数占优势。那样的话，城邦的政策肯定会出现摇摆。在这种情况下，赶走一个留下一个无疑是更可取的做法。等10年之后，或者在此期间证明留下的政治家选择的方法不对，那时可以再把流放者半道召回，改行新政。如此可以避免国家政策出现剧烈摇摆。另外，与古风时代希腊城邦内部斗争比较，陶片放逐是一个更温和的手段。古风时代希腊城邦的内部斗争多以肉体消灭，或永久流放国外为基本手段。陶片放逐不仅有期限（10年），而且祸不及家人，是相对合理的做法。

陶片放逐法的另一重要功能，是缓和政治家之间的直接冲突，使全体公民成为政治家冲突的裁决者，所以这是表达人民主权的一个重要方式，也是民主政治的长处。

现在可以简要归纳一下克里斯提尼改革对雅典制度变动的总体效果。克里斯提尼改革的口号是"平等"。这个平等不仅包含我们常说的"法律面前的平等"，还有一个很重要的内涵：参与法律制定的平等。通过公民大会，雅典人全体参与到国家治理之中。他创造的基本制度，如德莫、三一区和部落的构架，500人议事会，将军制度，陶片放逐法，等等，直到雅典民主政治结束，都没有发生本质性的变化。就此而论，克里斯提尼创造了雅典基本的民主制度。虽然克里斯提尼时还没有"民主"那个词（这个词出现于公元前5世纪中期），但平等已足以表达民主的主要含义。1992年西方纪念民主政治诞生2500周年，正是以克里斯提尼公元前508年改革建立民主制作为起点的。

克里斯提尼建立民主制后，斯巴达曾进行干涉，但遭遇失败。失败的直接原因，是斯巴达两个国王在战场上意见不一致，其中一个国王带着人撤了，那些盟友随后也都跟着走了。剩下的底比斯和卡尔奇斯，则被雅典人打败。但深层的原因，则是民主政治激发了雅典人的活力。希罗多德在叙述完雅典胜利后特别做了评论。他说："权利的平等，不是在一个例子，而是在许多例子上证明本身是一件绝好的事情。"因为当雅典人在僭主统治下时，他们在战场上像一个懦夫，认为那是在帮僭主卖命；在自由的时候，每个人都变成勇士，因为每个人都尽心竭力地为自己做事情。

当然只是成功应对斯巴达一次小规模的干涉，不足以充分证明民主制度的优越性。对雅典民主真正的考验，是希波战争。

古典时代·希波战争

第十二章
地中海格局的改变

居鲁士与冈比西斯

波斯在伊朗高原的崛起，可以说是整个西亚历史上千年以来的大变局。因为在那之前从来没有任何一个国家能够把整个伊朗高原、两河流域、叙利亚、巴勒斯坦、小亚细亚、埃及，还有巴尔干北部统一在一个国家里。此前的埃及把势力最远伸展到两河流域，赫梯曾与埃及争夺巴勒斯坦，亚述曾吞并埃及。但这些国家的中心，或在两河流域，或在尼罗河流域，还很少扩展到整个伊朗高原，更不用说影响到印度和欧洲了。

波斯改变整个格局只用了50年不到的时间。古代西亚和埃及历史非常悠久，公元前4千纪就进入文明时代，经历长期的发展，产生过很多强大的国家。到公元前6世纪中前期，西亚地区主要有新巴比伦和米底两大强国。虽然埃及公元前一千纪已走上下坡路，

又称居鲁士大帝,波斯帝国奠基者。此雕像发现于帕萨尔加戴,约属公元前6世纪。雕像铭文刻着:"我是国王居鲁士,阿黑门尼德族人。"

居鲁士

但瘦死的骆驼比马大,仍然还很有势力。

　　与它们比较,波斯只是一个小兄弟,龟缩在伊朗高原西南部。跟亚述人和建立新巴比伦的加勒底人相比,波斯人是新来的,他们大概公元前两千纪前期进入伊朗高原,长期受米底统治。

　　公元前6世纪中前期,波斯在居鲁士领导下起兵反抗米底。据希罗多德记载,居鲁士父亲是波斯贵族,母亲是米底公主。米底公主怎么会嫁给一个波斯普通贵族?希罗多德称,那源自米底国王的一个梦。米底国王阿斯图阿盖斯无子,只有一女名芒达妮。一天,国王做了一个梦,梦见从他女儿的子宫里长出一根藤子,这根藤子覆盖了整个亚细亚。国王很迷信,忙找解梦的人解释。解梦人解释说,你女儿生下的儿子会颠覆你的统治,征服整个亚细亚。后来,他又做一梦。这次梦更加奇怪:她女儿一泡小便,把整个亚细亚淹没了。他再次找解梦的人来问,解梦者称,这个梦和前面的梦一样,就是她的孩子会统治整个亚细亚。

米底国王心生恐惧,担心把女儿嫁给米底人,意味着自己王位不保。等到女儿成年后,国王就把她嫁给波斯一个并不显赫的贵族。虽然如此,他仍不放心。在女儿生下居鲁士后,国王派自己的亲信大臣哈尔帕戈斯去处死婴儿。但这位大臣耍了个心眼:国王年事已高,如果哪天突然想起自己的外孙,那时他就是罪人。但国王的命令必须执行。他想出了一个自以为聪明的办法:把这个孩子交给国王的一个牧人,告诉这个牧人把孩子扔到大山上去。牧人去大臣家里抱孩子时,他自己的妻子也要生孩子。牧人夫妻恩爱,他很担心自己的妻子,就抱着孩子匆忙赶回。

牧人回家后,妻子急忙打听大臣找他何事,牧人据实相告。他妻子听说后,觉得可惜,便告诉牧人说,刚才她也生了一个孩子,但很不幸,孩子刚生下来就夭折了。二人商量将孩子的衣服互换,这样他们的孩子虽然早夭,但会穿着漂亮的衣服,得到一个王子般的葬礼,而居鲁士的命也留下来了。对牧人来说,这是个两全其美的策略。于是居鲁士逃过一劫,在牧人的抚养下长大。

据说居鲁士10岁那年,有一件事暴露了他的身份。牧人的孩子和波斯大臣的几个孩子一起玩选国王的游戏。孩子们选居鲁士当国王。居鲁士拿着鸡毛当令箭,真的以国王身份分派工作。其他孩子都遵从命令，但其中一个大臣的孩子说，居鲁士的父亲不过是个牧人，地位犹如奴隶，奴隶的孩子有什么资格给他下达命令！居鲁士没客气，把小伙伴叫过来，把不听命令的孩子揍了一顿。这孩子委屈，马上回去找他爹告状。他爹马上把案子提交国王。阿斯图阿盖斯一听，立刻把孩子找来。或许心有灵犀，他看那孩子眉目之间有自己的影子，再一问年龄，也和他的外孙一致。他心中起疑，派人把牧人叫过来并询问孩子的来历。牧人开始还说这就是他自己的孩子，但当国王打算用刑时，牧人只得老实交代孩子的真实身份。

对于牧人，国王并不生气。但对于当初负责处死孩子的大臣，国王就没有那么客气了。他马上叫来哈尔帕戈斯，问他当初到底是怎么处置居鲁士的。哈尔帕戈斯一看牧人也在，知道瞒不下去，就把处置的具体经过说了一遍。国王假意说道，当初做完那个决定之后他也很后悔，不过现在不错，居鲁士已经长大。为庆祝居鲁士回归，他要举办一场盛大宴会，请哈尔帕戈斯把自己13岁的儿子送入宫中，与居鲁士一起玩耍。哈尔帕戈斯不疑有他，高兴地送去自己的儿子。可是，国王下令把这个可怜的孩子处死，并把他的肉做成羹汤，赏赐给哈尔帕戈斯吃下。

咨询过解梦人之后，国王认为，由于居鲁士已经做了国王，梦已经应验，也就没有为难自己的外孙，把他送回了波斯。可是，居鲁士长大之后，领导波斯人发起暴动。阿斯图阿盖斯下令哈尔帕戈斯率兵迎战，后者愤恨于国王当年的残暴，直接阵前倒戈，投奔了波斯。国王只得御驾亲征，再度失败，自己被俘，居鲁士成了米底统治者。随后，居鲁士再接再厉，公元前546年消灭小亚细亚强国吕底亚，公元前539年征服巴比伦，将西亚大部分地区纳入波斯帝国统治之下。

在希腊人的印象中，米底是一个大国，吕底亚更是世界头号强国，曾征服小亚细亚几乎所有希腊人城邦；新巴比伦王国也是强国，曾灭亡犹太，统治着当时两河流域到叙利亚、巴勒斯坦地区，并与埃及争霸。居鲁士却在很短的时间内就征服了上述所有地区，包括伊朗高原、小亚细亚、两河流域、叙利亚、巴勒斯坦，把整个西亚地区统一起来，又回头征服了中亚，也就是伊朗高原东部的地区。居鲁士死后，其子冈比西斯即位。公元前525年，他征服了埃及。

按照希罗多德的说法，冈比西斯精神有点不正常：第一，古代埃及人宗教情感非常重，但他征服埃及后，梦想征服埃塞俄比亚和利比亚，但都失败而归。当时埃及人正在庆祝阿皮斯神牛的降生，冈比西斯认为这是埃及人在嘲笑他，于是不顾埃及人反对，刺伤了神牛。他把牛刺伤之后还说：埃及人也只配当奴隶，拜的神都不灵光，还会受伤。第二，不遵守波斯人的习惯。在波斯的习惯里，兄妹不准通婚。但是冈比西斯爱上了自己的妹妹，碍于习惯不好直接行动，假意去问波斯的法官。然而在国王统治之下，这些法官也不敢忤逆国王的意志，但也不能随便做出违背习俗的判决，于是波斯法官们研究之后，做出了这样的回答：在波斯的习惯中，兄妹绝不能通婚。但波斯的法律也规定，国王可以做他想做的任何事情。冈比西斯一听，马上把妹妹娶为妻子，后来据说还娶了另外的妹妹为妻。在埃及期间,这位波斯国王做了一个梦,梦见一个叫斯麦尔狄斯的人夺取了他的王位。他弟弟正好名叫斯麦尔狄斯,所以他立刻派人回去处死了他弟弟。

冈比西斯的倒行逆施,引起了波斯统治阶级内部和帝国被征服地区的强烈不满。他在埃及期间,波斯爆发了一次大暴动。冈比西斯匆忙自埃及返回,途中在巴勒斯坦病死。按照希罗多德的说法,篡夺王位的是一个叫高墨达的祆教僧侣,但现代学者觉得,这位所谓的篡位者可能就是国王的弟弟斯麦尔狄斯。只是他加强王权的措施引起了波斯贵族的反感,于是后来的篡位者大流士等人不仅发动政变,夺取了统治权,还为掩人耳目,故意捏造谣言,宣称他们推翻的是篡位的僧侣。事实是大流士夺取权力后,波斯的暴动更加猛烈。大流士何许人也?

大流士

在波斯帝国大暴动中,大流士和 6 个贵族一起组建了阴谋集团,他们宣称杀死了篡位的国王,又通过一系列手段,大流士最终登上了王位。

大流士登上王位之后,用严厉手段镇压了暴动,并对整个波斯帝国的制度进行改革。因为波斯从一个原始部落崛起,很多制度保留原始状态,如没有固定的税收,常备军人数不多,地方、中央制度也不完善。大流士上台后着手改革,包括整顿税收,在地方建立行省制，建立常备军。总之，建立君主集权的制度。

在大流士体制下，国王必须出自阿黑门尼德氏族，穿着特殊的服装——紫袍。大臣觐见国王必须要经过通报，见面之后必须跪拜，跪拜时必须匍匐在地下。跟国王说话时，要用手把自己的嘴巴捂住，按照希腊人的说法，这样做是防止自己说话的口气冲撞国王，亲吻时只能吻国王脚下的土，不能吻国王。这一切都是要创造国王与众不同的身份和地位。

贝希斯敦铭文雕刻

贝希斯敦位于今伊朗西部克尔曼沙省。公元前6世纪末波斯国王大流士在镇压暴动后，将自己的功绩刻写在贝希斯敦100多米高的悬崖上。雕刻中大流士身穿王袍，脚踩高墨达，其他战败者被绳索捆绑，等候大王发落。

法律上，国王对他的臣民有生杀予夺之权，但臣民对国王没有任何权力。公元前 480 年，大流士之子、波斯大王薛西斯远征希腊，一个巨富因招待国王获得恩宠，自以为得计，希望国王把巨富的长子留在家，将来可继承家业。薛西斯大怒，立刻处死了这个商人的儿子。同年，薛西斯自希腊返回。据希罗多德说，他返回亚洲横渡黑海海峡时，船到中途遭遇风暴，船夫认为船只过重，只能减重后才可以前行。国王立刻转头对随行大臣说，"波斯人，现在是表现你们忠诚的时候了！"于是波斯大臣们立刻起身，纷纷跳入海中。待船只靠岸后，薛西斯因船夫救了自己的命赏赐其一顶金冠，但随后又以船夫使他失去大量波斯显贵，处死了船夫。故事虽未必真实，但表现了波斯大王至高无上的权威。波斯帝国有五大都城，各有各的作用：比如苏萨是行政中心；波斯波利斯、帕萨尔加戴是宗教中心；巴比伦管理两河流域；埃克巴坦纳原是米底帝国都城，现主要管米底，也是国王的夏宫。波斯国王一般在苏萨，但也会前往巴比伦等地。王权则随着国王的迁移，到处流动。

国王乃是全国最高的土地所有者，可以随意处置全国的土地和财产。作为所有权的具体表现，国王对所有臣民都有征税权。大流士建立了统一的税收体系，详细规定了各个地区应当缴纳的特产和税收。他还发行货币，并宣称只有国王可以发行金币，称大流克。大流克上就是一个国王手持弓箭的形象。地方总督只能发行银币或铜币。如果总督违规发行金币，一旦发现，死刑伺候。这种税收和货币体系一方面保证了波斯帝国中央政府的收入，另一方面也强化

大流克

了国王与众不同的权威。

大流士组建了常备军。常备军中，最精锐的是国王身边的10000人的卫队。在一些战略要地，如埃及的埃列芳提纳、小亚细亚南部的奇利奇亚和里海等地的关隘上，也驻扎有波斯军队。各个省也会临时征集军队。不过常备军的总数不会太大。每当有重大战事，国王会临时征集军队。公元前490年波斯在马拉松战役中失败，大流士决心报复雅典，大规模征集军队。按照希罗多德的说法，"亚细亚整整骚乱了三年"。只是那支军队还没来得及被用来远征希腊，埃及就暴动了。随后大流士去世，他的儿子薛西斯征服埃及后，才在公元前480年发动对希腊的入侵。

除军队外，还有希腊人觉得很神奇的"王之耳目"。国王专门派出一些我们今天也许叫间谍或者叫特务的人，到民间各个地方去刺探相关的情况。这些人的身份多种多样，可以是商人，可以是地主，或其他任何身份。据说他们可随时觐见国王报告相关情况。在波斯，

波斯波利斯遗址

> 波斯波利斯是波斯帝国一座重要的都城。该城立于高台之上,建有奢华的宫殿,并装饰有雕刻。宫中存有波斯从各处搜刮来的大量金银,充分显示了波斯的富强。

所有人都感觉自己在被监视。

地方设置行省,行省以总督为首脑,由国王任命波斯人担任。总督享有很大的权力,主要是征税和统帅军队。在理想状态下,波斯总督和驻军长官相互制约,但实际上总督既有钱又有军队。公元前5世纪以后,总督暴动的现象逐渐增加。对省以下的地方,国王管得很少,基本让各地自治。

中国在秦统一之后,秦始皇曾完成一个重要工程:车同轨,书同文。书同文在波斯根本做不到,因为波斯帝国疆域太大,不同地区风俗习惯区别尤其巨大,强大如波斯国王对此也无可奈何,在发布诏令时需要用多种不同文字。但车同轨在波斯做到了。波斯帝国在整个国内修建了道路,沿途设有驿站,站内备有马匹,用来传递消息,接待官员或信使。希罗多德专门介绍了从小亚细亚到波斯帝国都城苏萨的一条御道,御道全长3000多千米。如果正常人走的话,据说得走三个月,但是用马送信的话,可能两三个礼拜就到了。

通过这一套改革,大流士基本上建立了波斯帝国从中央到地方的制度。这套制度沿用到公元前4世纪末。波斯帝国能够维持200多年的统治,跟大流士的改革有密切关系。

除内部建设外,大流士还与希腊人有密切关系。居鲁士征服小

贝希斯敦铭文

由于波斯帝国幅员广大,民情风俗和语言都相当不同,波斯大王发布诏书时,也必须使用多种文字。王家铭文也是如此。贝希斯敦铭文就使用了古波斯语、埃兰语和阿卡德语三种文字。

亚细亚时，顺带征服沿海的希腊人城邦。大流士改革时，为奖励自己的追随者和朋友，他在希腊人城市里指定他们为僭主。这样的做法，连同大流士的税收制度，引起希腊人的反感，这是公元前499年希腊人反叛波斯的一个重要原因。公元前513年，大流士借口为居鲁士复仇，出兵多瑙河北岸的西徐亚，意图征服斯基泰人。虽然斯基泰人没有被征服，但大流士回国时，留一将领在巴尔干北部，把色雷斯征服了。色雷斯在爱琴海北岸，那里有一些希腊人殖民城邦，距离希腊本土很近。波斯如此庞大的帝国在巴尔干北部占了一块地方，犹如骑在希腊人头上，直接威胁到希腊本身的独立和发展，而波斯不会满足于只占领色雷斯，希望继续向外扩张。

波斯崛起之后，希腊人突然发现，在他们身边的这个庞大帝国，既是他们的威胁，也是他们的逃难地。那些在国内政治斗争中失败的一方，会选择流亡波斯，希望依靠波斯的帮助重新夺取权力。在波斯大王的宫廷中，实际上有不少希腊人：如雅典僭主庇西特拉图的儿子们、色萨利的阿利亚德家族、米利都的僭主、斯巴达被赶下台的国王戴马拉图斯等，都逃亡波斯；另有一些人，如萨摩斯的叙罗松，觉得跟波斯人交朋友，将来也许有机会飞黄腾达。在大流士还是个普通贵族时，叙罗松曾与他有一面之缘，并送了大流士一件很漂亮的袍子。后来他听说大流士当国王，就去苏萨觐见大流士。大流士还真记得当年送袍子的事情，决定帮助叙罗松实现成为萨摩斯统治者的愿望。他派出波斯军队征服萨摩斯，并扶植叙罗松为僭主。

这些流亡波斯的人非常希望返回希腊，经常撺掇大流士出兵希腊；另一方面，波斯国王们也希望，在自己已经继承的土地之上，再给波斯增添某些领土，有继续扩张的愿望。双方的合作，使波斯乐意发动对希腊城邦的战争，由此埋下了双方冲突的祸根。公元前490年到前479年，波斯连续发动了对希腊的战争，史称希波战争。

第十三章
马拉松战役

马拉松战役的背景

马拉松战役可以说是希腊和波斯之间的第一战,但并非双方第一次冲突。前一章我们已经提到,公元前513年,波斯入侵西徐亚,随后征服色雷斯,马其顿也投降了。公元前492年,波斯对希腊本土发动入侵,且入侵规模颇大,也表现出波斯战略的基本特点:海军和陆军相互配合作战。但是,波斯军队过了今天的土耳其海峡后,沿着色雷斯海岸推进。当海军到达色雷斯卡尔奇狄斯半岛的阿托斯海角时,遭遇风暴。波斯人不熟悉地形,遇上风暴后损失惨重,只得返回亚洲。陆军推进到色雷斯内地,但被当地部落袭击。虽然袭击造成的损失不重,但波斯统帅受伤。波斯人征服了一些色雷斯人部落后,返回了亚洲。

公元前490年,波斯再次发动入侵。这次它限定了一个比较小的目标：惩罚雅典和埃莱特利亚。因为公元前499年小亚细亚希腊人暴动时，这两个城邦曾支援过小亚细亚的希腊人，波斯觉得它们必须受到惩治。按希罗多德的说法，派出的军队大概50万。今天的学者们估计，实际人数大概不超过5万人。顺便说一句，对于古代人提供的数字，我们不要太相信，希罗多德的数字尤其不能轻信。波斯人直接渡过爱琴海，先在埃莱特利亚登陆，攻占该城并将该城所有人口赶上波斯船只，准备运回亚洲给波斯大王发落。随后波斯人在雅典东北的马拉松登陆，才有了马拉松战役。

这次战役当然非常重要。我们可以从三个层次来理解：第一，对当时希腊和波斯的历史而言，如果波斯取胜，希腊的历史将完全被改写，波斯的历史当然也会相当不同。雅典人的胜利，大大提高了雅典在希腊城邦中的地位，也增强了希腊人抵抗波斯更大规模入侵的信心。第二，后人对这场战役的评价，也会非常不同。19世纪前期，英国很有名的哲学家密尔在评价当年格罗特出版的《希腊史》第1卷时，说了一句非常经典的话："对希腊史的兴趣没有枯竭，也不会枯竭……马拉松战役，即使作为英国历史上的事件，甚至都比哈斯丁斯战役重要。如果那天的结果不同的话，布雷顿人和撒克逊人或许还在丛林中游荡。"什么意思？雅典人打了胜仗，那是文明对野蛮的胜利。如果波斯取胜，自然是野蛮取得胜利，英国人失去了希腊文明的根，也就只能在森林中游荡了。第三，马拉松战役还诞生了一项重要的运动：马拉松比赛。虽然今天我们知道，所谓马拉松比赛的缘起，不过是一个美丽的传说。但欧洲人的误解，直接源自马拉松战役。古希腊历史上的任何一次大战，都不曾对后世产生如此重大的影响。

这次战役发生于公元前 490 年。波斯出动了 50000 人左右，雅典这边大概 10000 人。希罗多德没有提过雅典兵力数量，我们说 10000 人左右的记载，出自罗马时代的作家奈波斯，他提到当时雅典军队大概 9000 人。另外雅典的盟邦普拉提亚提供了 1000 名援兵。10000 人和 50000 人比较，仍然差距明显。一个必然的问题是，雅典人为什么不选择坚守雅典城而到马拉松与波斯公开作战？波斯又为什么不直接进攻雅典城而登陆马拉松？

波斯人坐船横渡爱琴海，如前所述，首先攻击优卑亚岛上的埃莱特利亚。占领埃莱特利亚后，波斯人顺着雅典和优卑亚之间的海峡向东南方向航行，就到了马拉松。波斯人理论上可以直接攻击雅典城，但还是选择在马拉松登陆，有一个很重要的原因：这里是平原。阿提卡地形崎岖，古代的马没有马蹄铁，在山上很容易受伤，但在平原上要好些，波斯正好有骑兵，选择马拉松，有利于骑兵活动。此外，庇西特拉图的儿子希皮亚斯想回到雅典继续当僭主，自愿给波斯人当向导。他的老家就在马拉松一带。曾在公元前 546 年之时，他意图杀回雅典的庇西特拉图，就带着军队在马拉松登陆。希罗多德说，登陆后，支持者就从阿提卡的各个地方赶到那里，跟他们会合。这次希皮亚斯显然想旧梦重温，带着波斯军队又到了马拉松，期望得到支持。然而半个多世纪后，虽然马拉松的地形没有变化，但雅典人已经完全不同了。有何不同？公元前 546 年雅典仍处在贵族统治下,很多人不满意,庇西特拉图被很多人视为解放者。当来到公元前490年,雅典已经建立民主制,雅典人已经是公民,他们的爱国热情大大增强,怎会再接受波斯支持的僭主呢?

不仅希皮亚斯期待的援兵没有出现,而且据说他从船上下来,在海滩上游荡时,突然剧烈咳嗽起来。由于他已经70多岁,牙早已松动,咳嗽期间,竟然把牙崩了一个,牙掉到沙里去了。他或许想把这颗牙作为纪念,希望从沙滩上找到。但无论他如何努力,牙犹如蒸发一般,就是找不到。希皮亚斯觉得,他返回希腊的梦想终将破灭。因为他头天晚上做了个梦,梦见和他的母亲睡在一块。按照希腊人的寓意,母亲意味着祖国,预示他即将回到自己的国家。如今由于牙齿失踪,它已经先期回到了祖国,也就表示希皮亚斯本人再也回不去了。希皮亚斯是否做过那个梦,他是否真的丢了那颗牙,早已无从考证。但他和波斯人的命运,是已经注定了。

从雅典一面来说,他们主动出击马拉松也有不得已的考虑。本来在古代,由于没有攻坚的手段,守着城墙肯定比野战要稳当得多。尤其是考虑到雅典和波斯之间的兵力对比是5∶1,雅典绝对劣势,主动出击,近乎找死。但是雅典人还是选择出击。主要原因是城内有僭主的支持者。如果雅典人坚守城池,不能保证僭主的支持者不会打开城门。一旦城门被打开,则雅典满盘皆输。埃莱特利亚人的教训摆在眼前。波斯人进攻埃莱特利亚时,后者选择坚守城池,鏖战一个星期。然而,埃莱特利亚的两个人把城门打开放进了波斯人,导致城市被攻陷。雅典人觉得,如果他们困守危城,不能保证雅典没有类似的人。基于此,雅典人决定主动出击,到马拉松战场迎击波斯。

战役进程

雅典人知道他们力量不够,因此在出发时派他们的长跑健将菲狄皮德斯到斯巴达去求援。斯巴达当时是希腊第一陆军强国,只要斯巴达人来援,大家觉得心里有底。雅典和斯巴达之间的距离为

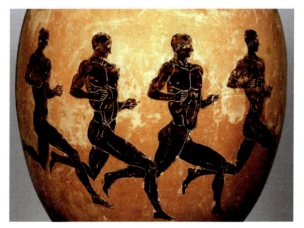

希腊运动员

在古代希腊,长跑并非奥林匹亚赛会的固定项目,但因为实际生活的需要,比如传达信息,各国还是有一些这样的运动员。希罗多德说,菲狄皮德斯就是一位长跑运动员。

240—260 千米。但菲狄皮德斯真的是长跑健将，他头一天从雅典出发，第二天就到了斯巴达。等于一天一夜跑了 500 里。到斯巴达之后，他马上跟斯巴达当局报告，称雅典遇到入侵，希望斯巴达援助。斯巴达人答应援助，但是宣称他们正在过节，按照法律规定，当时是一个月的第九天，如果要出兵的话，必须等到月圆，那意味着还得一个礼拜。菲狄皮德斯得到这个消息之后，赶到马拉松战场向将军们报告了有关情况。

听到报告之后，雅典的将军们之间进行了一场讨论，以决定到底是马上决战，还是等待斯巴达人来援？看来双方谁也不能说服谁，10 个将军投票的结果，主张马上决战的和主张等待的各有 5 票。

在主战的将军中有米太亚德。此人曾做过科松的僭主，也曾效力波斯，知道波斯人的作战方式。后来波斯征服色雷斯，他在马拉松战役前返回了雅典，是个坚定的反波斯派。看到投票结果后，他去找当年的军事执政官卡里马库斯，名义上的统帅。他指出，当时的形势，如果继续拖下去，雅典人说不定会做出什么事来，所以最好马上决战。现在将军们是 5 票对 5 票，所以卡里马库斯的一票最为关键。卡里马库斯支持米太亚德，投下了他决定性的一票。按照雅典制度，本来 10 个将军在战场上，每个将军轮流享有最高指挥权，即将军们轮流指挥，每人一天。既然已经同意决战，除米太亚德外的其他 4 位主战的将领表示，可以把自己的指挥权委托给米太亚德。米太亚德没有客气，接过指挥权后，决定主动出击。但请注意，雅典人的军队人数很少，只有 10000 人，波斯是 50000

雅典将军，马拉松战役英雄。但次年他因远征帕罗斯岛失败，被雅典人控告并罚款。因无力支付罚款被监禁，死于狱中。雕像现存腊温纳国立博物馆。

米太亚德

人。波斯的习惯，是阵线的中央部分强大，雅典这边只有重装步兵10000人，方阵至少不能短于波斯人，否则会被波斯人包饺子。米太亚德的办法，是把中央的兵力布得比较弱，两边按照正常的方阵结构布置了八排的重装兵，准备实行两翼突破，突破之后合攻波斯中军。

然而，还有一点令人疑虑：波斯拥有强大的骑兵，雅典则一个骑兵都没有。如果波斯人以骑兵包抄后路，则雅典处境仍然危险。在这种情况下，雅典一方面在布阵上尽力避免敌军骑兵的包抄和冲击，将方阵布置在一边是山、一边是沼泽的地区，使敌人骑兵无法绕行；另一方面，是选择作战日期，赶在波斯骑兵缺席时发动进攻。当雅典人神奇地知道，波斯骑兵离开阵地不知何往时——据说是波斯阵营中有人给雅典人通风报信，米太亚德将雅典军队列好阵势，向波斯人发起了进攻。

波斯人没有料到，处于严重劣势的雅典军队会主动进攻，列成阵势迎战。决战过程中，波斯中军确实把雅典的中央部分打垮了，但是雅典在两翼都取得了胜利。按照米太亚德事先的布置，两翼取得胜利之后没有穷追逃敌，而是向中央转进，攻击波斯的中军，这样把波斯的中军也打垮了，波斯人赶紧逃往船上。雅典人非常英勇。由于他们没有海军，无法攻击或阻止波斯船只离开，士兵们直接跳

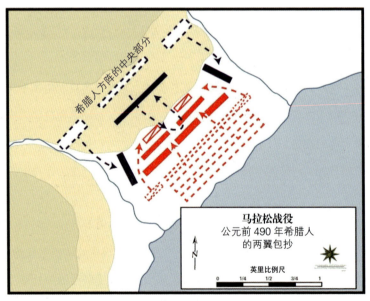

马拉松战役示意图

到水里，用手抓住对方的船只，试图阻止对方船只开走。波斯人则用刀砍杀，有些人就在这个地方阵亡，其中包括悲剧作家埃斯库罗斯的弟弟。当时埃斯库罗斯也参战了，从他特意在自己的墓志铭中提及他参加马拉松战役的光辉历程来看，应当表现不错。

按照希罗多德的估计，波斯方面这次战役损失6400人左右，雅典阵亡192人，双方伤亡比例差距惊人。然而，波斯全军约50000人，虽然在战场上战败，却没有放弃，而是上船之后沿着阿提卡海岸向南航行，直接准备攻击雅典城。那时雅典军队主力在马拉松，波斯人显然希望，借助僭主支持者的帮助，他们可以偷袭得手。不过米太亚德的伟大之处，在于他们没有因暂时得胜而得意忘形，看到波斯人的船只往南边而不是向东方开去，他们立刻做出决定：留下一个部落的军队打扫战场，其他9个部落急行军，从马拉松赶回雅典，在雅典港口法莱隆列阵以待。没多久，波斯的舰队真的到达。波斯人眼看没有机会，只能返回亚洲。这场战役至此才真正结束。

战役进行过程中，还发生过一个有意思的事件：据称有人借助阳光，用盾牌给波斯军队发信号，暗示他们已经做好迎接波斯的准备。所以战役结束后，波斯人不是选择扬帆远遁，而是绕航阿提卡进攻雅典。当时雅典人普遍认为，给波斯人发送信号的是阿尔克麦翁家族的人，也就是克里斯提尼那个家族。希罗多德对此加以强烈反驳。但现代学者对此态度不一，多数学者觉得不能排除这种可能。所幸雅典军队反应迅速，让波斯人的阴谋未能得逞。

马拉松战役的意义

马拉松战役的胜利可谓意义重大:

第一,自希腊人和波斯人接触以来,希腊人几乎从未打败过对手,以至于希腊人看到波斯人都有心理阴影,未经接战便率先逃亡。而这次雅典依靠远少于对手的兵力击败了波斯大军,打破了波斯不可战胜的神话,增强了希腊抵抗波斯的信心。雅典人的胜利,也为

重装步兵交战

重装步兵的一整套装备包括头盔、胸甲、胫甲、盾牌、长枪和剑,兼具进攻和防守功能。单兵作战并非他们的强项,但整体力量突出。马拉松战役中,雅典人正是依靠集体力量取得胜利的。

希腊人积累了对阵波斯的经验。斯巴达人的援兵战后到达了战场,虽然没有赶上交战,但据说他们仔细翻看了波斯人的尸体,也许是希望借此了解与波斯人交战时可能的攻击部位。后来波斯大规模入侵时,雅典人也因为他们在马拉松与波斯人有过交手经历,而承担了重要的责任。总之,马拉松战役大大增强了整个希腊抵抗波斯的信心。

第二,马拉松战役中雅典以一国之力对抗波斯,显示了新生的民主政治的活力,提高了雅典在希腊城邦中的地位。后来的雅典演说家们不断提及这次他们独抗波斯的光辉经历,在希腊世界一千多个城邦中,雅典是第一个,也是唯一敢于在阵地战中对抗波斯的城邦。希波战争后雅典能够联合小亚细亚的希腊人组建提洛同盟,不能说与马拉松战役积累的威望全无关系。也是这一点,让英国哲学家密尔说出了那句非常著名的话,如果马拉松战役的结局不同,英国人可能还是在森林中游荡的野蛮人。

在现代世界,马拉松战役产生的影响,远超这次战役的政治和军事意义,也远远超出了希腊,其中之一是马拉松比赛。

在介绍这场战役时,我们提到雅典派菲狄皮德斯去斯巴达求援,并没有得到回应。他马上赶回马拉松报告了情况。希罗多德的记载到此为止,再无下文。但到罗马时代,这故事开始丰富,普鲁塔克、琉善等作家加以附会,大大扩充了故事的内容,续上了菲狄皮德斯后来的结局:他回到马拉松参加了战斗——这一点也许是可信的,战役胜利后又被将军们马上派回雅典报信。因为长途连续奔跑,他

纪念马拉松战役 2500 周年的货币

见到雅典议事会或雅典人后，就说了一句：雅典得救了，随即力竭而死。

无论是普鲁塔克还是琉善，都生活在公元 2 世纪至 3 世纪。马拉松战役发生于公元前 5 世纪初，到公元 3 世纪差不多过了至少 700 年。在中间的年代里，我们没有看到别的记载，却在公元 2 世纪至 3 世纪突然冒出这么一个说法，而且报信人的名字还不太一样。因此我们可以想象，所谓菲狄皮德斯到雅典去报信这个事，很可能是子虚乌有。这是从资料的角度而言。从战役的实际进程看，战役结束后，雅典人马上集结队伍赶往法列隆，以阻击波斯的第二次登陆。也就是说，马拉松交战后，战役并未完全结束，那时将军们不会认为，胜利已经是板上钉钉，也就没有报信的必要。无论是资料的来源，还是历史的实际，都证明这个故事不太真实。

不过近代早期的希腊史研究还比较落后，普鲁塔克等又长期被视为权威，因此人们并不认为这个故事有问题。一些画家还根据这个故事创作了作品，其中一幅画表现的是菲狄皮德斯全副武装，跟雅典人报完信之后倒下的情景。这个就更不符合常理。希腊重装步兵的一套盔甲有三四十斤重，平时他们行军时都是让奴隶挑着或者

马拉松的菲狄皮德斯

有趣的是,南太平洋岛国图瓦卢 2010 年发行了一枚纪念马拉松战役 2500 周年的货币,其上的菲狄皮德斯仍穿着盔甲,拿着盾牌奔跑。

让马、驴等驮着,直到交战前夕才会穿上。如果菲狄皮德斯真的去雅典报信,他绝不可能不把盔甲脱下来。因此对于近代绘画上的表现,我们只要欣赏其艺术就可以,万不可作为信史。

可是,马拉松战后报信的故事,又是如何演变成现代马拉松比赛的呢?说来话长,简单地说,19 世纪欧洲希腊主义应当负责。当时西方的希腊史研究的确取得了很大进步,许多古代传说被否定。但 19 世纪也是欧洲希腊主义流行的时代,特别崇拜和欣赏希腊文化。英国的埃尔金勋爵曾花巨资把帕特农神庙的大理石雕刻搬回英国(后来卖给了大英博物馆),整个英国为之疯狂。好多人包括女士梳的头发，都模仿希腊人的发型。在法国，拿破仑战争失败后，法国被迫归还了战争期间从意大利、德国等地劫掠的希腊文物，一时之间，法国特别需要希腊的文物，毕竟意大利有美第奇的维纳斯，英国有埃尔金的大理石，连德国都有一些希腊文物。所以法国急切地期望获得希腊雕刻原件。正好米洛斯出土了美神的雕像即当今著名的《米洛斯的维纳斯》。法国人立刻把它买过来送到卢浮宫，并开动法国所有宣传机器，把雕像一顿猛吹，似乎这尊维纳斯超越了所有其他希腊作品。英国最初对法国嗤之以鼻，觉得比不上埃尔金大理石。但当所有媒体都跟着法国后面唱赞歌时，英国媒体也顶不住，不自觉地跟在后面唱上了赞歌。于是乎，一个当年并不知名的雕像，如今成为希腊雕刻的代表。

在这样的背景下，19世纪末顾拜旦创立现代奥运会时，语言学家布莱尔跟顾拜旦提醒，创办奥运会时，一定要把马拉松比赛列入项目。顾拜旦接受了这个建议。在第一届奥委会执委会上，布莱尔雄辩滔滔地说明了为什么要设马拉松比赛，并成功说服评委投票支持。于是我们有了现代马拉松。当然，马拉松之进入现代奥运会，还有一个不能不提的因素：19世纪末20世纪初，西方主导的世界殖民体系已经建立。欧洲人认为，他们是世界文明的象征和灯塔，有义务帮助殖民地进入现代文明，知名的诗人吉普林还特意写过一首以此为主题的诗歌。而希腊文明被视为西方文明的源头，马拉松战役因此如同密尔时代一样，具有了文明战胜野蛮的含义。马拉松比赛，不可避免地具有了西方文化的象征，被纳入奥运会也可以理解。当然，今天的马拉松比赛，早已成为一项比较单纯的体育赛事。

虽然如此，马拉松战役对古代希腊世界而言仍然是重要的。它维护了雅典的独立，打破了波斯不能战胜的神话，显示了民主政治的活力，提高了雅典的威信。马拉松比赛的设立则表明，在传统与现代的关系中，现代的作用显然更重要。古代并没有马拉松比赛，但现代的需要，在马拉松战役之外，创造了马拉松比赛。

第十四章
斯巴达的勇气——血战温泉关

马拉松战役后双方形势的变化

美国曾拍过一部斯巴达三百勇士的电影,叙述的就是希波战争中的温泉关战役。这个战役确实是一场血战,也确实体现了斯巴达的勇气。但历史上真实的情况,和电影的解说并不一致。这一章尽可能说明这场战役的真实情况,还有它产生的影响。

谈到温泉关战役,首先必须了解马拉松战役后希腊和波斯的形势。马拉松战役中波斯战败,损失了6000多人。对于庞大的波斯帝国国力来说,这并不严重。波斯整个统治的疆域,人口可能在3000万到4000万,减掉一半的女性,也还有1000多万男性,再减掉小孩、老人,出动几百万军队是有可能的。损失6000人对波斯国王来说不是了不得的大事,但面子上过不去,所以波斯决心报复,准备发起更大规模的入侵。希腊人当然也知道波斯并未被彻底击败，进行了各种准备。但由于波斯那边未能马上发动入侵，希腊又是许多城邦并立，缺乏统一指挥，因此当公元前480年波斯发动入侵时，希腊虽组建了希腊人反波斯同盟，但准备并不充分。

马拉松战役后，希腊和波斯双方的情况都有变化。我们先看雅典一边。公元前489年，马拉松战役的英雄米太亚德失宠，并且受到审判。那么，是不是如某些古人所说，雅典人特别善变，对自己的将军忘恩负义？非也。马拉松战役次年，米太亚德跟雅典人要求70条船，宣称会让雅典人发财。雅典人鉴于他在马拉松战役中的英明，真的给他提供了70条船。他带着舰队去进攻帕罗斯，我们曾提过，该岛大理石特别好，克里斯提尼以之装饰阿波罗神庙，获得祭司首肯。只是这次米太亚德的目标并非大理石，而是钱财，或许还有该岛的战略地位。然而米太亚德进攻帕罗斯失败，自己还受了伤。一无所成地回国之后，他被控欺骗雅典人民，并可能被判死刑。后来他的朋友为他辩护，说他头一年刚刚赢得一场大胜，现在就要被处死，确实冤枉。雅典人接受了辩护，对他罚款50塔兰特。据称当时他已经伤口感染无法站立，只能被抬到法庭受审。有些学者认为，他所以被指控，可能是因为雅典亲波斯一方的操作，因为控告他的人，正是克里斯提尼的女婿克桑提波斯。此人属于阿尔克麦翁家族，马拉松战役中该家族有私通波斯的嫌疑。但也可能控告者无其他动机，的确认为他欺骗人民。无论如何，米太亚德曾承诺让雅典人民发财。如今70条船的大军出击，一无所获地返回，无论如何都有欺骗人民的嫌疑。所以雅典人并没有顾及他是否受伤，坚持对他进行罚款。我们可能以为 50 塔兰特没多少钱，实则这真的是很大一笔钱。一个塔兰特可以供养一个人 50 年。米太亚德无力缴纳罚款而被投入牢房，不久后就因伤口感染去世。

米太亚德之后崛起的是地米斯托克利。此人出身据称不高，但长于演说，且富于远见，据称马拉松战役时他就是将军，此前还担任过雅典最高官职执政官。正是在他的指导之下，雅典开始迅速崛起。崛起的重要原因之一，是雅典建立了强大的海军。与其他希腊城邦比较，雅典走上了一条相当不同的道路。

此前我们曾经指出，希腊城邦军队的主力是重装步兵。重装步兵是要家道小康以上的人才能担任，穷人制备不起需要的装备，而在希腊城邦中，大多数人是穷人。以雅典为例，当波斯入侵并在马拉松登陆时，虽然雅典有 30000 公民，但只有 10000 人能够有装备并开上战场，其他人只能作壁上观。这是极大的人力浪费。海军就不同了。海军需要大量水手，水手是任何健康的成年人都可以担任的，不需要其他装备，只要有力气就行。但发展海军需要另外一个条件：城邦必须有充足的资金。因为造船本身需要资金，一条船的费用大约 1 个塔兰特。另外，水手因为多由穷人担任，必须为他们提供薪水。养活一条船，一个月需要的人工费少则半个塔兰特，多则 1 个塔兰特。一般至少 10 条船才能组成一支小型舰队。如果一年航行 4 个月，则 10 条船每个月的费用就是 5—10 个塔兰特，4 个月就是 20—40 个塔兰特。对很多城邦来说，根本负担不起。因为这个原因，大多数城邦，包括海岛上的城邦，宁愿依赖陆军而拒绝海军。我们千万不要以为，希腊人是所谓的航海民族，就一定有强大的海军。

要发展既需要大量人手，又特别耗费钱财的海军，需要特定的时机和条件。时机是必须遭遇海上威胁，条件是既有人又有钱。这几个因素，恰好公元前5世纪80年代末的雅典都具备。马拉松战役虽然雅典一方以陆军决战取胜，但波斯对希腊真正的威胁在海上。几乎同样重要的是，马拉松战役后，雅典和近邻埃吉纳——一个海上强国——爆发了冲突。雅典因为海上力量不足，吃亏不少。在这种情况下，地米斯托克利劝说雅典人发展海军。就人手来说，不是问题，因为雅典拥有3万名左右的公民，其中三分之二是穷人，可以让他们上船当水手。但问题是造船，还有船造好后，雇佣水手的钱从哪来？

历史的偶然性在这时发挥了作用。公元前483年，雅典人在劳利翁银矿发现了一个新的矿脉，城邦突然之间收到200塔兰特的现

雅典从公元前6世纪中期开始打制银币，因成色足、工艺高而迅速获得希腊世界认可。钱币上的标志就是雅典保护神雅典娜的象征猫头鹰，其上的铭文是雅典娜的缩写。

雅典4德拉克马银币

三列桨战船复原图

三列桨战船是古典时代希腊最先进、最典型的战船,据称要3排共180名桨手推动。希腊人比较先进的海战方式,是利用船首的金属撞角撞击对方船只,使对方船只进水后沉没。希腊化和罗马时代还发展出四列桨和五列桨战船。

银。按雅典人过去的习惯,这笔钱应直接分给雅典公民。但是地米斯托克利提出了一个动议:用这笔钱建造舰队,以对付近邻埃吉纳。雅典人觉得有理,就把200塔兰特交给了他。他则责令200名最富有的雅典人利用这笔资金,每人建造一条三列桨战船。

三列桨战船是当时希腊最先进的战船,有三排桨手,每条船水手约180名,加上舵手,以及少量的重装兵,一条船要200人左右才能保证战斗力。船呈狭长形,前面有一个尖尖的,像鸟喙式的尖头。交战时，水手全力划桨，高速撞击对方船只的侧面，把对方的船只撞出窟窿，使它进水沉没。这是当时最先进的一种战法。这样也可以充分利用雅典比较丰富的人力资源。200条三列桨战船需要40000人左右，只要是雅典人都能上战场，都可以划桨，为保卫国家做贡献。至于这些人的生活费，则国家关键时刻拿钱补贴。于是，希腊世界发生了重要的变化：斯巴达是第一陆军强国，掌控着伯罗奔尼撒同盟；雅典是希腊第一海军强国。当波斯发动水陆两路入侵时，斯巴达和雅典可以承担起统帅之责。约公元前481年冬或次年春天，希腊人以斯巴达为首，组建了希腊反波斯同盟。虽然海军统帅仍由斯巴达人担任，但雅典在海军中将发挥决定性作用。

马拉松战役后，波斯政局也发生了重要变化。波斯国王大流士得到马拉松战败的报告后发誓报复，在波斯进行了最广泛的动员。按照希罗多德的说法，亚细亚整整骚乱了三年。所谓的骚乱，就是征兵和抓壮丁。大流士准备倾波斯全国之力入侵希腊。但天不遂人愿，大流士刚刚完成动员，埃及暴动了。

对波斯来讲，埃及当然比希腊要重要，所以大流士准备先镇压埃及暴动。无巧不成书的是，还没有出征，大流士就病故了。他的儿子薛西斯登基，第一件事是镇压埃及暴动，数年后才完成再征服任务。平定埃及后，波斯进行了一次是否远征希腊的讨论。虽然面临反对意见，薛西斯还是决定入侵。考虑到公元前492年远征的教训，波斯在色雷斯、马其顿等地建立补给站，储备军需。波斯人特别注意后勤工作，他们在色雷斯和马其顿修建道路，肃清反叛者。

为避免舰队遭遇风暴，波斯在阿托斯附近开凿运河，避开了上次出事故的阿托斯海角。做好这些准备后，波斯大王派出使者到希腊各个城邦去索取土和水。我们不清楚土和水的具体含义，可能对古代人来说，土和水都是生命中最重要的东西。没有土地你无法种植粮食，没有水一切生物都将死亡。如果你献出了土和水，对波斯来说就表示投降。虽然波斯大王并不真的期待希腊城邦都会投降，但使者们可以借此观察各个城邦的反应。结果也没让波斯大王失望，很多城邦献出了所谓的土和水，向波斯表示屈服：其中最著名的是阿尔戈斯；雅典的近邻埃吉纳也难逃嫌疑；底比斯人持观望态度；北希腊的色萨利地区，因为距离波斯势力最近，内部又有亲波斯派，也表示臣服；雅典和斯巴达因为此前处死过波斯使者，波斯大王就没再派使者。所有这些行动，表明波斯对准备工作相当重视，后来也确实有利于波斯的推进。

温泉关战役

公元前 480 年，所有工作准备就绪，波斯正式发动入侵，希腊人以斯巴达为首组建了反波斯同盟，希腊的城邦多，事情也相应复杂。

雅典本是希腊第一海军强国，有 200 多条战舰，但希腊那些城邦说除非斯巴达当统帅，不然它们宁可投降波斯，也不愿意让雅典人当统帅。雅典人只得同意由斯巴达领导，不足 10 条船的斯巴达人出任海军统帅。

同盟建立后，希腊人采取了一系列行动：

第一，派间谍到波斯统治下的小亚细亚调查波斯军队的规模，但两位间谍实在太不专业，刚到小亚细亚就被波斯人活捉。薛西斯一听，下令波斯人带着两个间谍到各个军营参观，再把他们送回去。其他波斯人不解，薛西斯解释说，等他们看到波斯强大的实力，回去传播开来，更多的希腊人会选择投降。

第二，派使者到其他希腊人城邦求援。使者们到了阿尔戈斯、克里特、叙拉古和科西拉等地。科西拉是希腊西北一个海岛，也是海上强国。叙拉古在西西里，实力强大。但这些使者无一成功。阿尔戈斯开始借口说公元前494年刚被斯巴达打败，损失惨重，无力再战。后来又声称，如果阿尔戈斯出兵，则必须由他们当统帅。斯巴达人没有同意，阿尔戈斯就顺势拒绝参加。克里特也不参加。据说德尔菲神谕告诉克里特人，抱着脑袋老实呆在原地。科西拉觉得自己离得远，不会受影响，也不参加。

叙拉古在西西里，当时由僭主盖隆统治，实力非同一般。盖隆声称可以提供2万步兵，还可以提供若干轻装兵和骑兵，以及战舰。但他有条件：要当统帅。斯巴达人首先不同意。之后盖隆说他可以不当陆军统帅，但至少得让他当海军统帅。但这时雅典人不同意，雅典的使者说，海军统帅本来就是他们让给斯巴达的，即便斯巴达人不做，那也轮不到盖隆。僭主一看，也就不再答应出兵：既然统帅都有了，就赶紧回去，要不然春天都过去了（意思是最好的播种

叙拉古剧场

叙拉古是古代西西里岛上最强大的希腊人城邦,曾在公元前 5 世纪初击败迦太基入侵。公元前 5 世纪末击败雅典的进攻,使后者全军覆没。甚至到公元前 3 世纪,它还能长期抗击罗马的围攻。公元前 5 世纪剧场的规模——直径达 138 米——部分显示了它的实力。

季节已经过去了)。这样,派出去求援的使者一无所获。

更让希腊人同盟忧心的是德尔菲的态度。德尔菲是阿波罗神谕所在地,希腊人每逢重大事情,都要遣使寻求德尔菲的意见。但德尔菲因当年在吕底亚寻求神谕时犯错,见识到了波斯的强大,以为希腊人根本不可能抵抗波斯,于是散布失败情绪,对那些去寻求神谕的,一律加以打击。让克里特人抱着脑袋等在原地,就是德尔菲的建议。底比斯、雅典、斯巴达等寻求神谕得到的答复,虽然内容不同,但都令人沮丧。由于德尔菲的立场,不少希腊人城邦,尤其是北希腊的城邦，大多投靠了波斯。

公元前 480 年春，波斯军队离开萨狄斯，经今土耳其海峡进入欧洲，水陆两路并进。希腊反波斯同盟虽然没有求得援助，还是派一支 10000 人左右的军队到北希腊的坦佩关，打算利用非常险要的地势阻击波斯。但希腊人到坦佩关后，听说另外还有一条路可以通过，觉得防守坦佩关无益，直接退回。希腊人刚刚退走，色萨利马上就投靠波斯，因为跨过坦佩关就是色萨利，色萨利人拒绝单独对抗波斯。当希腊人讨论到底选择哪个地方抵抗波斯时，温泉关几乎成为了唯一选择。

温泉关是北希腊通向中希腊的门户。它一边是大海，一边是高山，中间是一个很窄的通道，通道上修了两道城门，有"一夫当关万夫莫开"之势。当时希腊人出动的兵力不多，只有 7200 人，统帅是斯巴达国王李奥尼达。与波斯军队比较，这支军队显然太少。按照希罗多德的估计，波斯方面陆军的战斗部队达到 170 万，海军战舰 1200 条，所有人员加起来超过 500 万。不过现代学者认为，希腊国家的人口也就 500 万左右，波斯根本不用派那么多人去希腊，否则仅后勤给养一项，就无法解决。因此他们估计，波斯军队可能在 50 万人左右。虽然如此，对比希腊的 7200 人，实力差距还是过于悬殊。

那我们可能会问，希腊方面为什么只派这么少的人出战。首先肯定不是人员不足，因为公元前 479 年，希腊人曾出动 10 万大军；其次，也不能说希腊人不重视这次阻击战。能够御敌于国门之外，是最理想的。现代学者对此也没有特别令人信服的解释。希罗多德提供了一个理由：希腊人正在开奥林匹亚赛会，很多人忙着办体育赛事，准备依靠这 7200 人先支撑，大部队过完节再出动。的确有这个可能，毕竟温泉关地势险要，还有海军配合。

由于波斯方面是水陆并进，希腊人方面也出动了海军，否则波斯舰队可以轻松进入优卑亚岛和希腊大陆之间的海峡，在温泉关后方登陆，温泉关将失去战略意义。从战术上看，温泉关离阿尔特米西翁海角很近，当希腊海军驻守后一地区并阻击波斯海军时，陆海军可以相互策应。

波斯人以陆军在温泉关发动攻击，前两天损失惨重，没有取得

温泉关战役示意图

任何成功。那里地形狭窄，波斯空有50万军队，无法展开。希腊军队虽然数量不够，但轮番出击，把波斯人打得落花流水。正当国王薛西斯不知所措时，一个叫埃菲阿尔特的希腊人来告诉薛西斯，他知道有条道可以绕过关口。薛西斯得到这个消息，立刻派他为向导，一支波斯军队迂回上了温泉关旁边的高山。尽管李奥尼达在山上派驻了一支希腊人的军队，但他们显然比较大意，直到波斯人摸到面前时才发现，匆忙退到一个山头上。波斯人根本没管他们，直接通过山上的关口杀到温泉关后方。

斯巴达国王听说后路被抄后，立刻把其他希腊人全部打发走，只留下300名斯巴达人，700名特斯皮亚人和400名底比斯人。特斯皮亚是中希腊一个小城市，几乎倾巢出动。他们自愿和斯巴达人一起留下来承担阻击任务。底比斯人并不愿意，但他们被斯巴达国王强行留下了。所以，在温泉关承担阻击任务的并不只是300名斯巴达人，实际上一共有1400人左右。

留下的这些人由于波斯前后两路夹攻，除400名底比斯人主动投降外，其余全部阵亡。但是，人们好像只记住了西蒙尼德斯写的纪念斯巴达人的名句："过客啊，请告诉斯巴达人，遵照他们的命令，我们躺在这儿了。"但特斯皮亚人，除希罗多德的记载外，被现代人基本遗忘。

温泉关战役的结果与意义

从战略角度看,希腊无疑失败了。原本希腊人寄希望于温泉关可以阻击波斯大军,结果只守3天就陷落,对整个希腊士气的打击非常大。温泉关一旦丢失,中希腊无险可守。温泉关之后就是比奥提亚,比奥提亚的大多数城邦,包括德尔菲在内,都选择投靠波斯,驻守阿尔特米西翁的希腊海军也被迫撤退,御敌于国门之外的策略彻底失败。那些坚持抵抗波斯的城邦,如普拉提亚、优卑亚岛上的城邦,尤其是雅典,被迫全城撤退。

不过,斯巴达人发挥了他们的宣传能力。本来300名斯巴达人阵亡,国王也尸骨无存,是一场重大损失。但斯巴达人宣传说,那

西蒙尼德斯

生于爱琴海中的凯奥斯岛,公元前6世纪至前5世纪希腊诗人,曾长期居留雅典,为马拉松战役写过纪念诗歌,并为温泉关战役的斯巴达阵亡将士写下了他著名的墓志铭。他也曾访问西西里,后在那里去世。

本来就是他们的先头部队,现在他们表现了自己的英勇,完成了自己的使命,把一场军事上的失利,变成了斯巴达人英勇奋战的案例。西蒙尼德斯的纪念诗句,也证明了这一点。

虽然如此,温泉关战役仍有积极意义:

第一,希腊陆军通过和波斯陆军交战,取得了直接经验。此前只有雅典人和普拉提亚人有跟波斯人交手的经验,其他希腊人,包括斯巴达人及其盟友,都是第一次跟波斯交手。交手的结果,是波斯人似乎没那么可怕,因为只有7200人的希腊军队都敢在温泉关面对波斯50万大军,那当更多的希腊军队出动时,没有不能取胜的道理。希腊的海军通过在阿尔特米西翁与波斯的交手,也赢得过对波斯舰队的胜利。希腊海军原来没跟波斯舰队交过手,这是第一次。因此,通过温泉关和阿尔特米西翁,希腊陆海军都取得了战争经验。

第二,为雅典、尤卑亚、普拉提亚等中希腊城邦的撤退赢得一定的时间,保存了希腊的力量,为迎接下一场战役打下了基础。

第十五章
决定命运的一战——萨拉米斯战役

上一章介绍了温泉关战役的情况,分析了它正反两方面的意义。这一章我们主要讲萨拉米斯海战。

温泉关战役后希腊的形势

温泉关失守之后,从温泉关到雅典基本一马平川,无险可守,希腊人只能选择撤退。温泉关南边是比奥提亚。比奥提亚是平原,希腊军队作战主要靠重装步兵。重装步兵交战的基本方式,是摆成密集的方阵和对方周旋,依靠人数优势把对方击垮。如今希腊人在人数上处于劣势,波斯骑兵又对希腊占绝对优势。如果波斯骑兵利用速度和地形绕到希腊军队后方,那希腊难逃失败。在比奥提亚作战的另一个问题是,温泉关失守后,底比斯马上投降波斯。希腊人即使想在比奥提亚作战,也缺少可靠和合适的行动基地。

在比奥提亚作战的最后一个问题,是波斯水陆两路并进,海军占优势。它的船只有1200多条,而希腊人到萨拉米斯集中时,只有300多条。虽然在前面的战斗中,波斯海军受了一些损失,但数量上仍有巨大优势。所谓的损失,主要是在阿尔特米西翁交战时,波斯人派出一支分舰队绕航优卑亚岛,到南边封锁阿提卡和优卑亚之间的海峡,希望封锁希腊人的退路。那支舰队夜间航行,结果那天夜里发生风暴,绕航的舰队基本上都在风暴的冲击下撞到崖壁上,几乎无一生还。虽然如此,波斯舰队仍有近1000条战船,可以在希腊人后方的任意地点登陆,而希腊舰队在公海上,也不是波斯对手,无力阻止波斯舰队行动。希腊人设想的海陆两线配合,在这里无法实现。

基于上述考虑,希腊人无可选择,只有继续南撤。陆军撤到科林斯地峡。科林斯地峡是伯罗奔尼撒连接中希腊的交通孔道,非常狭窄,窄到希腊人用很短的时间可以横贯地峡修一道长城。希腊军队躲在他们修好的长城后方,静等波斯人到来。海军从优卑亚撤退时,顺便帮助雅典、普拉提亚等城邦撤出相关人员。在撤退过程中,雅典将领地米斯托克利还是尽力给波斯制造困难。

第一,坚壁清野。把普拉提亚、雅典、优卑亚等所有的人口撤走,粮食、牲口都全部转移。实在转移不走的就地屠杀。第二,施行反间计,在有水源的地方写上标语。标语一方面针对小亚细亚的希腊人,因为波斯人中间,特别是舰队中,有不少小亚细亚的希腊人。另一方面,在波斯人进军希腊途中,被征服地区的希腊人也陆

科林斯运河

科林斯地峡是联结伯罗奔尼撒和中希腊的交通要道,最窄处只有数千米。僭主伯里安德曾修建曳道供船只过往。1893年,希腊政府投资修建运河,使从雅典到亚得里亚海的距离缩短600多千米,大大便利了交通。

续加入到波斯军队中。总而言之,地米斯托克利的标语主要就针对这些人,大意是要求小亚细亚和其他地区的希腊人在战斗中要消极怠工。他还利用历史传说,宣称雅典人是小亚细亚希腊人的祖先。按照希罗多德的说法,地米斯托克利的意图,是希望这些波斯阵营中的希腊人真有一部分会投降,至少让波斯人不能相信这些希腊人。

做完上述准备工作后,希腊海军撤退到离雅典很近的萨拉米斯岛。萨拉米斯是当年梭伦从麦加拉人那里抢过来的岛屿,距离雅典和科林斯地峡都非常近,雅典人撤退时,把他们的家属、孩子撤到萨拉米斯,还有一部分送到伯罗奔尼撒。雅典人希望海军可以停在萨拉米斯保护他们的家属。

对雅典人撤退的情况,希罗多德有生动的描绘。从迈锡尼时代以来,雅典人就没有大规模地离开自己的国家,这次为应对波斯,被迫全国性大搬家。那时国家资源有限,组织能力更有限,大多数人是自谋生路。作为农民,当然希望尽可能地带走所有家当,包括家里的鸡、猪等,狗难免被抛弃,但有的狗表现得非常忠诚。伯里克利的父亲克桑提波斯家里有一只狗,实在上不了船。据说这只狗自己跳到海里,跟在船后面游到了萨拉米斯岛。但是距离过长,上岛以后,狗就力竭而死。有的时候,狗比人要更加忠心。

希腊海军选择萨拉米斯停泊,还有战略上的考虑。萨拉米斯水域很狭小,希腊人的战船数量少,可以避免被敌人包围。比较而言,波斯人的船只数量大,船体也比较大,速度比较快。在狭小的水域里,不能发挥数量优势,船大反而成了短处。

关于雅典的撤退和萨拉米斯战役,学界有很大的争议。据希罗多德记载,当时雅典人仓皇撤退,萨拉米斯战役的发生属于意外。但 20 世纪 50 年代,在伯罗奔尼撒东北的特洛曾发现了一块铭文,铭文说希腊人的撤退是有计划的。但这块铭文刻写于公元前 4 世纪甚至前 3 世纪,距萨拉米斯战役已过去 150 多年,内容真实性令人怀疑。不过后来有人从希罗多德的记载里找到了一个重要证据。约公元前 481 年末或前 480 年春，雅典人为如何应对波斯入侵去请示德尔菲的神。德尔菲给的第一个神谕令人沮丧，称雅典娜请求了宙斯，但宙斯没有答应，雅典肯定会被攻陷，所以雅典人唯一的办法，是双手抱着脑袋逃到大地的尽头。可能使者觉得这个神谕让他们没法给雅典人交代，希望有个更好一点的神谕。一个德尔菲人出主意让雅典人再进神谕所求一次，但手上要拿着橄榄枝，那意味着雅典人是以祈求者的身份去的。使者第二次进去时，神还真改主意了，说雅典娜想了很多办法，求宙斯，但还是没用。不过雅典娜没有抛弃雅典人，她会给雅典人一座难攻不落的木墙，而且提到神圣的萨拉米斯会让男人变成女人。

希腊人的神谕本来就模棱两可，这个神谕也是如此。"木墙"是什么？神圣的萨拉米斯如何让男人变成女人？好在希腊人所有重要的事情都要在公民大会上讨论。因此在讨论神谕含义的公民大会上，他们就木墙的含义展开了辩论。辩论的结果，是两种主要意见：一个意见说，木墙指的是雅典卫城原来的城墙；另一个意见是，木墙指雅典舰队。前一个意见的主要根据是，神话中说，古时候卫城是用木栅栏围起来的，所以木墙的意思，是要雅典人坚守卫城与波斯人对抗。可是这么解释，没法与"神圣的萨拉米斯"协调。于是地米斯托克利对第二种意见做出说明："木墙"是指雅典舰队，神的意思，是雅典人依靠舰队在海上跟波斯人交战。对神圣的萨拉米斯让男人变成女人的说法，地米斯托克利解释说，"神圣的萨拉米斯"显然是正面的说法，对希腊人有利。至于让男人变成女人，那应该是指波斯人，否则神谕应当说"悲惨的萨拉米斯"。这个解释大家觉得更合理，于是雅典人投票赞同地米斯托克利的意见，决定全体上船。如果这个决议是在公元前481年或前480年做出的，则意味着温泉关战役本来就是初次尝试，也能解释希腊人何故出兵如此之少，而真正的决战地，应当是萨拉米斯和阿提卡之间的海峡。那铭文的记载，就更加合理，值得信任。

无论如何，温泉关失守后，雅典已经无法坚守。在这种情况下，雅典所有男人上船当水手，包括那些富豪。一般来说，雅典人看不起水手，因为水手都是穷人。为执行地米斯托克利的命令，西门做出表率。他是马拉松战役英雄米太亚德的儿子，富豪一枚，而且富有战斗经验。但他第一个把自己的盾牌献给雅典娜，走上了船只，其他人也都跟着上船，并把他们的家属送到萨拉米斯或其他可以逃难的地方。希腊的舰队，也从阿尔特米西翁集中到萨拉米斯岛。

波斯的策略

上一部分介绍希腊人的反应，但战争是双方的行动，因此我们也要适当介绍波斯方面的策略。

波斯在温泉关打败斯巴达人，比奥提亚随后投降，在一片大好形势下，波斯长驱直入占领比奥提亚，并占领雅典。整个过程中，波斯人只在占领雅典卫城的时候遇到点麻烦。当时卫城上有一些人坚守，加上地形非常险要，波斯人攻不上去。那些守城的人为了让

地米斯托克利命令铭文

现存雅典国家博物馆。据铭文记载,雅典人全部上船与波斯人在萨拉米斯决战。如果铭文的记录真实,则说明雅典的撤退是有计划的。但部分学者对此持怀疑态度。

所谓的木墙神谕应验,干了一个蠢事:用一圈木板把卫城围起来。波斯人直接点火把木板烧着。守城的人难以抵御,很多人从卫城的悬崖上跳下来摔死。

占领雅典后,波斯人觉得终于报仇了:公元前499年,雅典人曾出兵援助小亚细亚希腊人暴动,烧毁了波斯人的重要城市萨狄斯;公元前490年,雅典人在马拉松战败波斯。不过波斯占领的雅典基本是一座空城,希腊人的有生力量尚存。斯巴达陆军在温泉关仅损失300人,希腊的海军大部分集中在萨拉米斯。波斯就需要考虑下一步的行动方案。在雅典召集的会议上,波斯将领就下一步行动发表意见。

希罗多德的老乡，也是哈利卡纳苏斯的僭主阿特米西亚出了一个主意。她建议不要与希腊人决战，而应当把波斯海军分别派出去，在伯罗奔尼撒各个地方登陆。那时希腊人见到自己的国家被攻击，会马上作鸟兽散，各自回去保卫自己的国家，波斯可以不战而胜。应当说，这个主意对希腊人而言相当恶毒，希罗多德对她的主意也特别欣赏，认为如果波斯人真这样做，等于绕开希腊舰队，希腊人很可能战败。当时波斯舰队已到法莱隆，仍然占据数量优势，在技术上也不落下风。不过，她和希罗多德可能都忘记了时间不在波斯一边，因为当时已经是深秋，爱琴海上的风暴季节即将来临，不利于海上航行。此外，希腊舰队可以集中优势兵力，对波斯舰队各个击破。于是，波斯将领马尔多尼奥斯反驳说，那么做太费事，集中力量，直接消灭希腊陆海军最简单和直接。薛西斯接受了波斯人的意见。

薛西斯这样决定，一可能有时间的考虑，当时已经是 9 月份。希腊航行的最佳季节是 5 月份到 9 月份，也就是夏天，过了夏天爱琴海上就会有风暴，那时海军无法航行。二是波斯陆军刚刚在温泉关打了胜仗，海军在优卑亚跟希腊人交战也没有吃亏，仍对希腊人处于优势。但这也造成另一个问题：波斯人外线作战，队伍庞大，给养的要求非常高。50 万人的大军，加上海军 20 余万人，希腊那么穷的地方，不足以供养如此庞大的军队。三是薛西斯听说希腊人内部不和，有些人主张不在萨拉米斯坚守，要求撤退。他觉得乘对手混乱时出击，有比较大的把握。基于上述考虑，波斯人最终决定在萨拉米斯与希腊人海军决战。

萨拉米斯海战

薛西斯的判断部分确实是正确的，因为希腊人内部真的爆发了争吵。他们看到雅典卫城上冒起了浓烟，波斯的舰队又到法莱隆集中，阵容庞大，部分希腊人开始恐慌。他们在会议上讨论是否应撤到科林斯地峡去。理由是萨拉米斯这个地方太危险，它的前面和后面都是海峡。如果波斯人把后面的海峡一堵，前面再封上，希腊舰队将成瓮中之鳖。

在这种情况下，地米斯托克利说服斯巴达统帅召开会议。据说开会的时候，斯巴达统帅还没宣布开始，地米斯托克利已经迫不及待要出来发言。科林斯将领阿德曼图斯讥讽地米斯托克利，比赛时抢跑要被惩罚。但地米斯托克利回呛道，如果起跑过晚，则肯定得不了冠军。地米斯托克利分析了萨拉米斯的地形及其与科林斯地峡上陆军的关系，也说了在萨拉米斯海峡作战的好处：在萨拉米斯，希腊舰队可以策应陆军，确保陆军后方安全；萨拉米斯水面狭小，有利于希腊人舰队发挥优势。希腊的将领们觉得有道理，暂时决定留在萨拉米斯。

然而，当波斯人从陆地上对地峡上的陆军发起猛烈攻击时，萨拉米斯的希腊人又不安心了，他们感到毫无胜算，在随后召开的会议上坚持要求撤退。地米斯托克利觉得形势很难扭转，直接采取一个最简单的办法：派他的心腹奴隶西琴诺斯给波斯大王送信。信的意思是：希腊人已准备逃跑，波斯应赶快派出舰队把希腊人后面的路堵上，并在当面发起进攻。

薛西斯大王相信了地米斯托克利的信息。他所以相信，是因为在萨拉米斯战役之前的数次战斗中，当波斯人跟希腊人交战时，希腊人多次临阵叛逃。在接到地米斯托克利的信件后，波斯人马上行动，前面的舰队开始布阵和启动，并另派一支舰队到萨拉米斯岛的另一边准备去封堵海峡。

然而会议上的希腊人并不知道这回事，他们仍在讨论，多数的意见是决定撤退。这时雅典的另一将领阿里斯提德面见地米斯托克利，告知波斯舰队的行动，接着在会议上宣布了这个消息：他刚从埃吉纳过来，发现波斯人已经包围萨拉米斯。他是偷穿过敌人的封锁线到来的，所以，希腊人现在要做的不是辩论，而是准备战斗。即使如此，有些人仍不相信。他们都知道地米斯托克利诡计多端，认为这是他和阿里斯提德串通好的，因而继续辩论。直到有一个泰诺斯人——他本来参加了波斯一方，现在则投奔到希腊方面——出现在会场，并报告了所有情况之后，希腊人才赶紧回到船上准备作战。

关于战役的具体过程不用说太多。那一天薛西斯在清晨发动进攻，战斗从早上一直进行到下午，时间相当长。战斗真正开始时，波斯人发现他们上当了，因为他们发现希腊人并没有逃跑，而是排着很整齐的队形，唱着战歌向他们攻击。悲剧作家埃斯库罗斯说，当时希腊人唱的是："前进！希腊的男儿们，为了你们的妻子儿女，为了祖先的坟茔，前进！"

希腊这边配合相当成功。雅典人带头冲击，其他希腊人跟在后面有条不紊地撞击对方的船只。反观波斯方面，由于波斯大王薛西斯的宝座在阿提卡的一个山头上，监督着海上的交战，所有波斯人都希望在波斯大王眼皮下表现英勇，拼命往前冲。由此造成的结果，是波斯人的大船自相撞击，前面被打坏的船只退不出来，后面希望战斗的船只也不能顺畅地冲上去，相互撞击，阵形大乱。

战役过程中，阿里斯提德还带了一支军队登陆萨拉米斯海峡中的小岛上，把岛上的波斯人消灭，把落水的希腊水手给救上岸。与

萨拉米斯海战形势图

此相应，落水的波斯人自然被希腊人消灭。经过接近一天的战斗，波斯舰队终于抵挡不住，败退回法莱隆。因损失过于惨重，波斯海军无力再战，马上返回亚洲。希腊人出人意料地取得了一次大胜。

萨拉米斯战役的胜利，对希腊抵抗波斯的事业具有非常重要的意义。它打破了波斯人水陆并进的计划，等于砍断波斯人的一条腿。从战后薛西斯的安排看，波斯人显然对水师更加看重，因为在水师退回亚洲后，国王薛西斯担心希腊舰队出兵爱琴海，在留下大部分陆军后，匆忙返回亚洲。第二年波斯舰队龟缩在小亚细亚不出，也显示了波斯信心的丧失。与此同时，希腊方面因为这次大胜，信心大增。最初他们甚至都不敢相信他们居然取得了胜利，几经试探，知道波斯舰队真的撤退后，才敢稍稍深入爱琴海。而对此次战役取胜贡献最大的国家雅典，其威信随之上升。战后希腊人授予埃吉那人集体奖，但在选举哪个具体的个人贡献最大时，希腊人表现出他们十分搞笑的一面：每个人都认为自己功劳最大，因此都把票投给自己，但所有人都认为，地米斯托克利贡献第二大，结果地米斯托克利得票最多。尽管如此，希腊人最终还是没有给地米斯托克利颁奖，让个人贡献奖空缺了。

虽然海战希腊取得了胜利，但波斯的陆军没有受到损害，他们退居中希腊的比奥提亚，继续威胁着希腊城邦的生存。

第十六章
波斯梦碎、希腊制胜

萨拉米斯战役打垮了波斯的海军,让波斯瘸了一条腿。但是,波斯的陆军几乎原封未动,50万大军对希腊仍占绝对优势。薛西斯退回亚洲后,马尔多尼奥斯统帅波斯陆军,驻扎在比奥提亚等地,那里的希腊人还站在波斯一边。这一章主要的内容,是希腊人如何消灭波斯留下的陆军、希腊胜利的影响以及波斯为什么会战败。波斯如此一庞大帝国,又有统一指挥,居然败给了弱小且分裂的希腊。更何况希腊虽然有一个所谓的反波斯同盟,但斯巴达也就是一个领袖而已,算不上一个统一联盟。

萨拉米斯战役后的形势

萨拉米斯战役后第一件值得注意的事情,是波斯海军返回亚洲。一方面,波斯海军在萨拉米斯据说损失了400多条战船,剩下的那

这幅雕刻出自波斯波利斯王宫。作为大流士的继承者,薛西斯镇压了埃及的暴动,公元前480年他御驾亲征希腊。在希罗多德和埃斯库罗斯笔下,薛西斯的失败源自他的傲慢和希腊士兵的英勇。

薛西斯

些战船和水手们事实上已丧胆。另一方面,冬天也快来了,爱琴海上风暴常见,海军无法展开军事行动。既然没有力量再战,薛西斯马上命令海军全部返回亚洲。当然,遣返海军还有一个非常实际的考虑:那里有足够的给养。

海军回去之后,波斯大王薛西斯在希腊也呆不住。按照希罗多德的说法,他非常紧张,生怕希腊人的海军出击爱琴海,摧毁波斯人在赫勒斯滂海峡上架设的浮桥。但他在离开之前还是做了必要的安排。他指派马尔多尼奥斯为统帅,并留下50万陆军精锐,继续完成征服希腊的任务。

据称波斯大王回去的时候如兔子一般,跑得比谁都快,以抢在希腊人之前渡过海峡回到亚洲,却不知道希腊人当时根本没胆量兵出爱琴海。虽然如此,薛西斯回国的旅途并不顺畅。他带着随从和

第十六章 波斯梦碎、希腊制胜

少量军队匆匆忙忙地赶到黑海海峡,但在此之前,桥已经被风暴摧毁,他们只好乘船过海。船到中途遇上风暴,国王问船老大如何处置。船老大称船太重,要想平安的话,只有减轻船的重量。然而当时船在中途,四处是茫茫大海。据说薛西斯站起来说,"波斯人,现在看来,我的安危既然系在你们的身上,因此这也就是考验你们是否关心我的时候了。"波斯人真不含糊,那些大臣向国王行礼后,就跳到海里去了。船只靠岸后,薛西斯把船老大喊过来,因他的救命之恩赏赐他一顶金冠,但旋即下令砍了船老大的头,理由是他使许多波斯人丧失性命。

这个故事不太可能真实,更可能是希腊人为表现薛西斯的傲慢编出来的。希罗多德自己就说,薛西斯回归亚洲的经历有另外的版本。

如我们上一章所说,波斯大王的离开、海军的返回,使波斯人的士气受到一定影响。那些不幸被留下的波斯士兵,还有他们的统帅马尔多尼奥斯,考虑到冬天快到了,无法决战,把陆军从雅典撤出,回到中希腊的比奥提亚,并在那里过冬。

马尔多尼奥斯虽然没有海军,但陆军数量比较庞大,背后还有比奥提亚城邦的支持。他希望分化希腊人,争取雅典为盟友。雅典人看到波斯人撤走,也打算回国重建家园。公元前479年春,马尔多尼奥斯派使者到雅典人处,宣布如果雅典脱离希腊同盟,波斯可以考虑跟它结盟。但雅典没有同意。马尔多尼奥斯立刻再度进军阿提卡。由于缺乏斯巴达等支持,雅典人只好再度逃亡。马尔多尼奥

波斯士兵

苏萨阿帕丹大厅雕刻上的波斯士兵。波斯人作战中以骑兵见长,但主力是步兵。据希罗多德,波斯常备军数量不大,战时临时征调。这里表现的是波斯人士兵及其装备。他们一般有盾牌和长矛,身穿盔甲,是波斯军队中最有战斗力的部分。

斯占领雅典后,派使者到萨拉米斯,宣称他虽然占据雅典,但波斯人还是愿意和雅典结盟。雅典人仍不同意。一个名叫吕奇达斯的议事会议员提议接受波斯的建议,其他议员听到后,对他群起而攻之,当场把他打死。更恐怖的是议员妻子的遭遇。留在该岛上的那些妇女听说她丈夫的事后,把她们别衣服的针抽下来,把他的妻子活活刺死。由于以斯巴达为首的其他城邦一直拒不出兵,雅典无力对抗波斯的强大军队,十分不满。他们迫切要求斯巴达人出兵中希腊与波斯决战。

普拉提亚战役

斯巴达人听说波斯使者到达萨拉米斯,也马上派使者前往,试图劝阻雅典人,并答应给予雅典补偿:只要战争延续,他们负责供养雅典人的亲属。雅典人当时话说得冠冕堂皇而且慷慨激昂:"首先和最主要的,是我们诸神的神像和神殿被烧掉和摧毁,因此我们必须尽力为他们复仇,哪里还能够和干出了这样一些勾当的人们缔结协定;其次是,全体希腊人在血缘和语言方面是有亲属关系的,我们诸神的神殿和奉献牺牲的仪式是共通的,而我们的生活习惯也是相同的,雅典人如果对上述的一切情况表现出不诚实的态度,那是很不妥当的。"不过,雅典人的承诺是有条件的:"请尽快把你们的军队派来吧,因为据我们的猜测,只要异邦人(即波斯人)一得到我们不愿按照他们所要求于我们的任何一件事情去做的通知,他在不久的时期之内,就会向我们这里来进攻我们的国家的。因此,在他们来到阿提卡之前,我们正应该利用这个时机先进军到比奥提亚去。"不出雅典人所料,当斯巴达人得到雅典的承诺后,拖拖拉拉就是不愿出兵。

雅典使者到斯巴达后面见监察官,要求他们出兵。监察官们祭出拖字诀,今天拖明天,明天拖后天,连续拖了 10 天,最后住在斯巴达的一个泰盖亚人跟斯巴达监察官说:"如果雅典人成了我们的敌人和异邦人的同盟者,那么,虽然你们在地峡上面修筑了一道坚强的壁垒,却仍然有一个大敞四开的门可以把波斯人引入伯罗奔尼撒。我看，在雅典人做出什么会使希腊吃亏的新的决定以前，还是听从他们的意见吧。"这位泰盖亚人的意思是，如果雅典人失去耐心，真的与波斯结盟，则雅典人强大的舰队，可以载着波斯人在伯罗奔尼撒任意地方登陆。那时希腊人反波斯同盟将土崩瓦解，斯巴达人纵使有地峡上面的长城，也毫无用处。也就是说，与雅典合作，波斯人可以执行上一年阿尔特米西亚给薛西斯提出的建议。

泰盖亚人的建议显然大大触动了斯巴达人。当天夜里，监察官就派出斯巴达军队重装兵5000人，随后又出动庇里阿西人5000人。当时斯巴达公民只有8000人左右，5000人超过斯巴达军队的60%，算是倾巢出动了。

次日早上，雅典使者如常去见斯巴达的监察官，请求斯巴达出兵。但出乎意料的是，监察官这次没有再打官腔，告诉雅典使者，斯巴达军队已经开拔，都已经到科林斯了。雅典使者最初还不太相信，待了解到真实情况后，赶紧回到萨拉米斯报告。雅典人随即也派出他们的8000军队，跟斯巴达人一道向中希腊进军。斯巴达其他盟友如科林斯、麦加拉、泰盖亚等，也都陆续派出军队。按照惯例，斯巴达人出任统帅。这次的统帅是摄政王保萨尼亚斯。

波斯听说斯巴达出兵，觉得在阿提卡作战，地形对他们不利，就退回比奥提亚，以方便取得给养。希腊人挺进中希腊，与波斯人隔着阿索波斯河对峙。

对希腊这边的总兵力，希罗多德给我们列举了一个非常准确的数字：10万人。他们都是重装步兵。波斯的兵力，据希罗多德说有

50万。但现代学者关于这个问题的争议非常多,有认为50万或30万的,最低的估计是6万至7万人。后面这个估计一般不被学者们接受。以波斯拥有的人力资源,以及波斯人一贯的作战方略:自己的兵力总要比对手稍多,而7万人甚至不如希腊军队多,不太符合常理。有人通过统计波斯营地,根据营盘大小估计,波斯军队在10万人左右。这个数字或许最接近实际。加上参加波斯一方的希腊人,可能10万人稍多。理由有两个:第一,与希腊军队数量大体相当;第二,50万或30万人的大军,波斯很难解决给养问题,但比奥提亚加上色萨利等的粮食,供应10万人应当问题不大。

双方到达中希腊的普拉提亚附近,隔着阿索波斯河对峙时,波斯这边的占卜师告诉马尔多尼奥斯,守则吉攻则凶。然而,希腊这边占卜的结果,也是守吉攻凶。这个倒容易理解:两军之间隔着一条河,要主动发动进攻,意味着自己一方的军队先得过河,过河时难免队形混乱,且需要应付河水的冲击,容易被对手半渡而击。于是双方都取守势。希腊人这边依山列阵,波斯人也列阵在河岸上,谁也不主动发动攻击。

不过,波斯的骑兵占优势。为避免长期对峙,波斯统帅马尔多尼奥斯主动求变:派出骑兵破坏希腊人的水源,并下令波斯骑兵绕到希腊人后方,切断希腊人的粮道。希腊人10万大军要吃要喝。既无水源,又无粮草,也不能主动出击。剩下的只有一条路:撤退。

可是,希腊人白天不敢撤退,怕波斯骑兵追击,只能晚上利用夜色撤退。但希腊人的撤退组织比较混乱。当时斯巴达人在右翼,雅典人在左翼，中间是其他希腊城邦的军队。因白天被波斯蹂躏，晚上中央的希腊人赶紧一溜烟撤走，而且撤退时还走错了路线，没到达预定地点。斯巴达人本应随后撤退，但有个队长不愿意撤，宣称斯巴达人派他们出来作战，却什么都没做就撤退，不是斯巴达人风格。无论统帅怎么跟他做工作，他就是不撤。来来回回的车轱辘话把撤退时间耗光，眼看天快亮了，再不撤退将使斯巴达人孤军面对波斯人，斯巴达统帅决定不再管这位队长，准备撤退。雅典人在左翼看斯巴达人没走，也不清楚状况，但最后也决定撤退。

由于耽误了大量时间，斯巴达人撤退时天已快亮，波斯人发现希腊人在逃跑，马上发动攻击。这时斯巴达人已无法正常撤退，只好就地组织反击。与他们在一起的有泰盖亚人。雅典人因为走得晚，也受到进攻。斯巴达统帅赶紧派人给其他希腊人送信，请求他们增援。然而，由于其他希腊人撤退走错了道，信并没有送到。斯巴达人只好和泰盖亚人就地坚持，并希望雅典人给予支援。可当时雅典人正遭到底比斯攻击，无法及时应援。

这本是波斯取得胜利的最佳机会。但他们犯了轻敌的错误，以为希腊人真逃跑，军队都没有列好阵形，只是三三两两地发起零散攻击。在斯巴达人和泰盖亚人严密的方阵面前，这些小队的攻击者等于送上的点心，都被希腊人消灭了。此时如果马尔多尼奥斯能够头脑冷静，整理好全军出击，仍有获胜希望。然而他似乎也头脑发热，或者以为希腊人已经不堪一击，亲自带队冲锋。可是，他身边的少量军队也不是希腊人的对手，在斯巴达人的反击中，波斯统帅本人不幸阵亡。其他波斯军队一看统帅阵亡,波斯人战败,立刻脚底抹油,逃回自己大营。斯巴达人随后发起追击,逼近波斯大营。

此时雅典人打败了对面的军队,胜利与斯巴达人会合。当雅典人发现斯巴达人攻营不利时,接过进攻大营的任务。在雅典人猛烈攻击之下,波斯营地壁垒被打破,营地中的波斯军队,其中相当部分并非波斯人,而是被波斯征服的其他族群的人。他们无意替波斯拼命,或者投降,或者逃命。于是希腊人大获全胜,波斯陆军主力基本被消灭。因战场位于普拉提亚附近,这次战役被称为普拉提亚战役。战后,希腊人为纪念战争胜利,向阿波罗奉献一根约8米高的青铜柱。柱身是三条缠绕在一起的蛇,柱顶是三只蛇头,头上顶一黄金三足器。柱身刻有参战的31个城邦的名称。遗憾的是三足器已失踪,柱身的铭文也因多年的侵蚀而消失。

公元前479年这一年,在普拉提亚战役同时,希腊人还有另外一个任务:

蛇形纪念柱

消灭残余的波斯海军。希腊的舰队前出小亚细亚,波斯的海军没有勇气交战,竟然将船只拉到海边,人员躲在陆地上,以寻求陆军庇护。这让希腊人信心大增,他们主动对波斯在米卡莱的阵地发起攻击,波斯海军以及保护他们的陆军都被消灭。据说战役进行过程中,原本作为波斯人盟友的小亚细亚希腊人发起暴动,对逃亡的波斯军队反戈一击。内外夹击下,波斯在爱琴海地区的海军和陆军基本被消灭。

随着普拉提亚战役和米卡莱战役的胜利,波斯对希腊本土的威胁基本解除,小亚细亚的希腊人也趁机独立。波斯征服希腊的美梦,彻底破碎。

希腊取得胜利的原因

波斯如此庞大的一个帝国,打希腊这么一个面积不大、内部吵吵闹闹的地区,为什么会战败?以往我们经常说正义战争必胜,希腊人进行的是正义的卫国战争,士气高昂,波斯人是侵略者,士气低落。这话不能说全无道理,但肯定不是唯一真理,因为历史上正义战争失败的例子比比皆是,而不正义战争胜利的例子,恐怕更多。我们回顾一下世界历史,如果正义战争必胜而非正义战争必败,则世界历史上那些靠武力扩张建立起来的大帝国,例如波斯帝国、马其顿亚历山大帝国、罗马帝国,当然还有近代西方建立的殖民帝国,就根本不可能出现。因此,即使希腊人进行的是正义的卫国战争,那也需要其他条件配合，才有可能转变成真正的胜利。换句话说，正义战争必胜，需要一定的主客观条件。

爱国主义对于希腊人的取胜发挥了一定作用。雅典人在马拉松战役中的英勇，斯巴达人在温泉关的献身，希腊人舰队在萨拉米斯和米卡莱的奋勇，希腊陆军在普拉提亚的战斗，还有若干本来加入波斯一边，但主动投奔希腊人的一些个人，都说明爱国主义对希腊人而言是真实存在的。与此相对，波斯人厌战、逃亡，只能靠军官拿着鞭子在后面驱赶着攻击。在普拉提亚战役中，一旦波斯人战败，其他人马上溃逃。只看这些资料，两者之间的对比非常鲜明。

但历史的复杂在于，这并非故事的全部。特别刺眼的，是北希腊和中希腊的很多希腊人，包括色萨利人、底比斯人、弗奇斯人等，毫不犹豫地投靠波斯。一些城邦，如阿尔戈斯、克里特岛上的希腊人，西北希腊的科西拉以及西西里的叙拉古等，或者觉得自己没有受到威胁，或者因为与雅典、斯巴达关系恶劣，选择了"中立"。甚至在伯罗奔尼撒，斯巴达传统的势力范围中，也有一些希腊城邦"迟到"。它们显然此前在观望，看大局已定，想乘机表现一下，没想到战役进程过于迅速，没有赶上。在希腊大陆数以百计的城邦中，真正参与抵抗波斯的城邦只有31个。这个数字本身，就表明大多数希腊城邦并未参与对波斯的战争，或者加入波斯一方进攻希腊了。即使是那些参战的城邦，例如埃吉那等，态度也不是从始至终都十分坚决的。这些事实表明，战争的性质和战争的胜败之间，其联系并不是那么直接。

就希波战争而言，我们除考虑希腊外，更要分析波斯的情况。首先，我们可能以为，波斯国大人多，天然处于优势。然而在古代条件下，国大人多只是说明战争的潜力。最关键的是要把潜力变成真正的实力。那时，波斯庞大的面积，多样的人口，不是成为一种优势，反而成为劣势。尤其是其他族群对波斯统治不那么认同的情况下。所以在普拉提亚战役中，一旦波斯人战败，其他人立刻逃亡或投降。其次，即使所有人口都被动员起来，还有一个多族群相互之间难以沟通的障碍需要克服。设想一下，当你指挥的是一支说着10余种不同语言、相互之间也无多少直接利益关系的军队时，你有多大的可能将所有士兵的力量拧成一股绳！就此而言，我们必须佩服波斯人的组织能力。在古代恶劣的条件下，他们居然能够组建起如此庞大的一支军队，并且在大半年时间里，有效地保证了军队供应。再次，即使波斯能够动员军队，也努力克服语言障碍，组成了一支大军，但当波斯人入侵希腊时，他们是长途外线作战，给养和时间都受到严重限制。如萨拉米斯战役和普拉提亚战役中，给养供应都不同程度地影响了波斯人的决策。正如薛西斯出发时他的叔父所说的，对波斯来说，最大的敌人是大地和海洋。庞大的军队进入希腊后，海陆策应、给养供应、道路交通，连同当地的气候，都不同程度地成为波斯的敌人。最后，是波斯的指挥官犯了愚蠢的错误：薛西斯在萨拉米斯误信地米斯托克利的假消息；马尔多尼奥斯在普拉提亚过于轻敌，没有组织起有效的进攻；米卡莱的波斯舰队居然放弃海上，坐等希腊人攻击。天时地利人和都不在波斯一边，在这种情况下如果还能赢得战争的胜利的话，我们只能归于命运之神特殊的眷顾。

就希腊人方面而言，虽然他们犯了不少错误，但如下几个因素，有助于他们赢得胜利。首要且最重要的因素是，如前所述，希腊人的爱国主义发挥了某种程度的作用。希腊城邦是公民的国家，其动员能力远超波斯人。虽然希腊的指挥官们说不上特别精明，如温泉关战役中的李奥尼达，普拉提亚战役中的保萨尼亚斯，都难说十分杰出。但在一些关键场合，如马拉松战役和萨拉米斯战役，他们大体上还是合格的。米太亚德和地米斯托克利是公认的英雄。但如果论起重要性，希腊普通士兵无疑应占第一位。

温泉关战役中，300 名斯巴达人和约 700 名特斯皮亚人誓死不屈，光荣战死。本来那是希腊人的战略失误，却因他们的奋勇作战和英勇牺牲，成为了最佳的爱国主义宣传材料。那个回国的斯巴达人阿利斯托德摩斯被所有斯巴达人鄙视，次年在普拉提亚战役中主动战死。雅典人表现神勇，无论是在马拉松战役中单独面对波斯，还是在萨拉米斯、普拉提亚和米卡莱战役中与其他希腊人一道抗击波斯时，他们的表现都可圈可点。普拉提亚战役中的泰盖亚人和斯巴达人，在其他希腊人已经撤退时，没有惊慌失措，而是耐心等待时机，终于反击成功。在等待反击期间，一些斯巴达人被波斯士兵击杀，但他们仍严守着纪律。套用希罗多德的一句话，城邦制度获得了公民的高度认可，他们认为，为国而战就是为自己战斗，所以平等是最大的战斗力。

希腊人与波斯人的战斗

这是一个希腊陶瓶上的绘画,表现一名希腊士兵与波斯人交战的场景。请注意希腊人装备齐全,面对波斯人时毫不畏惧。而波斯人似乎随时准备逃跑。

其次,双方的装备和战斗方式对战争结局也有一定影响。希腊主要依靠重装步兵,他们的装备比波斯要好。波斯人不善近战,而希腊人只要列成方阵,一旦进入近距离交手,波斯人很难赢得胜利。波斯人主要靠骑兵冲击。骑兵一旦失败,步兵往往战斗力不足。再加上波斯军队包含众多族群,只有波斯人是统治者。波斯人一败,其他人大多会脚底抹油。在战斗的韧性上,波斯人不如希腊人。

在本章的结尾我们简要谈谈战争的影响。波斯虽然战败,但影响不大。人力损失是有,但不严重。几十万人的损失,对于波斯这个几千万人口的大国而言,虽然丢脸,却也没有马上引发波斯统治的动摇。但对古典时代的希腊城邦来说,战争的胜利具有决定性意义。希腊城邦继续独立发展,进入它最繁荣的时期。雅典民主政治继续推进,控制着提洛同盟和雅典帝国,成为希腊的经济和文化中心。斯巴达作为战争的统帅,倒是没有捞到多少油水,战后就缩回了伯罗奔尼撒。

雅典的黄金时代

第十七章
从盟友到臣民——提洛同盟和雅典霸权

提洛同盟的建立

这一章我们要介绍提洛同盟是如何从一个平等城邦的结盟，到后来演变成雅典掌控的类似于帝国性质的组织的过程。在西方学界，部分学者直接称后半段的提洛同盟为雅典帝国。当然也有一些学者反对，宣称后来的同盟仍是同盟，雅典的身份，从来没有高于盟主。

我们的基本资料来自修昔底德。古代的文献中，以修昔底德的记载最为权威可靠，其他文献多是在修昔底德的基础之上演化而来，超过他的当然有，但不太多。随着考古学和碑铭学的发展，相关资料获得了很重要的补充，主要是来自于在雅典发现的大量铭文。这些铭文记录了盟国交给雅典的贡金，也有部分铭文记录了雅典对盟邦的命令。这些铭文和命令的重要性，在很多方面超出了修昔底德的记载，比如某个盟邦交了多少贡金。修昔底德只有一个笼统的同盟贡金的总数，没有具体言及每个盟邦的情况。修昔底德也笼统谈及盟邦对雅典的憎恨，一个名为老寡头的作家概要说到雅典对盟邦司法和政治的干涉。但如何干涉，干涉到什么程度，后果如何，都没有具体资料。在这些方面，铭文会提供若干例证。但铭文的弱点也显而易见：没有背景，有时不完整，更多的时候是不知道具体执行情况。因此，在讨论提洛同盟时，我们需要把有限的文献史料和铭文等资料结合起来。

提洛同盟存在的时间不算太长，从公元前 478 年到前 404 年，公元前 478 年初建，公元前 404 年雅典战败，同盟被解散，满打满算也就 74 年。但它在历史上的影响，吸引了古往今来许多学者的注意。

提洛同盟为什么会建立？同盟建立的首要原因，是雅典的野心。雅典的野心在民主政治建立时就已经表现出痕迹。当时雅典打败了斯巴达组织的三路军队，而在它击败了底比斯和卡尔奇斯——斯巴达的另外两个盟友后，夺取了底比斯的奥罗普斯，派 4000 人到卡尔奇斯殖民。希波战争时，雅典之所以愿意接受斯巴达的领导，是因为不得已：需要斯巴达在陆地上跟波斯作战，而斯巴达掌控着伯罗奔尼撒同盟，是希腊公认的领袖；马拉松战役时，雅典人也向斯巴达求援过，只不过斯巴达来晚了；其他希腊城邦也只接受斯巴达的领导权，他们甚至宣称，如果斯巴达人不当领袖，我们宁愿投降波斯。在这种情况下，雅典只好退让。虽然斯巴达人并非合格的领袖，因为它的海军实在太弱。萨拉米斯战役中，雅典出了约 200 条船，占希腊联合舰队大半，而斯巴达只能出 16 条船。更要命的是，斯巴达做不了海军大国。它缺乏足以支撑海军的财政体系，海军很烧钱，造船要钱，水手要钱，维护船只要钱，斯巴达缺的就是钱。据称来库古为防止斯巴达人贪婪，故意用铁币，而希腊世界通行的是银币。所以，雅典即使承认斯巴达对海军的领导权，必然也是暂时的。

在萨拉米斯时，地米斯托克利虽然想当希腊人领袖，但在波斯威胁面前，还藏着掖着。次年普拉提亚战役后，波斯主力被消灭，雅典就不一样了。作战过程中，雅典人要单独占据左翼，斯巴达人占右翼。战役主要靠斯巴达人打赢，但战后授奖时——希腊人有个习惯，战斗结束以后要给表现最英勇的个人和国家授奖，本来情况正常的话，斯巴达当之无愧：出兵最多，10000 重装兵，而且打赢了波斯。雅典当然表现不错，攻陷了波斯大营，但终归带有打扫战场的性质——虽然很多人都主张给斯巴达，但雅典坚决反对。斯巴达的盟友看僵持不下，只好把桂冠授予战役发生地的小城邦普拉提亚。我们都记得，马拉松战役时，普拉提亚出兵 1000 人。普拉提亚战役时，大概也不会多多少。10 万大军，普拉提亚人不过 1000 人左右，居然得个最英勇奖。而在海上的米卡莱战役中，雅典人就不客气了，因为那里的确是雅典人表现突出。但战后雅典人的操作，显露了霸主野心：斯巴达人和盟友返回希腊，雅典人则和自己的盟友一道继续向赫勒斯滂海峡即今天的黑海海峡进军，占据了海峡欧洲一边的重要城市塞斯托斯。

雅典人违反惯例，大冬天作战，所取得的战利品，自然也只有雅典人之名。次年即公元前478年，雅典人煽动盟友指控斯巴达统帅保萨尼亚斯，说他勾结波斯，逼斯巴达人召回了他。当斯巴达人另派统帅多尔西斯试图重新领导同盟时，雅典人就煽动那些盟友反对。斯巴达人本来也无意再继续出兵，随即顺势退出战争。

当然斯巴达人放弃领导权并不完全是自愿的。古代作家说得很明白，阿里斯提德和西门是雅典最有名的两个将领，公元前478年

西门

雅典将军和政治家。他与阿里斯提德一道成为同盟的主要设计者，后来又长期领兵与波斯作战，多次打败波斯。公元前449年，他在出征塞浦路斯时病死。图为塞浦路斯拉纳卡海滩上的西门雕像。

他们掌管雅典事务，处处跟斯巴达人作对，而且联合小亚细亚的希腊人排挤斯巴达，排挤他们的盟友。当年大约年底时，雅典人和小亚细亚的希腊人，还有爱琴海中的一些岛屿撇开斯巴达签订盟约，组建以雅典为首的新同盟。

当时波斯战争还没结束，希腊人反波斯的大同盟还存在，雅典居然弄了一个盟中之盟。这个盟中之盟的目标，用盟约的原话说，是报复波斯大王，劫掠波斯大王的领土。同盟从一开始就是永久性的。为表示他们的决心，双方把铁块沉入海底。雅典人和盟友一块发誓，除非铁块从海里浮起，否则绝不退盟。这个誓言成为雅典约束盟友的有力手段。同盟金库位于爱琴海中的提洛岛上，同盟大会也在岛上的阿波罗圣地举行。雅典人和伊奥尼亚人所以选择这个岛屿为中心，是因为这个地方据说是阿波罗和阿尔特弥斯的出生地，岛上有一个阿波罗神庙。小亚细亚的那些希腊人，尤其是伊奥尼亚人，要到提洛岛上过节。雅典人则宣称，他们是伊奥尼亚人的祖先和母邦，所以提洛岛也是雅典人的圣地，并且雅典很早就在提洛岛上有影响。因此之故，现代学者称雅典人的同盟为"提洛同盟"。

提洛同盟以同盟为一方，雅典人为一方，同盟的事务由同盟大会决定，每个盟邦一票。同盟大会的决议对全体都有约束力，但雅典从一开始就是领袖。那么，小亚细亚的希腊人为什么不选斯巴达而选雅典做领袖？传说的根据是雅典是伊奥尼亚人的祖先；现实的考虑是雅典的海军最强，拥有200多条战船，超过任何一个希腊城邦。要保护小亚细亚的希腊人,仅有陆军不行。小亚细亚的希腊人城邦地处波斯帝国边缘,随时可能遭遇波斯打击。要充分保护这些希腊人城邦,最简单的办法是在每个城邦都驻扎一支军队,但实际上不现实:一是所驻国家不愿接受;二是出兵的国家缺乏足够的人力。但海军就不同了。它可以固定停泊在某地,需要时快速出动。雅典正好水师强大,可以在爱琴海上跟波斯对抗。就雅典而言,雅典的粮食主要来自黑海地区,它也有动机掌控黑海海峡,并确保运粮线路的安全。

斯巴达做不了这个领袖。斯巴达没有海军,如果波斯攻击小亚细亚的希腊人,则斯巴达人根本来不及援助。斯巴达的军队需要从伯罗奔尼撒出发,穿过中希腊,进入北希腊,再经过马其顿和色雷斯,过黑海海峡,最后走到小亚细亚,怎么也得几个月甚至半年,那时希腊人早被波斯打垮了。如果走海路,斯巴达要请求盟友提供船只。对一个霸主国家而言,这显然不现实。此外,斯巴达很不愿意提供保护:一是斯巴达人要时刻防止黑劳士暴动,还要提防自己的近邻阿尔戈斯,不可能全力以赴;二是斯巴达人过着清规戒律的生活,一旦看到外面的花花世界,不免受到诱惑。普拉提亚战役的斯巴达人统帅保萨尼亚斯被雅典人指控的一个重要原因,是斯巴达人脱离国内的管辖之后,变得傲慢而且奢侈。另外一位国王,则据说因受贿被罢黜,并被罚巨款,最后死在国外。基于上述考虑,斯巴达人对雅典人的夺权听之任之。雅典人就这样成了提洛同盟的领袖。

提洛同盟对波斯的战争

提洛同盟前期的主要活动是与波斯作战。公元前 476 年，同盟攻占了马其顿的重要战略据点埃翁，接着占领了爱琴海上的斯库罗斯岛，清剿了那里的海盗，以同盟者居之。公元前 468 年，雅典将军西门率领同盟军队，在小亚细亚南部的攸里梅敦河口大败波斯。据说西门在一天之内赢得了海陆两次胜利。这一次胜利，再次证明了希腊人在海上和陆上的优势，萨拉米斯战役后 10 余年来波斯积累的家底，几乎都被消灭。

公元前 461 年，埃及发起反对波斯的暴动，企图争取独立。雅典派出同盟舰队援助埃及。如果此前雅典一直顺风顺水，则从此年开始，雅典人的运气开始变坏。在埃及，虽然同盟舰队和埃及起义者数次击败波斯人，但波斯军队死守孟菲斯。接着波斯组织大军杀入埃及。波斯人再度发挥了他们工程技术上的优势，将尼罗河分流，使提洛同盟的舰队搁浅在水中。到公元前 454 年，原在埃及的舰队，加上新派出的舰队，都被波斯消灭，雅典损失数万人。与此同时，在希腊大陆上，斯巴达和雅典之间的关系恶化，斯巴达虽然没有直接对雅典宣战，但鉴于雅典在希腊大陆上的扩张，已经有意遏制雅典势力的增长。盟国科林斯和底比斯等数次与雅典公开冲突。公元前 457 年，斯巴达和雅典在中希腊的塔纳戈拉交战，雅典战败，但斯巴达也损失惨重。此后雅典政策开始转向，在希腊大陆上采取收缩政策。公元前 451 年，雅典与斯巴达签订停战协定，以集中力量攻击波斯。公元前449年，提洛同盟最后一次出动军队进攻塞浦路斯。

塞浦路斯地处小亚细亚南部的大海上，与希腊、埃及和叙利亚都非常接近。在塞浦路斯岛上，肉眼可以看到叙利亚。岛上有希腊人、腓尼基人和塞浦路斯当地人，战略地位非常重要。波斯崛起后，该岛成为波斯帝国的一部分。公元前478年，希腊人曾攻击塞浦路斯；公元前468年，西门取得胜利也在塞浦路斯附近；公元前449年，同盟舰队在西门的率领下再度出击，攻击塞浦路斯岛上的城市萨拉米斯（不是雅典附近的萨拉米斯）。但进攻并不顺利，在围攻过程中，统帅西门病故。同盟舰队解围而走，但在撤退途中，同盟舰队在萨拉米斯外海遭遇波斯舰队。这里展现了希腊城邦的优势：虽然失去了统帅，但在其他将领指挥下，同盟舰队仍大败波斯舰队，得胜而归。

萨拉米斯战役表明，双方谁也无力取得决定性胜利。波斯胜在地大物博，人口众多，即使损失了舰队，完全可以重建。希腊胜在海上优势，但无力威胁波斯帝国核心。于是经过谈判，雅典和波斯签订了和约，和约因雅典谈判代表卡里阿斯之名，被称为卡里阿斯和约。和约的主要内容是波斯舰队不再出现于爱琴海，从而确保了爱琴海上的希腊人不受波斯统治。但修昔底德不曾提到这个条约，提到条约的古代作家都比较晚，因此部分学者怀疑，这个所谓的卡里阿斯和约是否存在。无论如何，公元前449年之后，雅典与波斯之间再未爆发大规模冲突。

雅典所以愿意与波斯签订条约,一个重要原因是雅典与盟国之间的关系也恶化了。盟国建立同盟的目的最初是对波斯作战,公元前468年以后,波斯的威胁已基本解除,但盟友们发现,雅典不仅没有放松对盟友的控制,对人员和金钱的要求还在增加,而且提供人力物力参战后,也没有资格参与战利品分配。所以有些盟友开始表达不满。一些盟友拒绝继续缴纳贡金,另外一些盟友开始暴动。

雅典成为霸主

雅典签订条约的主要目的之一,是强化自己对盟国的控制。英国专门研究雅典帝国的学者罗素·梅格斯(Russell Meiggs)提出,雅典的身份有一个从盟主到霸主的进程,关键的转变就发生在公元前5世纪中期。

同盟最初建立时是为了对付波斯,既然与波斯签订了和约,实现了和平,小亚细亚和爱琴海上希腊人的独立也已得到保证,则同盟存在的主要意图已不存在,同盟也可以解散。但雅典已习惯盟主身份,更重要的是,作为盟主,有非常现实的物质利益。面对盟友脱离同盟的要求,雅典不是主动放弃,而是强化统治。

同盟建立时的原则是有钱出钱,有船出船。一般来说盟邦愿意出钱,从经济上说,出钱比较固定,出船的话,造船要钱,水手要钱,花费远远超过出钱。但这就造成了另一个问题:盟邦缺乏对抗雅典的手段。用修昔底德的话说,那些暴动的城邦想暴动时,发现自己军队没训练好,船也没有,甚至城墙都不完整。在这种条件下发起的暴动,基本都被雅典镇压。被战败的城邦会受到严厉惩罚:拆毁城墙,交出战船,赔偿金钱,在有些城邦,还伴随着政治制度被改成民主制,司法案件也被移交到雅典。总体上看,到公元前5世纪中期,雅典对盟邦的控制获得了空前强化。

同盟有一个金库,本来设在提洛岛上,约公元前454年,雅典可能借口安全问题,将金库迁移到雅典。此后,金库的开支也由雅典决定。我们都知道雅典卫城修得很漂亮,尤其帕特农神庙,金碧辉煌,雅典娜神像威严无比,令人惊叹!普鲁塔克曾赞叹,工程在很短的时间里完工,质量却很高,犹如常青藤。然而卫城的建筑是用钱堆出来的。钱从哪来?同盟交的钱。同盟代表大会,因为金库开支由雅典决定,对波斯的战争也已停止,也慢慢停开了。

每个盟邦贡金多少,一开始就是雅典决定的,开始的时候比较合理,每年420塔兰特左右,可能还要扣除那些出船的城邦的费用,盟邦也没有觉得是沉重负担。后来战争停止,按说贡金应该停止,可是并没有。相反,因为雅典并未停止战争,包括镇压盟邦的反叛,贡金继续征收。公元前425年,为了应付伯罗奔尼撒战争带来的财政困难,雅典大幅增加了贡金,现有铭文暗示,可能增加了一倍有余。

除经济剥削外,盟邦的政治制度明显受到了干涉。铭文显示,不少城邦的政治制度被雅典改造,按照雅典的模式重新组合,例如要组建公民大会、议事会和法庭等。雅典的将军或驻军长官,或者

雅典贡金铭文

提洛同盟初建时,大邦一般出船,小邦出钱。但雅典出于控制盟邦的目的,尽可能地让盟邦改成出钱。那些反叛的盟邦被镇压后,则会被改成出钱。公元前425年,雅典因进行伯罗奔尼撒战争财政困难,大幅提高了盟邦缴纳的贡金数量。图为公元前425年雅典贡金铭文的一部分。

其他代表之类,直接参与盟邦政府的组织。雅典还在各邦指定代办。这些代办是所在国的公民,但代表雅典的利益行事。希腊城邦没有今天的外交制度,雅典人要到盟国去办事,在盟国需要有一个公民作为代办来处理。一般的代办主要还是所在国的公民,需要遵守所在国的法律,但雅典的代办与众不同,他们得到雅典法律的保护,被视为雅典公民。如果代办犯罪,不能由所在国审判。如果代办不幸被某人刺杀,则罪犯将受到雅典审判,并按照雅典法律判决。通过这些手段,雅典在盟邦培育了一批自己的支持者。此外,盟邦的司法案件也多被移送雅典处理,司法自主也受到了干涉。

此外,雅典对盟邦还有其他限制。例如,盟邦要进口粮食需要雅典批准。爱琴海上所有的运粮船都必须先运到比雷埃夫斯,就是雅典的港口,在雅典的港口卸载。只有雅典不需要时,才可以运送到其他地区。爱琴海上的其他材料,如木材、金属等的交易,也不同程度地受到雅典的干涉。

既然雅典统治如此严苛,那它的统治是否得到认可?或如某些学者所说,是否受到欢迎?英国学者德圣克鲁瓦(G. E. M. de Ste. Croix)、加拿大学者麦克格里戈(Melcolm F. M. Gregor)等认为,由于雅典在盟邦推行保护穷人、推广民主政治的政策,雅典统治受到了盟邦下层民众广泛的欢迎。19世纪中期的英国学者格罗特说,雅典统治无所谓是否受到欢迎,盟邦已经习惯被统治,因而抱着一种漠然的态度。但也有很多事情证明,雅典的统治并不太受到欢迎,否则我们很难解释伯罗奔尼撒战争初期斯巴达人何以打出"希腊人的自由"的口号,以及战争期间盟邦不断反叛的尝试,尤其是盟邦的上层阶级。由于希腊城邦没有系统的财政制度,盟邦要缴纳的贡金主要由富人承担,穷人不用太出钱。如果我们做一个大胆的概括,则或许可以说,穷人欢迎雅典的统治,而富人讨厌雅典的统治。

如何评价雅典帝国?19世纪英国哲学家密尔为雅典帝国的灭亡大呼可惜。在他看来,雅典帝国是文明的象征和代表。如果没有雅典，欧洲人说不定今天还是野蛮人。然而，从物质层面看，雅典对帝国的统治显然是压迫。一个明显例子：波斯统治小亚细亚希腊城邦时，那时亚洲的希腊人城邦相当繁荣。在雅典统治时，反而物质上相当贫穷。整个公元前5世纪，小亚细亚的希腊城邦很少有像样的公共建筑。到公元前4世纪，当雅典帝国垮台，小亚细亚的希腊城邦再度繁荣起来。由此可见，雅典统治时期，自己确实变得豪华了，但盟邦普遍贫穷了。

从这个意义上看，雅典帝国的统治，有它积极的一面，也有非常消极的一面。任何历史现象都是复杂的，需要我们全面评估和衡量。但因为历史现象的复杂，以及学者们立场的多样，这样的争论，只要人类社会存在，就一直会存在。

第十八章
伯里克利时代雅典民主制度的发展

从内部发展角度看,伯里克利时代是古希腊历史发展的顶峰,雅典民主政治逐步完善,社会经济繁荣,文化昌盛。

我们说的伯里克利时代是广义的,实际上包含从希波战争以来

公元前5世纪雅典最伟大的政治家之一,曾连续15年当选雅典将军。他在任期间积极推进民主政治,使雅典势力达于极盛。因他的头型稍显古怪,因此他的雕像一般都戴着头盔。

伯里克利

直到公元前 431 年至前 430 年伯里克利去世这一整段时间，是一个比较长期的过程。

我们首先概要介绍公元前 5 世纪雅典民主政治的发展，接着是民主政治下几个主要的机关，包括雅典的大小官员、议事会、公民大会、民众法庭，最后会对民主政治做大概的评价，并讨论对民主政治的批评。

公元前 5 世纪雅典民主政治的发展

民主政治在克里斯提尼时代建立，此后民主政治不断发展。公元前 488 年至前 487 年，雅典的执政官从原来的选举改为抽签，同时实行陶片放逐法。按照亚里士多德的说法，两项改革都是雅典人民自信的表现。

举手或者投票选举时，那些影响大的、势力大的人容易当选。但如果抽签，则抽签面前人人平等。在雅典，富人树大根深、财大势雄，很容易影响选举。所以抽签是民主制一个重要标准。雅典最高官职从选举改为抽签，是一个重大变化。

我们在讲克里斯提尼改革时介绍过陶片放逐法，这里简单补充一句：对于那些影响雅典政治稳定的人，雅典人会把他们流放国外 10 年。这是把领袖之间的争议交给普通公民裁决，是人民主权的重要表现。那雅典人为什么在公元前 488 年至前 487 年突然引入或采用陶片放逐法？原因要追溯到马拉松战役时。当时发生了一个重要事件：人们怀疑城内有僭主支持者私通波斯，所以最初被流放的都是有通波斯嫌疑的，如希波克拉底、麦加克勒斯等。

投票的具体过程，是雅典人在广场上举行大会，就到底流放何人进行表决。今天发现了很多这类陶片，它们表明雅典人投票不像我们这么规矩，老老实实拿个笔画个叉或者画个勾。他们随地取用陶片，在陶片上刻上他希望流放的人的名字。这些陶片不仅提供了具体的人名，还提供了流放的原因。其中一位的罪名是亲波斯。投票者把这个人的像画在上面，给他"穿上"波斯服装。有一张投给伯里克利的父亲克桑提普斯的票写道："在所有的雅典政治家中间，这个家伙干的坏事最多。"我们不知道他具体做了什么坏事，估计与他公元前489年控告马拉松战役的英雄米太亚德有关。从公元前488年起，雅典连续流放了一批这样的人。

公元前483年，经地米斯托克利提议，雅典建立了强大的海军。这是雅典历史的重要转折。依靠海军，公元前480年雅典才能在萨拉米斯和其他希腊城邦一道击败波斯。海军需要大量人手，一条船要200人。为支持海军，雅典社会的下层都被征入海军为水手。雅典的那些穷人不但发现，他们通过当水手挣到工资，取得经济独立，还发现打败波斯、镇压盟邦主要依靠他们。作为雅典公民，他们有资格出席公民大会，在公民大会中投票。因此，随着雅典对提洛同盟控制的加强，海军地位的提高，第三、四等级为主体的公民政治地位迅速上升。他们感到雅典打败波斯、维护对提洛同盟的统治，都要依靠他们，因而要求相应的政治权利。在雅典特殊的制度之下，他们在公民大会中是投票的主体。在他们的推动下，雅典政治制度越来越向民主方向转变。

公元前462年，雅典发生厄菲阿尔特改革，把战神山议事会的权力几乎全部剥夺，相关权力移交给公民大会、议事会和民众法庭。战神山议事会由卸任执政官组成，任职终身，是雅典上层精英的聚集地，权力主要是监护政制。这样一个主要由精英阶级构成且任职终身的机关，与民主原则背道而驰。它的权力被剥夺，意味着攻破了贵族政治最后的堡垒。改革引起了贵族强烈的反应，改革者厄菲阿尔特被暗杀。但改革的成果仍得以保留，并在伯里克利时代继续推进。公元前457年，执政官职位向第三等级公民开放。第三等级的公民是可以当重装兵的家道小康的人，意味着大约三分之一的雅典公民有资格出任国家最高官职。较之过去高级官职限定在大约只占总人口5%的第一、二等级公民中而言，这是一个民主化举措。

战神山议事会权力被剥夺之后，民众法庭案件大增：一方面，原本由战神山议事会审理的案件，基本被移交给民众法庭；另一方面，随着雅典对帝国控制的强化和对盟邦司法的干预，其他城邦的不少案件也被移送到雅典。如果民众法庭还是维持原来的做法，由执政官主持，少数人担任审判员，难以应付日益繁杂的司法事务。此外，审判员数量大增，只靠富人不够，于是第四等级的穷人也大量参与。这些人平时都需自己劳动，不可能抽出时间担任审判员。为确保所有人都能参与，于是雅典引入津贴制。审判员最初一天一个奥波尔——相当于一人吃一顿饭或稍多，后来增加到一天两个奥波尔，最后是一天3个奥波尔。两奥波尔大概就可以供养公民一家三口一天。审判员取得津贴后，议事会议员和其他官员也陆续被给予津贴，政治津贴制在雅典普遍推行。

今天的我们可能感觉不到政治津贴的重要性，那是因为我们已习惯所有政府官员都拿工资。如果政府官员都不拿工资，还有谁愿意去当官？雅典给的津贴并不高，两个奥波尔也就一家一天的生活费，而且公民任职有严格限制，比如一个职务一生只能担任一次，不得连任，让公民很难依靠做公务员讨生活。

虽然如此，政治津贴还是有重要意义。在古代普遍贫穷的时代，能够获得津贴仍然令人期待，穷人因此有可能直接担任国家官职、参与国家政治，公民权由此变成特权。为此，必须对公民规模进行限制。公元前451年，伯里克利提出公民权法，规定父母双方都是雅典公民（女性并无公民权，但只有雅典妇女能够生育合法公民，从这个意义上说她是公民）的人，才有资格成为公民。

民主政治的主要政权机关及其运作

这一系列制度的变化，进一步扩大了雅典公民政治参与的渠道，使雅典民主发展到前无古人的程度，而雅典在统治帝国方面的成功，似乎也在相当程度上证明了民主制度的成功。接下来我们概要介绍民主制度的基本机构和运作情况。

第一个重要机构是公民大会。能够参与雅典政治、出席公民大会的，是雅典公民。非公民没有资格。公民之中，也不是所有人每次都会出席。当时雅典公民大概4万至5万人，每次出席公民大会的人一般来说在6000人以下，约占全体公民的十分之一稍多。但因为一年要开很多次会（公元前4世纪一年固定开会40次），每次会议讨论的主题不同，出席的人也会相应不同，因此如果以一年为单位看，则出席者的数量相当大。会议由主席团主持，讨论有关战争、和平、粮食供应等所有重要的问题。公元前5世纪，公民大会讨论的一个重要主题，是盟邦的贡金应该交多少，如何缴纳和管理。

公民大会的启动需要从议事会开始。议事会在接到相关官员或公民的意见后，首先决定是否开会。如果确定开会，则议事会先拟定一个决议案。没有经过议事会讨论的问题，公民大会不能做出决定。在议事会上，一般来说只有议员可以发言。但一般公民或许可以聚集在议事会大厅外，通过呼声或其他手段施加影响。

问题提交到公民大会后，有兴趣的公民可以在会议上发言，提出赞成、补充或修改意见。如果争论激烈，会议进行的时间也会比较长。发言完毕后，公民大会以投票方式表决，一般是举手或直接投票。讨论的问题非常具体，如粮食供应、陆海军建设、同盟贡金、派出使者，有时还有监督和审判官员，还有每年一次决定是否举行陶片放逐法等。雅典国家的法律，包括对宪法的修订，都需要在公民大会上进行讨论和表决。一般情况下，决议当天通过，成为法律之后马上执行。在雅典，普通公民是国家真正的主人。

在这样的会议上，演说家的作用很明显。很多时候公民大会并

给德摩斯加冕

约公元前337年雕刻，表现民主女神（demokratia，站立的女士）正为德摩斯即雅典人民加冕的情形，以表达人民权力的至高无上。

不了解相关情况，这时就要由演说家上台阐述相关的背景，提出具体办法。接着另外一位上台发言，对前一位的发言进行修正或补充，之后依此类推。一次会议上可能有多位人士发表意见，直到决议获得公民大会基本认可后，才正式提交表决。今天一些著作宣称雅典的演说家都是一帮只会摇唇鼓舌的"demagogue"即"煽动家"，说他们败坏了雅典社会风气，消解了雅典民主政治。但历史实际并非如此：首先，雅典那样的制度，尤其是在公民大会上决定国家重要事务的制度，必然需要演说家；其次，希腊社会很大程度上是口传社会，信息传递很大程度上通过口头实现，斯巴达、科林斯、底比斯等其他所有希腊城邦，都有演说家存在，难道说那里也有演说家败坏社会风气？最后，演说的内容在公众面前进行，必须言之有物，否则会被观众轰赶。下面的具体例子或许能说明问题。

这个例子与著名哲学家苏格拉底有关。阿里斯通的儿子格劳孔是个20岁左右的年轻人，一心想当政治家，为此在家里练习演说。他家里人觉得这样不行，希望劝阻他，但未能成功。正好苏格拉底到来，家人请苏格拉底出面。苏格拉底得到这个任务后，先假意肯定格劳孔练习演说，但随即向他指出，作为政治家，需要有实际的知识和能力，对城邦做出有益的事情。所以他首先提问，雅典的税收来自哪里？每年的收入多少？当格劳孔说他没有考虑过这个问题时，苏格拉底接着提问雅典的具体支出情况。当格劳孔对此也给出否定的回答时，苏格拉底又提出了关于城邦兵力、地形、粮食等一系列具体问题。对于所有这些问题，格劳孔仍然答称不清楚。苏格拉底顺势指出，如果格劳孔缺乏必要的知识，则连自己的叔父都说服不了，又如何说服雅典人民！"在所有的事上，凡受到尊敬和赞扬的人都是那些知识最广博的人，而那些受人谴责和轻视的人都是那些最无知的人。如果你真想在城邦获得盛名并受到人的赞扬，就应当努力对你所想要做的事求得最广泛的知识。因为如果你能在这方面胜过别人，那么，当你着手处理城邦事务的时候，你会很容易地获得你所想望的就不足奇怪了。"这个事实表明，真正要当一个演说家并不容易，必须具有真才实学。

第二个重要机构是议事会。在克里斯提尼改革部分我们已经介绍过议事会，这里不用说太多。议员由 30 岁以上的雅典公民担任，划分为 10 个主席团，每个主席团 50 人，每天通过抽签产生一名主席。主席团主要的责任是主持公民大会，接待外来使节，监督法案执行，监督官员，等等，所以它是雅典公民直接参与国家政治的一个重要渠道。

这里需要解释的，是雅典人为什么一定要规定 30 岁的年龄限制？在雅典，议事会议员某种程度上相当于我们的人大常委会委员，需要一定的人生经验。20 来岁虽有干劲，但做决定的时候难免毛躁，"嘴上没毛，办事不牢"。希腊人普遍认为，男性到 30 岁成家后才能负责任地做出决定。

第三个重要机构是民众法庭。民众法庭的历史相当悠长，始自梭伦时期，但真正发展起来在厄菲阿尔特改革之后。那时审判员达到 6000 人。6000 人同审一个案子显然不现实，且效率太低。雅典人把他们分成 251 人、501 人、1001 人、1501 人等单位。所以是单数，是防止平票。为防止审判员受贿，公元前 4 世纪还采取了一些新措施，如审判当天通过抽签临时分配，按照案件的轻重，分别分配到不同的审判庭。

审判过程与今天颇为不同。原告首先发言，接着被告发言，当然都有时间限制。双方各自发言后，法庭第一次投票，发言期间审判员之间不得交流，以防串通。第一次投票判定罪名是否成立。如果成立，则原、被告接着进行第二轮发言。原告可能宣称被告罪大恶极应该被处死，被告则可能把自己的老婆孩子拉上来，以展示他

审判员的表决票

民众法庭审判期间,审判员一般不能交流。听完双方演说后,审判员们一言不发地投票。图中是雅典审判员表决时使用的票。投票时用手指捏着上面的圆把,手会盖住上面的赞成或反对标识,因而有利于审判员们独立做出自己的判决。

在家庭中的重要性,甚至让妻子儿女痛哭以求怜悯,并表示自己大致可以接受什么样的惩罚。这个过程无论对原告还是被告,都是考验:如果原告要求的罪名过重,则法庭可能接受被告的意见;同理,如果被告提出的罪名和惩罚过轻,则可能使审判员们认可原告的指控。因此,原、被告双方都必须提出大致合理的制裁。二轮演说完成后,审判员第二次投票,以确定到底是接受原告还是接受被告的建议。判决一经做出,就是终审判决,没有再上诉的空间。几乎所有案件,都在当天审结,并且在判决做出后,一般马上执行。

基本可以肯定,充任审判员的雅典人中,除极少数略懂法律外,绝大多数是门外汉,由他们来做出判决,是否会造成很多冤假错案？从雅典人的记录看，虽然文献总是抨击雅典人不太遵守法律，但在众多的案件中，首先是受贿的情况极少；其次，就判决的公正性而言，特别不公正的，除了臭名昭著的阿吉纽西审判，以及苏格拉底的案件外，贪赃枉法的案件，还真的很少。毕竟司法活动完全运行在阳光下，雅典人又采取多种措施防止枉法裁判，所谓人民心中自有一杆秤，此之谓也。

第四个重要的机构是官职。官员在雅典仍有一定重要性，基本就是一个主持人。除极少数例外，绝大多数官员抽签选出，而且受到严格监督，贪污腐化的官员不能说没有，但数量不大。我们更担心的，也许是以抽签方式选举官员，是否太儿戏了？

有这样的担忧相当自然，毕竟当今世界，公务人员责任繁多，掌握着大量的公共资源，如果通过抽签，一个完全不懂公务的人如何合理行使他的权力和支配他手中的资源？为此，希腊人发明了许多有效的办法。

首先是上任之前的资格审查。资格审查比较简单，无非问问父亲是谁，母亲是谁，候选人是哪一年出生的，属于哪个德莫。这些问题的主要目的，是确认候选人作为雅典人的身份，不大涉及能力。如果遇到挑战，候选人需要向法庭证明自己的身份。初审通过，抽签时也足够幸运，担任了某种职务，就要接受第二轮审查。这一轮审查还是涉及个人方面，诸如是否欠国家的债务？品行是否良好？如果这些方面有问题，也有可能被罢免。当然候选人可以选择向法庭提起上诉，法庭会就此展开审判。如果法庭审查顺利通过，则当选者可以任职。如果审判发现当选者不够诚实,会被认定为欺骗雅典人民,那时面临的判决可能是被卖为奴隶或者被罚款。

即使前面一切顺利,坐上了官职宝座,也并不意味着从此真的可以一朝权力在手为所欲为,而是必须非常小心。所有官员任职期间,都要接受雅典人一年10次的信任投票。只要任何一次没通过,相关人员会马上被罢免,然后送交法庭审判。一旦被定罪,不是被处死就是被罚款。伟大如伯里克利,也曾被罢免将军职务并被罚款50(一说15)塔兰特。离任之时,官员还需要提交离任审计。如果审查报告不能通过,对不起,送上法庭审判。

在如此严厉和周密的监督之下,雅典大小官员之中,贪污和特别无能的相当少见。所有的官员们面对民众,也都兢兢业业,客客气气,客气到伯里克利那样敢于挑战人民意见的人都成了稀有动物,并因此获得修昔底德的高度称赞。柏拉图和亚里士多德等在批评民主政治时,也认为它的弱点就是官员们缺少足够权威。不过对这样的话,我们也不用全部相信。伯里克利自己就说过,雅典人虽然日子过得自由自在,但他们都尊重法律,尊重所有他们放在权力位置上的人士。

总体上看,通过公民大会、议事会、民众法庭和各类官职,几乎所有的雅典公民都能够程度不等地参与到国家管理之中,并且有效行使着自己作为雅典国家主人的权利。从历史上看,这确实是一种人民权利得到广泛实现的民主制,即使近代民主,也远不如雅典来得彻底。这样的民主制能够得到执行,还因为有政治津贴支持。津贴虽然数量不大,但足以使一部分有热情和雄心但缺乏经济能力的人士有机会报效城邦，即伯里克利所说的，雅典人在任命官职时，注重的是能力，是某个人是否合适，而不是他是否贫穷。因此，津贴制也成为反对者为颠覆民主政治第一个希望取消的措施。公元前411年和前404年雅典寡头夺取权力时，第一件事就是取消政治津贴。

对雅典民主政治的评价

如何评价雅典民主政治？对雅典民主政治的批评，从它产生时就开始了。有些批评无疑是有道理的。首先是对盟邦的压迫和剥削。虽然有人说民主政治产生时没有提洛同盟，提洛同盟瓦解后，民主政治也继续存在，因此民主和雅典帝国无关。但这并不能否认公元前5世纪的民主制从雅典帝国得到了好处，否则雅典卫城的建筑修不起来；雅典强大的海军也难以维持；雅典的官员、水手等获得政治津贴，大约也不会那么轻松；穷人和富人之间的关系，也不会在公元前5世纪那么和谐。到公元前4世纪，由于失去了帝国的收入，雅典被迫经常向富人征税，导致富人对政治的冷淡，并因此遭到柏拉图、亚里士多德等的猛烈批评。

其次是奴隶制问题，现代学者经常批评雅典民主是奴隶主的民主。这话当然过分，因为大多数雅典人没有奴隶，奴隶主要集中在少数富人家中，但奴隶制对雅典人仍有好处，穷人则不同程度地从奴隶的存在中受益。简单地说就是：雅典的富人要承担公益捐献，比如担任三列桨战舰舰长、资助歌队演出、资助节日。然而受益者并不只是富人，而是雅典全体公民。此外，雅典国家还雇佣奴隶从事维护治安等工作。通过这些渠道，雅典的穷人实际上从奴隶制得到了好处。最严重的，是奴隶们虽然全力付出，却不能享受到民主政治的任何好处。他们和其他城邦的奴隶一样，是主人会说话的工具。

对雅典民主的第三个批评是压迫妇女。妇女和奴隶一样，在雅典缺少基本权利。他们不能出席公民大会，更不能担任官职或审判员，甚至处理家庭财产都需要通过监护人进行。现代社会直到20世纪，妇女才有普遍的选举权和被选举权。

第四个批评，是说民主政治鼓励平庸。在公民大会决定一切的制度下，一切都是普通人说了算。政治家和精英们为讨好普通人，也只好向普通人看齐，进而拉低了整个社会的道德和文化水平。从逻辑上讲，好像是这么回事。但实际上事情正好相反，因为正如亚里士多德指出的，多数人虽非最聪明的人，但他们集中了多种智慧和知识，犹如千手千眼的智者，是意见最好的评判者，因而他们完全能够选择最聪明、最合理的建议。如此说来，民主政治倒是有利于文化发展了。历史事实也是，在雅典民主政治存在的200多年中，雅典是希腊世界城邦中政治最稳定、经济最发达、文化最繁荣的城邦。公元前5世纪是伟大的演说家伯里克利等的时代，是悲剧和喜剧经典频出的时代，也是智者派和苏格拉底的时代，还是雅典卫城建筑群等艺术杰作涌现的时代；公元前4世纪则是演说家德摩斯提尼和伊索克拉底等的时代，是哲学家柏拉图和亚里士多德的时代，也是喜剧作家阿里斯托芬和米南德的时代。应当说，正是雅典

雅典公民的游行

这是雅典帕特农神庙的雕刻,表现骑兵参加节日游行时的情景。

民主政治释放了公民的创造性,才有了今天我们看到的这些非常伟大的作品。摩尔根曾经说过,如果从人口比例来算,则雅典人对世界文明发展的贡献,可以说是最大的。这话有点夸张,但在当时,一个能够产生埃斯库罗斯、索福克勒斯、欧里庇得斯、苏格拉底、柏拉图、修昔底德、德摩斯提尼等的国度,一个能够吸引希腊世界最聪明的智者,能够吸引希罗多德、亚里士多德、吕西亚斯等的国度,一个在其他城邦内乱频发,自己仍能保持政治和经济稳定的国度,无论在政治、经济还是文化上,都是成功的。

第五个重要的批评,是古代的民主政治幼稚、短命。所谓幼稚无非说它是直接民主,制度简单;说它短命,是雅典民主在公元前

4世纪末灭亡了。这样说的人缺乏最起码的历史感。我们前面已经说明,雅典民主有一套相当完善的制度和意识形态,对此黄洋教授有过不少论述,我自己也在其他著作中有所讨论。说它短命更无道理。做个简单的算术:如果从克里斯提尼算起,到公元前4世纪末民主政治被马其顿强力废止,雅典民主政治前后存在180余年;如果从梭伦算起,则有200余年,而现代西方民主中,最长的美国到今天也就200多年,英国和法国现代民主政治的确立,差不多要到19世纪末或20世纪初,至于德国,那就更晚,从魏玛共和国算起,也不到100年。雅典民主政治存在180年,何来短命!

当然,古代民主的许多问题可以进一步讨论,但不能否认,古典时代的雅典民主是古代历史上曾经存在过的、人民参与程度最广泛的一种制度,而且在它存在期间,在政治、经济和文化上,雅典都取得了辉煌的成就。借用英国历史学家芬利的话说,如果从成就来论英雄,则雅典的制度无疑是成功的。

第十九章
城邦中的边缘群体——妇女、外侨和奴隶

上一章我们介绍了雅典公民的情况，本章将集中在城邦中的边缘群体——妇女、外侨和奴隶——身上。在希腊城邦中，享有公民权的限于成年男性，其他人都不是公民。即使在公民内部，也不都是平等的。

希腊城邦中公民的等级划分

从每个城邦看，城邦居民有富人和穷人的区分，在富人群体里，还有超级富有和一般富有的区别，如雅典的第一和第二等级，只有第一等级的人可以担任雅典国库保管员。在富人和家道小康的人之间，区别更明显。我用两个具体例子略做说明。以雅典为例，梭伦把雅典公民按土地收入分成四个等级，第一等级 500 斗，第二等级 300 斗，第三等级 200 斗，200 斗以下是第四等级，并据此规定了

每个等级享有的权利。一直到古典时代，这种等级制都没有取消。只不过公元前5世纪中期后，尤其是埃菲阿尔特改革后到伯里克利时代，这个区别只在法律上存在，在实际生活中不太重视了。亚里士多德提到，在抽签选举中，审查资格的人会问候选人属于第几等级，没有人会说自己是第四等级。因为按照法律规定，即便是公元前457年以后，担任官职的资格也限于第三等级及以上，也就是家道小康以上的人才有资格当选比如说执政官这些高级官职、议事会议员等职务。公元前5世纪中期以后，因为有了津贴制，最穷的人也可任职。公民之间权利的不平等，在雅典一直存在。

斯巴达的公民理念上应该平等，因为都不用劳动，靠黑劳士养活，但实际上仍有贫富之别。国王一般极其富有，长老们也比较富。有些人可能不担任职务，但也是富人，富有到可以参加奥林匹亚赛会，而且参加战车比赛。战车比赛参与者至少要养两匹马，所有养马的人都是富人，一般的人养不起马。

在其他民主制城邦，如阿尔戈斯、底比斯、叙拉古，后来还有阿凯亚同盟，绝大多数情况下，只有重装步兵等级以上的人才能成为全权公民。其他财产较少的人即使是公民，公民权也受到一定限制。在这些地方，有资格出席公民大会的主要是重装步兵等级及其以上的人；由于这些城邦似乎并未实行政治津贴，担任职务的，可能只是富有公民；一般家道小康的公民，由于需要经常为生计操心，不太可能出任各种官职，因而少了参与政治的重要渠道。

总之，希腊城邦公民的平等只是理论上的，实际生活中，仍有在希腊，富有公民基本依靠奴隶劳动，他们的主要任务是政治和吃喝玩乐。图中的富人正惬意地躺在靠几上，享受着奴隶的服务。

公民的生活

不同程度的限制。公民和非公民群体之间，区别更加明显。我们先看妇女。

女性的地位

女性占了人类的一半，从农业产生之后，女性就处于依附男性的地位。对于这些问题，恩格斯在《家庭、私有制和国家的起源》中有精彩的论述。他的意思是，农业出现之后，妇女因为生理或者体力上的原因，在农业生产中地位不如男性重要。这个容易理解。一是诸如挑麦子或者犁田这种活，一般来说男的体力较好，可以去做，而女性显然不是都能做的；外出经商和狩猎等，男性当然更有优势。二是女的每个月有生理期，尤其是怀孕、养小孩，时间受到

妇女的劳作

妇女主要从事家务劳动，图中可见左面两位女性在整理线团，右边两位正在织布。

限制。女的一般活动局限于家庭，收收捡捡，纺线织布，或者照顾菜园。在男人看来，女的似乎就是吃闲饭，靠男人养活。他们的社会地位随之沦落。借用恩格斯的说法，这是"女性的具有世界历史意义的失败"。希腊也如此，最明显的表现，是只有成年男性是公民，女的根本没有公民权。

不过，在某些情况下，妇女也被说成公民，但那是因为公民必须由雅典妇女生育。如果某个公民娶了一个外国女性，则生下来的孩子一般没有资格成为公民。尤其是公元前451年伯里克利公民权法律通过后，这一点更加重要。那个法律规定，只有父母双方都是雅典人，而且经合法的婚姻生育的男性，才有可能成为雅典公民。

也就是说，夫妻双方必须都是雅典人，而且是合法婚姻，同居的都不行。如此严格的限制，可能是因为那时雅典公民权已经成为重要特权，附带着重要利益。连伯里克利自己都受到这个法律的限制。伯里克利本来有不止一个合法的儿子，但这些儿子后来在雅典瘟疫中间都死了，只剩下他跟米利都的阿斯帕西娅生的儿子，取名叫小伯里克利。因母亲不是雅典人，小伯里克利没有公民权。伯里克利为此特别请求雅典公民大会批准，让他的儿子获得了公民权。雅典公民大会也同意了，他的家庭才得以延续。只有在这个特殊的意义上，雅典妇女有一点公民权。然而从政治权利角度看，她显然不是公民。

我们用两个具体的例子来说明妇女地位。在雅典，民主制发展程度最高，但对女性的压制也最彻底。如果女性在家，她只能居住在家里房屋中比较隐蔽的房间或楼上，不能轻易和外人见面。这样做的主要的目的是防止出轨。在雅典，对强奸罪的制裁不如通奸罪严重。如果通奸过程中被发现，奸夫可以被丈夫打死。但如果是强奸罪，则罚款了事。现代人可能很难理解，怎么会有这种奇怪的规定。雅典人的思路是：强奸大家都知道，不会危及公民队伍的纯洁性。而通奸很多时候丈夫不知道，如果生下孩子，尤其是奸夫如果是一个外国人，则公民的血统将不再纯正。所以，就对公民共同体的伤害而言，通奸远比直接暴力侵犯妇女严重。

古代中国女性地位很低，在雅典也一样，在家里还没出嫁时，父亲是监护人，一旦出嫁了，丈夫是监护人，而且在希腊有一个很不好的习惯，女孩可能十四五岁就出嫁，男的往往到三十岁才娶妻，这种年龄差距相当于大男人带小姑娘，典型的监护和被监护。如果丈夫不幸去世，如果妻子有儿子，且儿子已成年，则儿子做母亲的监护人。如果儿子没有成年，就由丈夫或女方家族里的成年男性做监护人，女性没有独立的人格权。

在这种家庭关系中，妇女几乎没有财产权。在雅典，妇女能够处置的财产大概是一个家庭4—5天的生活费。如此小的金额，暗示女性基本没有财产处置权，也无法独立从事经济活动。一旦父亲去世，且父亲只有一个女儿，这个女儿就有一个特有的称呼，叫女继承人。所谓女继承人，核心责任是延续家族的香火：她要招一个女婿，不过招谁不是由女的决定，而是由这个家族中愿意跟她结婚的男性决定。有的时候，这个丈夫甚至就是她的舅舅或者叔叔。至于女的是否喜欢，不在雅典人的考虑范围之内。如果他们生下儿子，则儿子要继承外祖父的香火。在夫妻关系中，丈夫可以随时离婚，即使不离婚，也可以在外面寻花问柳，妻子根本管不了。反过来，丈夫却要求妻子守贞。

斯巴达的情况如何？有人认为，斯巴达的女性地位比较高，因为斯巴达妇女有一个很重要的权利：财产权。斯巴达女性可以继承财产，而且可以掌握家产。更重要的，斯巴达男性经常生活在军营里，家里基本女的说了算，所以母亲地位很高。妻子地位也不差。但实际上我们别忘了，在斯巴达，女性一样是男性的工具或者说是城邦的工具。下面一个故事可以说明问题。

希罗多德写过一个国王阿利斯通的故事。国王阿利斯通曾经结婚，但妻子没有生育。这位国王认为，生不了孩子的责任不在他，所以他准备再娶一个妻子，斯巴达国家也同意了。然而他看上了自己一个朋友的妻子，还不跟人家说破，只是跟人家说做一个交易：两人互相从对方那里拿走一个自己想要的东西，且不能拒绝。这朋友很爽快地答应了。朋友就从国王阿利斯通那里得到了他想要的东西，国王则要求得到朋友的妻子。当时这位朋友跟自己的妻子关系很好，一再请求国王换个别的，但因国王坚持，最后还是把这妻子给了国王。

在这个故事中，国王的朋友根本没问他的妻子是否愿意，国王也从不曾征询对方是否愿意与自己结婚，而这位妻子在毫不知情的情况下，被阿利斯通作为一件物品似的带走了。阿利斯通就和原本的妻子离了婚，与朋友的妻子结婚了。这里涉及两个女性，一个是阿利斯通原来的妻子，因为不育被离婚，阿利斯通的新妻子，在不知情的情况下被结婚。从这个故事看，斯巴达妇女的实际地位也高不到哪里去。

斯巴达还有一个很奇怪的习惯：那里从来没有通奸罪，原因是丈夫或妻子无须去找别的异性。按照斯巴达规定，如果丈夫觉得自己年纪大，长得也不够帅，又正好看到有不错的年轻人，就可以把他直接领到家里跟自己的妻子同居，生下的孩子算丈夫的。在这个过程中，丈夫同样不会征求妻子的意见。

表面上看，斯巴达女性可以参加锻炼，很早就主持家务，又有财产，似乎很有地位。但上面几个例子证明，斯巴达的女性仍摆脱不了作为男性附属品的地位。

如果号称希腊世界妇女地位最高的斯巴达妇女地位不过如此，则其他城邦也就不用多讨论。希腊妇女缺少受教育权，也无参政权，她们的命运由男性掌管，那里确实是男权社会。古代的民主，当然也只是男性公民的民主。

外　侨

外侨是指那些离开自己国家并在他国定居的人。他们在希腊占多大比例？难以笼统概括，每个城市不一样。雅典、科林斯、叙拉古等沿海经济比较发达的城邦，有很多外国人，外侨的比例比较高。据估计，公元前5世纪的伯里克利时代，雅典公民可能在4万至5万人，外侨1万至2万人。科林斯是港口，外侨比例不会比雅典低。

与公民比较，外侨在所居住的城邦没有公民权。能得到公民权只是非常偶然的情况。无论在政治上还是经济上，他们都受到较多限制。

第一，不能拥有土地和房屋，即不能够买房和土地。因此，外侨能从事的职业要么是给人帮工，要么是自己开手工作坊，或者是从事商业。希腊城邦的手工业和商业多掌握在外侨的手中，正因此故。有些著述宣称，希腊城邦的民主是工商业奴隶主的民主，显然缺乏根据。因为绝大多数手工业者和商人是外侨，他们没有公民权，

交易中的商人

铸造青铜像,约属公元前5世纪前期,表现手工匠人铸造青铜像的情景。由于外侨不得拥有土地和房屋,只能从事手工业或商业,也因此使得很多希腊人鄙视手工技艺,以至于罗马哲学家塞涅卡评论说,"人们尊敬神圣的偶像,也会向神像祈祷和奉献牺牲,但鄙视那些制造了神像的雕刻家们。"

对政治不可能有直接影响。第二,在法律上,外侨没有提起诉讼的权利。如果外侨想提起诉讼,他必须找一个所在城邦的公民,代替他到法庭去诉讼。如果需要跟城邦当局打交道,也都由公民代理。按照雅典法律规定,外侨必须有代理,否则会被卖为奴隶。第三,雅典有外侨税,外侨税并不重。但问题是公民不用交税,外侨需要交税,本身就显示了外侨低人一等的地位。

第十九章　城邦中的边缘群体——妇女、外侨和奴隶外侨偶尔能够得到公民权。比如像在雅典，公元前406年，雅典亟需人力补充海军桨手。一方面，雅典要求所有成年男丁全部上船，包括外侨和一部分被解放的奴隶被授予公民权。也只有在这种极为特殊的情况下，外侨才有可能得到公民权。然而，如此获得的公民权有时靠不住。公元前403年，雅典爆发内战，民主派自国外杀回雅典，恢复了民主政治。一些外侨加入恢复民主政治的斗争中，且民主派曾承诺，一旦民主政治恢复，会给予参与斗争的外侨公民权。民主政治恢复后，民主派确实也提议并通过一个授予公民权的法案。但后来某个人以该法违背程序为由，使它归于无效。这样，外侨刚刚得到的公民权，立刻被取消。

希腊人所以如此严格限制外人得到公民权，一个重要原因是城邦的资源有限，不愿意与外国人分享，尤其是土地和房屋。此外，有的公民比如雅典的公民还能得到国家的经济资助，诸如免费配发的粮食等。

奴　隶

在古代希腊，地位最低的是奴隶和依附劳动者。从荷马社会以来，奴隶就一直存在。到古典时代，雅典奴隶最多，有学者估计，伯里克利时代，雅典总人口大概40万人，其中公民只有4万至5万人，奴隶大概有20万。不过现在普遍认为这个数字太高，但最低的估计也在5万人左右。但即便是5万人，平均一个公民也拥有

矿山的劳动者

中央吊着的尖底瓶应是照明设备,几位矿工正在井底从事劳动。他们分工明确,一位在挖掘,一位在装土或矿石,另外两位正在运输。

一个奴隶。

像外侨一样,奴隶主要集中在手工业和商业中,农业中到底有多少奴隶不好说,但奴隶和一般的外侨比起来地位更差,毫无权利。法律上,奴隶是主人的财产。在实际生活中,奴隶的处境千差万别,有被出租然后自己攒了钱的,也有在家里跟主人关系处得比较好,被主人解放的。最差的是矿山的奴隶。他们早上出去干活,晚上必须回来,劳动条件差,而且自己没有任何收益。希腊社会生产的相当部分工作，是奴隶完成的。

虽然奴隶主要集中在富人家里，但因为奴隶制的存在，雅典的公民可以享有很多特权，所以穷人也从奴隶制受益。

除奴隶外，希腊许多地区还有依附劳动者，像斯巴达的黑劳士、色萨利的皮奈斯特、黑海地区赫拉克利亚的马利安德诺伊等，很难被称为奴隶。他们大多长期耕种主人的土地，不得被出卖或处死，偶尔可以积累一定数量的财产，并用这些财产赎取自己的自由。他们与奴隶的一致之处，是没有政治权利。

上述的介绍表明，希腊城邦的居民成分比较复杂，除公民本身分成不同的等级外，还有边缘性群体，包括妇女、奴隶、外侨以及依附劳动者。我们经常说希腊社会是奴隶社会。和其他文明社会比较，希腊城邦的特殊之处，是城邦的特权等级范围比较大，包括所有的公民。在公民之外，边缘群体如妇女、外侨、奴隶等，都缺少基本权利。

希腊人的文化成就在今天看来仍很精美，但别忘了这些成就不是建立在虚空之中，而是以剥削所谓的边缘群体为代价的。没有妇女、依附劳动者和奴隶等的贡献，雅典卫城、巴塞的阿波罗神庙等精美建筑，是不可想象的。这是古代社会和当今社会一个非常重要的区别。

Ⅲ

大変局

第二十章
恐惧还是好战——对修昔底德陷阱的思考

修昔底德陷阱的概念

我个人坚决反对所谓"修昔底德陷阱"这个说法,我觉得这个陷阱是修昔底德给我们挖的坑。这个术语是美国哈佛大学教授艾里森的"发明",意思是一个新兴国家向一个守成的霸主挑战时,往往会引发一场战争。战争的结局大多不好,老霸主打得一塌糊涂,挑战者也破败不堪,甚至直接战败。本来艾里森的意思也不是说每次挑战都必然引发战争,但传到中国之后,很多国际关系学者直接把这个东西搬过来,而且称之为"铁律"。也就是说,没有例外。

要理解所谓的陷阱,恐怕还是要回到修昔底德那里才合适。

修昔底德写的是从公元前431年到前404年之间雅典和斯巴达之间的一场战争。按照学术界的惯例,这场战争称"伯罗奔尼撒战争",一般划分为三个阶段。第一阶段从公元前431年到前421年,哈佛大学政府管理学院教授，著有《注定一战？》等，修昔底德陷阱理论的提出者。

艾里森

又因统兵的斯巴达国王之名称"阿基达马斯战争"，又叫十年战争。这位斯巴达国王每年统帅着斯巴达军队入侵雅典，这一阶段的战争因他得名，但这一阶段真有点冤枉他，因为阿基达马斯恰恰是反对进行这场战争的人。第二阶段是一个空白期，从公元前421年到前415年，这是一个非常艰难的和平时期，双方虽保持着和平，但雅典有时会借助结盟攻击斯巴达及其盟友，或者斯巴达唆使盟友出兵进攻雅典。从公元前415年雅典发动西西里远征，战争进入第三阶段。公元前413年雅典全军覆没，斯巴达借助波斯支持，把雅典彻底击败。公元前404年，雅典战败，提洛同盟被解散，长城被拆毁。雅典加入伯罗奔尼撒同盟，与斯巴达同敌共友。

这场战争对希腊城邦的影响非常之大，被修昔底德称为希腊历史上规模最大的骚动，是希腊历史的转折点，从此城邦制度开始走向衰落。

这场战争的原因到底是什么？修昔底德给了一个经典的判断。他指出：虽然关于战争原因，大家都说了很多理由，比如说雅典跟科西拉结盟，科林斯反击，煽动斯巴达向雅典宣战。随后，雅典因波提底亚——爱琴海北岸的城邦，科林斯殖民地，同时是雅典的同盟国——再次与科林斯发生冲突。科林斯求助于斯巴达，煽动斯巴达对雅典宣战。此外，由于麦加拉耕种了雅典在埃琉西斯的圣地，雅典宣布"麦加拉法令"，规定麦加拉人不得出现在雅典及其帝国所属的所有港口或者是市场上，否则将受到严厉制裁。用今天时髦的话，雅典对麦加拉实行了"贸易禁运"，由此对麦加拉造成严重影响。于是麦加拉就此向斯巴达告状，其他一些城邦借机火上浇油。斯巴达随即向雅典发出最后通牒，要求雅典人取消麦加拉法令，或者给予希腊城邦自由。雅典予以拒绝，斯巴达发出命令，准备出动军队入侵阿提卡，雅典则将所有居民撤入城内。公元前431年，斯巴达联合伯罗奔尼撒同盟军队入侵阿提卡，雅典则婴城固守。战争正式爆发。

不过，修昔底德虽然详尽叙述了上述事件，但他认为，那都是借口。真正的原因，是雅典的崛起及其所引起的斯巴达的恐惧。在《伯罗奔尼撒战争史》第一卷中，修昔底德不止一次重申了这个结论。美国学者艾里森据此总结说，修昔底德陷阱的两个含义：第一，崛起，即雅典崛起；第二，恐惧，即斯巴达人发现希腊很多城邦被雅典控制。于是，他们被迫投入战争，导致战争不可避免。艾里森雅典历史学家,《伯罗奔尼撒战争史》作者。

修昔底德

进一步将这个结论引申为所谓"修昔底德陷阱":一个新兴强国崛起过程中,会对老霸主形成挑战,老霸主往往会应战,应战的结果,除非涉事双方都非常理性且灵活,否则会以战争收场。

循着这个思路,艾里森研究了世界历史上,其中大部分是西方历史上的16个案例,发现其中有12个是以战争告终,似乎坐实了"修昔底德陷阱"之说。这个理论实际留有一定空间,毕竟还有四分之一以和平实现交接,但传到中国之后,就被我们的某些国际关系学者变成"铁律"了。严格地说,对修昔底德和艾里森来说,这都不公正。

斯巴达与雅典关系的演变

首先我们来看斯巴达为什么要恐惧？雅典又是如何崛起的？公元前 6 世纪末，雅典已经是希腊世界的一流强国，但还不足以与斯巴达对抗。提洛同盟建立后到公元前 5 世纪中，雅典逐渐成为超一流的霸主，称霸于爱琴海上。斯巴达则至少从公元前 6 世纪就已是希腊世界的霸主。它的霸权主要在陆地上，尤其是伯罗奔尼撒半岛。

希波战争时，斯巴达的优势还非常明显。当时所有希腊城邦都承认斯巴达的领袖地位，甚至宣称如果斯巴达不做领袖，他们宁可投降波斯。雅典也承认斯巴达的地位。有学者推测，当斯巴达帮助雅典推翻僭主政治后，雅典加入了伯罗奔尼撒同盟。虽然推测缺乏史料证据，但波斯在马拉松登陆之后，雅典唯一求援的对象就是斯巴达。斯巴达也的确答应了。按照英国学者格罗特的说法，这意味着雅典也承认斯巴达的霸权，斯巴达也知道自己是霸主，愿意承担霸主的责任，当雅典去求援时答应援助。虽然后来因节日出兵稍晚，但终归是派出了援兵。到公元前 480 年，斯巴达再度成为天然领袖，雅典对此心有不甘也无可奈何。战后，雅典建立提洛同盟，称霸海上，不过尚无公开挑战斯巴达霸权的意思，只是偶尔表露出野心。

从公元前 5 世纪 60 年代到 50 年代，雅典野心膨胀，四处出击，斯巴达的多个盟国如科林斯和西库翁数次被打败，麦加拉加入了雅典一方。斯巴达的岛屿库特拉直接被雅典占领。这一时期雅典的确是想跟斯巴达掰腕子。但公元前457年塔纳格拉一战,雅典战败,随后的几次冲突中,雅典也没有占得便宜。尤其是公元前446年,斯巴达带着伯罗奔尼撒的同盟军直接攻到雅典近郊,有兵临城下之势。这时据说伯里克利——当时雅典的领袖——采取了非常手段,实际上就是贿赂,买通了斯巴达国王和随军的监察官,与斯巴达签订了"三十年和约"。斯巴达人极为不满,在国王回国后对之进行调查,以贿赂罪把国王赶下王位。跟随国王远征的监察官也被定罪。而在雅典方面,据说伯里克利当年向雅典政府报销账目时,特意多报销了50塔兰特,且没有说明用途。

几次冲突下来,雅典人马上意识到了斯巴达的真正实力。公元前446年的条约中,雅典把在希腊大陆上夺得的所有地盘都放弃了。伯里克利建议,雅典人此后只专心巩固海上势力,而且再无任何可能刺激斯巴达的行动。伯罗奔尼撒战争爆发时,伯里克利仍在不断地告诫雅典人,不要扩大雅典的帝国,也就是不想跟斯巴达冲突,但问题是斯巴达那时不想要和平了。

公元前440年,雅典的盟邦萨摩斯暴动,并向斯巴达求援。斯巴达准备入侵雅典,以援助萨摩斯。这是公然违背公元前446年条约的条款。因为条约规定,双方各自保有自己的盟国,不得介入对方同盟的事务。然而当时签约不过6年,斯巴达就打算违背条约了。

根据英国学者德圣克罗瓦的研究,斯巴达对雅典一贯抱有敌意。公元前506年,斯巴达组织了对雅典的三路干涉。因入侵失败,斯巴达准备率领伯罗奔尼撒同盟再度出兵,并恢复雅典的僭主政治,但因科林斯反对归于失败。此后，斯巴达多次有意或实际发动了对雅典的入侵。所以，斯巴达对雅典的敌意不只是在伯罗奔尼撒战争爆发时才存在，而是在整个公元前 5 世纪都对雅典不满。大多数时候，雅典并无敌意，但斯巴达的敌意，倒是随时准备爆发。

如果斯巴达只是敌视雅典，还可以说是雅典挑战了斯巴达，但有些城邦很弱小，甚至还是斯巴达的盟友，斯巴达照样入侵。伯罗奔尼撒西北的埃利斯——主持奥林匹亚赛会的城邦，就数次被斯巴达入侵。斯巴达近邻菲利乌斯是个小国，兵力估计也就数千人，只因对斯巴达的事业不够热心，于是斯巴达借口菲利乌斯流亡者受到虐待，不断提出要求，最后公然出兵，在围困逼迫它投降后，将城墙拆除，居民散入乡间。底比斯长期是斯巴达的盟友，因实力比较强大，偶尔会表现出独立性。公元前 4 世纪，斯巴达先是借机强占底比斯卫城，扶植寡头政治。在底比斯革命推翻寡头政治后，斯巴达多次出兵，反复入侵。底比斯顽强抵抗，终于在公元前 371 年击败斯巴达。一个斯巴达人因此说出了下面的名言：本来底比斯人不会打仗，因为斯巴达人每年入侵，教会了人家打仗，于是斯巴达战败了。

斯巴达跟近邻阿尔戈斯也是世仇，双方为争夺伯罗奔尼撒霸权，隔个几十年就会起冲突。从公元前 6 世纪到前 4 世纪，双方的冲突时断时续，迁延 200 多年，其中相当次数的冲突原因，是斯巴达主动出兵。

如果这些地方被入侵是因为离斯巴达比较近，公元前 4 世纪前期对奥林托斯的用兵，斯巴达几乎没有理由。这里地处爱琴海北岸，跟斯巴达相距遥远。但斯巴达照样出兵,逼迫奥林托斯投降。

上述事实表明,斯巴达本就是一个侵略成性的国家。它要入侵别国,不需要任何理由。套用一位学者形容查理大帝时代战争的话,就是斯巴达人作战,不是有没有理由的问题,而是准备去打谁的问题。公元前 446 年之后,不管雅典表现得多么和平,都难逃被斯巴达入侵的命运。公元前 433 年至前 431 年,科西拉事件及其所引发的连锁反应,使斯巴达获得了对雅典开战的机会。所以,修昔底德

科西拉阿尔特弥斯神庙

科西拉是科林斯殖民地,西北希腊最强大的城邦。此图为科西拉阿尔特弥斯神庙西山墙上的浮雕,约属公元前 580 年,表现美杜莎被珀尔修斯杀死前的情景,右边是她儿子飞马潘加索斯。

的判断：雅典的崛起和斯巴达的恐惧，明显是他在看到伯罗奔尼撒战争最终的结局之后做出的结论，是他人为的建构。这个建构严重低估了斯巴达对雅典一贯的敌意，还有斯巴达本身的好战。当然他所以得出这个结论，也与修昔底德本人的经历有关。修昔底德本是雅典将军，因公元前 424 年指挥作战失利，被雅典人流放。流放之后，他可能与很多斯巴达人，还有雅典上层社会的人有接触，在他们的影响下，得出了这样的结论。对修昔底德而言，他的这个结论当然有他的理由，而且为此提供了非常周密的论证。但这个认识本身带着偏见，忽视了一些重要的方面，尤其是斯巴达的好战。因此，有时我们需要如英国学者德圣克鲁瓦做的那样，用历史学家修昔底德去反驳编者修昔底德。

对修昔底德陷阱的思考

基于上述，修昔底德的判断更像是他给我们设置的一个陷阱，对他的说法我们应有所警惕。特别是他还提到，他的看法并非希腊人最流行的看法，从积极方面看，也许是深刻，从消极方面看，则他是在与当事人中的多数论战。战争爆发后，雅典的实力和对策也说明，它对战争并不积极。

雅典当时是希腊第一海上强国，财政储备充足，控制提洛同盟。但雅典和斯巴达相比有一个很严重的弱点：斯巴达控制了伯罗奔尼撒同盟，如果全军出动，兵员可达 10 万人左右，有绝对优势。

此外，斯巴达人是职业兵。雅典人知道在陆地上没有胜算，根本不想打。

雅典不想打的另一原因，是担心居民的生产会受到影响。希腊的绝大多数人是农民，需要种地，种植粮食。而希腊人打仗一般选在夏天，那时正是庄稼收割季节。在这个时候作战，入侵者可以就地获得给养。如果对方拒绝出战，则入侵者会割麦子，或者采取手段破坏庄稼。这里我们需要注意，对农民来说，入侵者的破坏会非常严重，经常意味着一年的收成被毁灭，所以被入侵者很难忍受庄稼被破坏而无动于衷，大多会被迫迎战。所以，伯里克利的战略看起来很有吸引力：逼迫斯巴达每年出兵，雅典则每年谨守城墙，放弃阿提卡乡间，从而迫使斯巴达及伯罗奔尼撒同盟因难以承受消耗与雅典缔结和约，承认雅典在海上的霸权。长期看来这样的做法不太可行，毕竟雅典财力有限，不可能总是资助那些陷入困境的公民。

斯巴达人也知道雅典这个弱点。据修昔底德说，斯巴达人在战争初期非常乐观，他们认为只要把大军开入阿提卡，雅典马上就会投降，最多不会超过3个月。其他的希腊人可没有那么乐观，但他们也普遍认为，雅典人最多撑不过3年。所以，从这个方面来说，斯巴达有理由发动战争，而雅典除非被迫，否则没有接受战争的理由。战争开始后，斯巴达人也正是这么做的。斯巴达国王阿基达马斯率领大约10万伯罗奔尼撒军队杀入阿提卡，希望与雅典决战。但是，雅典的陆军，满打满算只有2万多人，其中大约一半是马上能投入战场的，跟斯巴达的10万大军根本不是一个等级。所以，伯里克利才设计了那么一个硬熬的战略。

然而，斯巴达的期望并未实现。因为雅典人接受了伯里克利的建议，陆上采取防御战略，阿提卡坚壁清野，所有居民全部搬入城内，谨守城墙和港口，但在海上进行反击。不过这样一来，双方就形成了错位：斯巴达没有海军，期待在陆地上跟雅典决战，逼雅典尽快投降；雅典海军强大，但只能在沿海采取骚扰行动，不足以对斯巴达发动伤筋动骨的打击。一位学者形象地比喻说，雅典与斯巴达之间的战争，犹如鲸鱼与大象之战，双方隔空叫板，但一个不敢下水，一个不敢上岸。于是战争第一阶段的大部分时间里双方隔空互搏，谁也无法取得决定性胜利。但这个事实证明，修昔底德对雅典主动接受战争的判断，存在很大的问题。

对战争的过程我们不打算详尽叙述了，只交代几个关键事件即可。公元前425年，雅典占领派罗斯，并俘虏斯巴达公民120多

阿克比亚戴斯

西西里远征前雅典最有影响的政治人物之一，远征推动者和将军，被召回国受审时逃到斯巴达，促使斯巴达援助叙拉古，进而导致雅典远征军全军覆没。

人,取得战场主动权。但斯巴达人利用布拉西达的能力,从爱琴海北岸打开突破口,直接威胁到雅典的原材料、粮食供应和帝国完整。公元前422年雅典在安菲波利斯失败,斯巴达也筋疲力尽,双方一度媾和。但公元前415年,雅典发动西西里远征,斯巴达再度介入,并利用波斯支持建立海军,在海上向雅典发起挑战。公元前405年,斯巴达在羊河之战中全歼雅典舰队,雅典无力再战,次年被迫投降。伯罗奔尼撒战争以斯巴达的胜利告终。

然而,战争的结局对希腊世界影响巨大。许多学者将伯罗奔尼撒战争视为希腊历史的转折点,可能有点夸张。但在很多方面,这场战争无疑对希腊历史产生了非常深刻且无可挽回的影响。

第一,雅典战败,强国地位一去不返。公元前4世纪雅典数度尝试复兴,但再也没有达到公元前5世纪那样的高度。斯巴达历经27年的战争后,损失也很严重。到伯罗奔尼撒战争结束时,斯巴达的公民可能只剩两三千人。要知道,这个数字在希波战争时是8000人。公元前465年那次大地震固然让它损失惨重,但伯罗奔尼撒战争造成的损失显然更大,不少学者估计,公元前4世纪时斯巴达人最多时也仅两三千人。有的学者认为更少,可能不过1000多人。这样看来,公元前5世纪希腊的两大霸主,一个差不多进了火葬场,另外一个也上手术台了。

第二,波斯重返希腊。从伯罗奔尼撒战争中唯一捞到好处的是波斯。战争爆发之时,雅典和斯巴达都纷纷向波斯求援。但波斯没有直接出兵,最初选择的是坐山观虎斗策略。公元前413年之后,波斯开始直接介入，但并未派兵，而是拿钱，今天资助斯巴达，明天支持一下雅典。最终虽然斯巴达借助波斯支持击败了雅典，但从此波斯成为希腊世界重要的力量，到公元前4世纪，波斯的金钱有时能够左右希腊城邦间的关系。财政濒临破产的希腊城邦不得不频繁求助于波斯，许多希腊人也到波斯当雇佣兵。波斯则利用金钱的力量，不断挑动希腊城邦的内战，使希腊城邦相互消耗。最终雅典未能再度崛起，斯巴达被底比斯打败，失去了霸权，底比斯则被弗奇斯拖垮。当公元前4世纪中期马其顿兴起时，没有任何一个城邦能够抵抗马其顿的力量，也无法像希波战争时期那样在某个城邦的领导下联合起来共同对敌，只能眼睁睁地看着腓力扩大势力，一个一个地吞并周边地区和希腊城邦。

第三，小农经济崩溃，公民团体瓦解。希腊人战争的策略对农业生产破坏严重。一般的农民家中少有余粮，面对敌人反复的入侵和破坏，根本没有复原的空间和时间。伯罗奔尼撒战争延续27年，希腊城邦的绝大多数公民是农民，都是小农。战争期间，他们既要服兵役，又面临自己土地被破坏、生产难以为继的局面，因此，战争虽然结束了，希腊城邦的小农却破产了，公民队伍随之瓦解。在城邦与公民一章中，我们曾经谈到，希腊城邦的基础是公民。一旦公民队伍瓦解，城邦也就失去了根基。伯罗奔尼撒战争之所以是希腊历史的转折点，很大程度上，是因为战争导致了小农经济的崩溃和公民队伍的瓦解。

第四，希腊城邦的一个重要特征，是它没有警察，没有常备军，国家的强制力量薄弱。平时的维持靠公民之间相互团结，相互协作。但在伯罗奔尼撒战争期间，公民出现了分裂。有人支持斯巴达，有人支持雅典，很多城邦因政治斗争爆发了血腥的内战。内战的结果是公民之间相互仇视，每个城邦都分成了两派甚至三派，而且矛盾难以调和。这样，公民团体的团结丧失了，整个希腊的城邦制度，经过这样一场战争，基础也被抽掉了。

回过头看艾里森提出的所谓"修昔底德陷阱"理论，我们认为，从伯罗奔尼撒战争而论，他的说法并不合理。修昔底德的判断本身就存在不合理，艾里森在此基础上，又对修昔底德的论断做了引申。这就涉及借鉴历史的原则问题。历史并不那么容易借鉴，一位著名哲人曾说过，他从历史上知道的，是人们从不向历史学习。所以会出现这样的情况，有客观和主观方面的原因。客观是我们很难说真正把握了全部历史，所谓历史的真相，不是那么容易求得的。另外一个问题更加重要：即使我们真的充分认识了历史，但做出决定时，总要受到对客观形势认识以及个人地位、修养甚至性格的左右。在这个基础上做出的决定，很多时候在后人看来，是非常糟糕的。把艾里森对修昔底德的归纳视为国际关系的所谓铁律，本身就是问题，缺乏最基本的历史感，忽视了古代与现代、客观和主观的区别。正是在这个意义上，我反对把所谓的修昔底德陷阱应用到当今的国际关系理论中，更反对将其当作规律性现象。

第二十一章
城邦"夕阳"？——斯巴达和底比斯的兴衰

首先需要解释一下,"夕阳"在这里打了问号,因为关于伯罗奔尼撒战争以后城邦是不是真的走向衰落,有很多争议。

学界有两种非常不同的解释,或者说是从不同的角度看。如果从消极的角度看,公元前 4 世纪的希腊世界给人的感觉确实不好,城邦内部矛盾重重,不少城邦爆发革命,原有的制度受到严重冲击。在希腊世界的城邦之间,不同城邦之间矛盾重重,所有城邦都忙着讨好波斯,给人的感觉和公元前 5 世纪完全不一样。

从积极的角度来看,公元前 4 世纪,我们看到希腊进行了很多新的政治实验,比如众多同盟的建立：阿卡狄亚同盟,阿凯亚同盟,还有比奥提亚同盟。一些地区性大国开始崛起,如色萨利、西西里的叙拉古霸国等。原来的城邦比如斯巴达、底比斯、雅典等,仍保持着活力。

如果说公元前 4 世纪有什么与前一个世纪不同,那就是公元前

比奥提亚耕地

比奥提亚是古希腊少有的比较适合农业耕作的地区,在伯罗奔尼撒战争中没太受到战争破坏,并且在战后保持了繁荣,因而能提供一支强大的公民兵。这是1890年武德勾勒的赫利孔山景象。

5世纪有两个超级霸主,一个斯巴达,一个雅典,把整个巴尔干和爱琴海地区都控制了,两强对峙,其他小邦偶尔闹一闹,但无关大局,希腊世界形势整体上相对稳定。而公元前4世纪,这样的霸主好像没有了。所以,公元前4世纪的"混乱",是两强失控的结果。虽然如此,最终的结果表明,公元前4世纪的希腊世界的确存在某些问题,那问题出在哪里呢?

斯巴达霸权的衰落

公元前 4 世纪初,斯巴达是无可争议的霸主。这体现为在公元前 405 年的羊河战役中,斯巴达全歼了雅典海军。雅典投降后,加入了伯罗奔尼撒同盟,或者说它单独跟斯巴达签订了一个盟约,而盟约的条件对雅典非常苛刻:必须与斯巴达同敌共友。也就是说,在对外关系上,雅典失去了独立性。其他的城邦,像科林斯、底比斯,都是斯巴达的盟邦。东地中海区另一重要势力波斯在伯罗奔尼撒战争后期一直是斯巴达的盟友,直接负责人小居鲁士也仍是小亚细亚总督。总之,从外部条件看,伯罗奔尼撒战争结束后的时期,是斯巴达建立霸权最有利的机会。

但就内部条件看,学界基本公认,斯巴达作为霸主无论如何都不合格:

第一,作为霸主,本身需要实力。斯巴达领导伯罗奔尼撒同盟打败了雅典及其盟友,表面上看实力没有问题。但是,它的实力来自于伯罗奔尼撒同盟,斯巴达自己的军队人数不够,而且是严重不足。到伯罗奔尼撒战争结束时,它的军队可能只剩几千人。一个几千人的城邦,如果希望控制整个巴尔干和爱琴海地区,纵使有三头六臂也难以应付。

第二,经济上,斯巴达实力更加不足。伯罗奔尼撒战争宣战前,国王阿基达马斯就说过,斯巴达缺钱,没有钱组建不了海军,但要掌握爱琴海霸权,必须有海军。伯罗奔尼撒战争后期,斯巴达靠波斯支持，才建立了海军。一旦波斯这个金主没了，斯巴达的海军也就难以继续。

第三，作为霸主的软实力不足。当时斯巴达确有一定软实力，因为打败雅典，很多人觉得斯巴达的制度有优势。据柏拉图说，战后很多希腊人模仿斯巴达人教育他们的子女，练习拳击，把自己弄得浑身是伤，鼻青脸肿，以为那就是斯巴达的制度了。斯巴达制度确实有复杂之处，对此我们在斯巴达制度一章中有过讨论。但它也存在严重的弱点：制度安排不合理。比如国王本应该满足于做军事统帅，但实际上国王因终身制和世袭制，能够培植自己的势力，进而不受制约，飞扬跋扈。克莱奥麦奈斯和阿盖西劳斯都属于此类。他可以左右斯巴达的审判，很多时候干预国家政策。对那些与他意见不合的，或者能力、地位可能超越他的，他必然想办法排挤和打击。这里我们只举一个例子。

伯罗奔尼撒战争后期，斯巴达能够打败雅典，很大程度上得益于海军将领吕桑德。吕桑德出身阶层不高，能力却很强。他善于跟波斯打交道，跟小居鲁士亲密无间。小居鲁士向父亲述职离开时，直接把国库，更准确地说是省库的钥匙交给了吕桑德。由于小居鲁士的支持，斯巴达获得了大量金钱，能够多次在被雅典击败后，迅速重建舰队。吕桑德的军事能力也很突出，赢得过羊河战役。在国内政治中，他曾支持阿盖西劳斯夺取王位。但阿盖西劳斯掌权后，觉得吕桑德是威胁。每当吕桑德向国王推荐自己的朋友后，他发现国王的做法正好相反：那些他推荐过的，不但没有被任用，反而被排挤了。吕桑德无可奈何，只能选择退避。不过表面上，阿盖西劳斯非常谦虚。

可能长期担任霸主，斯巴达人不太善于处理与其他城邦的关系。伯罗奔尼撒战争结束后，斯巴达不顾盟国科林斯和底比斯的反对，执意保留了雅典，与它最重要的两个盟友翻脸。至于它的手下败将雅典，当初斯巴达所以没有彻底摧毁它，就是想用雅典来平衡科林斯和底比斯。为控制雅典，斯巴达扶植了三十僭主。但看来斯巴达人识人眼光太差，三十僭主胡乱杀人，到处敛财，招致天怒人怨，被民主派推翻。民主政治恢复后，雅典表面上跟着斯巴达，但实际上已经开始与斯巴达疏远。这样，斯巴达把雅典也丢掉了。公元前383年，斯巴达将领斯弗德利亚斯偷袭当时名义上仍是斯巴达盟友的雅典。偷袭失败后，这位将领大摇大摆地返回底比斯。雅典立刻找斯巴达申诉，并扣押了正在雅典的斯巴达使节。斯巴达人为平息事端，答应惩治斯弗德利亚斯。然而最后的结果，是斯弗德利亚斯无罪开释。雅典立刻转向，与底比斯结盟共抗斯巴达。这样，伯罗奔尼撒战争结束后不过20年，斯巴达已经把希腊城邦得罪了个遍。

再看斯巴达与波斯的关系。公元前399年，小居鲁士起兵争夺王位，斯巴达给予积极支持，但小居鲁士在巴比伦附近的库纳克萨战死，波斯大王暴跳如雷，宣布斯巴达是世界上最无信义的国家。波斯大王派使者携带钱财到希腊各城邦去收买政治家，鼓动他们跟斯巴达作战。公元前395年，科林斯、阿尔戈斯、底比斯以及雅典联合起来，直接向斯巴达挑战。表面上看，这次战争直接爆发的原因,是波斯大王的金钱起了作用。但当时希腊一位历史学家——我们不知道他的名字,他的作品在埃及一个叫奥克西林库斯的村子的莎草纸堆中被发现,是一部希腊史。这位史家在谈到战争爆发时,做了一个类似于修昔底德关于伯罗奔尼撒战争爆发原因的判断:让这些国家向斯巴达挑战的,不是波斯大王的金钱,而是这些城邦都讨厌斯巴达,都恨它。

这场战争时断时续一直进行到公元前387年,各有胜负,最后斯巴达醒悟了,波斯大王也醒悟了。波斯国王发现,雅典才是波斯真正的敌人。于是波斯大王拿钱来支持斯巴达建立海军,并出钱雇佣水手和军队,还派波斯海军封锁黑海海峡。希腊几乎所有的城邦都要进口粮食,对黑海海峡的封锁,导致希腊很多城邦发生饥荒,尤其是雅典难以承受。这时波斯大王再把使者派到希腊,要求各邦实现和平。为实现自己的目标,波斯与斯巴达合作,发布敕令,宣布所有希腊城邦都自治与和平。不听号令的,波斯大王会用金钱和武力,联合愿意跟他结盟的希腊城邦,向反叛者开战。在这种情况下,希腊城邦被迫接受命令。公元前387年,在斯巴达主持下,各邦签署了和平条约。

这一和平是波斯的胜利,也是斯巴达外交的胜利。斯巴达借此稳定了自己的霸权,接着开始报复那些一度不听话的城邦。

第一个目标是埃利斯。该邦主持古代奥林匹亚赛会,有时挑衅斯巴达的权威。公元前420年的奥林匹亚赛会上,它以违背规则为由,制裁了斯巴达一个运动员。另外,斯巴达跟埃利斯之间也有其他方面的矛盾。公元前 387 年大王和约后,斯巴达出兵击败埃利斯,拆毁后者的城墙,把居民散到乡村。第二个目标是斯巴达的近邻弗里乌斯。弗里乌斯是一个小邦,但据说对斯巴达的事业不够热心,有一次斯巴达要求弗里乌斯出兵,但遭到拒绝。据说还有一次斯巴达吃了败仗,弗里乌斯私下里很高兴。于是斯巴达借口弗里乌斯内部冲突,要求后者召回流亡者。流亡者们回国后,乘机提出更无理的要求。一旦城邦不答应,这些人立刻请求斯巴达干涉。弗里乌斯忍无可忍,被迫反抗。斯巴达立刻出兵,将弗里乌斯围困数月后逼其投降。斯巴达如法炮制,拆毁弗里乌斯城墙,把居民散入乡间。

斯巴达对底比斯的政策则是彻底的灾难。底比斯自伯罗奔尼撒战争后就一直对斯巴达不满,公元前 395 年曾参与科林斯战争对斯巴达作战;公元前 387 年虽被迫接受大王和约,但并不服气。公元前 382 年,斯巴达袭占底比斯。然而,公元前 379 年,底比斯爆发革命,赶走斯巴达人。作为报复,斯巴达几乎每年入侵底比斯。在与斯巴达的缠斗中,底比斯逐渐强大起来,先后征服比奥提亚大部分地区。公元前 371 年,底比斯与斯巴达在纽克特拉爆发战斗,底比斯依靠埃帕米农达的新型战术和方阵击败斯巴达。那次胜利在今天看起来好像规模不大,因为斯巴达就阵亡了 400 人,其中包括他们的国王。

然而,这次战争成为了斯巴达人的滑铁卢。我们可能觉得 400 人的损失不算什么,但当时斯巴达的公民可能也就 1000 多人,一下子丧失 400 人,本身就是一个很大的损失,且国王也阵亡在战场上。国王阵亡后,斯巴达人不是通过战斗夺回尸首,而是通过签订停战协议,等于承认自己战败,才把尸首收回来。

这次战斗最大的震动在心理上。所有的希腊城邦,包括底比斯人自己,几乎都被自己的胜利惊呆了。斯巴达人居然会在战场上吃败仗,而且是惨败!温泉关战役以来,斯巴达人几乎没有失败过。这一次不但吃了败仗,而且还阵亡了一名国王,它的威信因此受到沉重打击。

底比斯的兴衰

底比斯能够击败斯巴达,跟它公元前379年的革命有直接关系。在那之前,底比斯是斯巴达忠诚的盟友。伯罗奔尼撒战争时,底比斯非常听话,至少一直忠实地履行盟友责任。伯罗奔尼撒战争时,雅典被迫收缩城防,底比斯就借这个机会不断地去阿提卡抢东西,大发横财。战后底比斯是希腊强邦之一,曾与雅典、科林斯等联合挑战斯巴达。公元前383年,斯巴达偷袭并占领底比斯卫城,把自己的代理人扶上权力宝座。但公元前379年,一些反斯巴达的人回国发动革命,把斯巴达军队赶走,而且马上选举所谓的比奥提亚长官,开始统一比奥提亚的行动。底比斯原本就是比奥提亚同盟的盟主,复兴之后,第一件事就是统一比奥提亚。比奥提亚的面积和雅典大体相仿,也是2000多平方千米,但是其中有12个城邦。斯巴达则坚决反对,每年入侵底比斯。底比斯一边跟斯巴达周旋,

底比斯斯塔特尔钱币

约属公元前318年至前315年比奥提亚同盟发行的斯塔特尔钱币。币面清晰可见字母Boiō，意思是比奥提亚同盟。

一边收拾自己的近邻。

公元前371年纽克特拉之战时，底比斯已基本统一比奥提亚。在这个过程中间，底比斯产生了两个很重要的人物，就是埃帕米农达与佩洛皮达斯。他们对军队进行变革，建立了一支300人的特选卫队，后来叫圣队。这300人和一般的人不一样，他们是职业战士，而且在内部互相结成对子，结对子实际上就是一种同性恋关系，结这种对子的好处，是谁也不愿意在自己的爱人面前丢脸，打仗时会特别英勇。底比斯人还改革了方阵，增加了方阵的厚度。作战时，底比斯人集中力量攻击对手右翼，那里是对方统帅所在的地方。一旦把主力打垮，其他就相对轻松。公元前371年的纽克特拉之战，底比斯人实际上就是这么排兵布阵的。

> 公元前4世纪底比斯最知名的将军和政治家。

埃帕米农达

纽克特拉战役后,次年底比斯入侵伯罗奔尼撒,直驱斯巴达本土。斯巴达人只好高挂免战牌,将重要关口予以封锁。虽然斯巴达城没有被攻占,但底比斯人接着杀入美塞尼亚,解放了美塞尼亚的黑劳士,并且帮助美塞尼亚人建立了美塞尼。

美塞尼亚的独立给斯巴达以致命打击。斯巴达公民之所以不用劳动,是因为有黑劳士供养他们。现在美塞尼亚获得解放,美塞尼亚的黑劳士制度崩溃,很多斯巴达人在美塞尼亚占有的土地、财产全部丧失,大量公民破产。而作为斯巴达公民的条件,又必须是能够向公餐团缴纳一定数量的粮食和金钱,于是本就不多的斯巴达公民人数急剧下降,据说连1000人都不到。这样一来,斯巴达彻底

美塞尼亚剧场

公元前4世纪中期美塞尼亚在底比斯帮助下独立,建都城美塞尼。城内有公民大会会场和剧场等公共设施。图中的剧场属公元前3世纪,也被作为公民大会会场使用。

衰落。

但是,底比斯也没有能够维持它的霸权太久。它统一了比奥提亚,结束了斯巴达的霸权,但它是一个农业国,长期以来是一个地方性的国家,也没有跟他国打交道的经验。作为霸主,它要介入希腊城邦的内外纠纷,处理与波斯的关系,北方需要绥靖色萨利,南方要不断进入伯罗奔尼撒维持存在,这些都使底比斯疲于奔命。公元前361年的曼提奈亚战役中,底比斯统帅埃帕米农达阵亡,此前另一重要领袖佩洛皮达斯已阵亡于色萨利,人力资源也捉襟见肘,底比斯从此失去主动权。在希腊大陆上，只有雅典仍有一定实力。

公元前4世纪初，雅典实力有限，只能满足于做斯巴达的跟班，后来略有恢复，公元前378年组建第二海上同盟，一度复兴。但第二海上同盟无法与提洛同盟相提并论。雅典的实力和公元前5世纪不可同日而语，公民人数始终保持在20000人左右，不足公元前5世纪的一半，且部分公民经济上出现严重困难。盟国指望雅典保护，却不希望缴纳任何费用。波斯对希腊的干预也更加积极，经常联合其他城邦纵横捭阖，雅典势力主要限于爱琴海上。公元前4世纪中期，雅典自认自己实力一等，且经济困难，又开始侵占盟邦土地。盟邦随即反叛，雅典无力镇压。至此，第二海上同盟基本瓦解，雅典的势力主要限于爱琴海北岸和爱琴海之中的部分岛屿。

总结一下，到公元前4世纪中期，底比斯的两个灵魂人物已经阵亡，随后底比斯陷入弗奇斯战争。在与弗奇斯的缠斗中，底比斯逐渐衰落。斯巴达不复强国地位，虽然顽强地试图复兴，但能力非常有限，其国王甚至为了筹措经费，在将近80岁的高龄还去给埃及当雇佣兵。雅典则随着同盟战争失败，对霸权有心无力。总体上看，从伯罗奔尼撒战争结束到公元前4世纪中期，几大强国先后衰落，谁都没有力量统一希腊，但是，其中任何一个，都有足够的力量阻止其他国家的统一活动。

如果简要归纳公元前4世纪希腊世界的形势，则大体上我们可以说，支撑城邦的小农经济已经崩溃，城邦内部的团结丧失，贫富矛盾激化，出现了柏拉图所说的，穷人身怀白刃，仇恨地盯着富人，希望不仅要分光他的财产，还要将对方全部消灭；富人鄙弃却畏惧地看着穷人，宁可自己的肉烂掉，也绝不拿来周济穷人。城邦内部原来那种团结共存的气氛，一去不返。准此而论，公元前4世纪中期的希腊城邦确实出现了许多问题，在一定程度上可以说已经走上末路。正当此时，北方的马其顿兴起，并最终征服了希腊。

第二十二章
野心与征服——马其顿征服希腊

当我们谈论马其顿统一希腊时，所包含的潜在前提，是把希腊当成一个国家来看待，但古代希腊从来不是一个国家，在古代，希腊本质上是一个地理和文化概念。因此，更准确地说法是，马其顿

腓力二世的象牙雕刻头像。因经常在战斗中身先士卒，他失去了一只眼睛。

马其顿的腓力二世

征服巴尔干希腊。毕竟古代希腊世界的范围要大得多，包括意大利南部和西西里、黑海沿岸地区、小亚细亚等地。

本讲会先介绍马其顿的地理情况，重点是腓力二世——马其顿的国王——如何通过全面汲取希腊发展的成果，进而征服整个希腊的过程。完成征服后，腓力本来还有其他打算，但这些打算还没来得及实现，他就被刺身亡。最后，我们大概介绍马其顿征服希腊的意义。

马其顿王国的背景

马其顿和一般的希腊城邦不太一样。它是一个王国，不是城邦，王享有特权。到公元前4世纪中期，马其顿甚至都没能够形成一个很有力的团结纽带，族群认同还没有完全建立。他们自己内部可以为了这样那样的原因，相互攻击，缺乏统一国家的理念。

希腊城邦小国寡民，国家不大，人也不多。雅典算是大国，仅2600多平方千米，斯巴达在希腊本土算是最大的，但包括它征服的美塞尼亚在内，也仅8000多平方千米。其他国家基本都比这两者要小，有些国家小得不可思议。公元前479年，希腊人出兵抵抗波斯，每个国家都派出了自己的重装步兵。雅典当时出兵8000人，斯巴达出兵10000人，其他像科林斯、麦加拉也都出兵3000—5000人，迈锡尼仅出180人。180个公民也能组成一个国家！即使重装步兵只占该邦公民的1/3，则迈锡尼公民也仅540人。今天随便一个大学的老师和学生人数,都比这个国家的公民要多得多。

马其顿则不同,国土面积比上面所有这些国家都要大,人口也要多得多。雅典的公民算是多的,最多的时候,连同桨手在内,可以达到5万人。但公元前334年,当亚历山大入侵亚洲时,他带的军队是3万步兵,5000骑兵,而且是3万重装步兵。按照希腊城邦的惯例,重装步兵以上的等级大约占整个国家公民的1/3左右,那也就意味着如果所有的马其顿人都动员起来,能够达到9万人,加上骑兵,总兵力近10万人。马其顿国家真的是人口比较多的,这是第二个和一般希腊城邦不一样的地方。

到公元前4世纪,希腊城邦一直在混战,相当多的时候是靠雇佣兵,公民并不那么积极。用格罗特的话说,到公元前4世纪,雅典人已经习惯于民主制,失去了战斗力。马其顿人则因为内部不够统一,战斗频发,且是亲自上阵,养成了好勇斗狠的勇武气概。一旦有统治者能够把他们统一起来,则可以相信,希腊城邦难以抵抗。

马其顿另有一个希腊城邦不具备的优势。前面讲希腊城邦时,我们说过希腊城邦经常都资源不足。雅典有个劳里昂银矿,能够在公元前5世纪保持强大,但其他希腊城邦没有这么幸运。马其顿则不同,它的资源异常丰富。第一是木材。多年来雅典建造舰队的木材大多来自马其顿。第二是金属。马其顿拥有金矿和银矿,且蕴藏量丰富。但在公元前4世纪中期之前,这些矿藏经常被希腊人利用,并被铸造成钱币。

遗憾的是,公元前4世纪中期之前,马其顿一直没有实现统一,

维尔吉纳出土的马其顿文物

维尔吉纳遗址可能是腓力二世的王陵,出土了大量文物,这是其中一件。今天的马其顿独立后打算利用盒盖上的星图作为国旗标志,因遭反对作罢。

且经常被其他城邦操纵和干涉。这与国王的地位和继承方式有直接关系。马其顿的确有国王,但王室力量严重不足,国王的产生也包含太多的不确定因素:马其顿国王登基时,需要得到全体马其顿人认可。这个认可主要表现为军队的欢呼,未得欢呼者无效。但这就产生另一个严重问题:如果王室不止一个男丁,且国王之外的那个男丁有一定能力,并获得了一定的支持,那他就可能顺势提出对王位的要求,并利用支持发动争夺王位的战争。为保证王位稳定,国王一旦登基,立刻除掉自己的兄弟。如果碰巧有人逃出,则他势必发动战争争夺王位，否则他自己性命不保。即使某个国王的确稳固了自己的统治，可是一旦国王因为某种原因早死，孩子未成年，王权又会陷入危机。在如何稳定王权问题上，多年来马其顿人始终未能找到一个令人满意的办法。

由于王权软弱，马其顿贵族也在各个地方自行其是，根本不听国王号令。贵族不支持国王，王室军队自然不足，一旦需要作战，国王就得求助于雅典、斯巴达、色雷斯人等。这些内部矛盾，使公元前4世纪中期之前的马其顿一直未能稳定。

腓力二世改革

腓力二世本来是国王的儿子，曾被送到底比斯做人质。那时的底比斯还很强大，他在那里了解到希腊城邦的优点和弱点。约公元前359年，马其顿国王突然去世，以幼子为国王，腓力为摄政。腓力迅速稳定了形势，后直接夺取王位，采取一系列措施强化国家统一。

第一，强化王权。他把地方贵族召集到宫廷中，平时让他们和王子们一块接受教育，战时把这些贵族组成国王的重骑兵，与国王共同战斗。此举一箭双雕，既削弱了贵族在地方的势力，又把贵族变成王室官员，解决了地方的忠诚问题。这些贵族从原来的分裂力量现在变成了国王的跟班和国王的士兵，增强了王室的军事实力。

第二，改革军队。希腊城邦的军队以重装步兵为主力，列成方阵跟对方交战。但方阵步兵有一个很大的弱点：只能依靠集体的力量，机动性差，在山地毫无作战能力。伯罗奔尼撒战争初期，雅典将领德摩斯提尼准备进攻山民埃托利亚人。按照雅典历史学家修昔底德的说法，埃托利亚人都不能叫文明人，因为他们吃生肉。雅典人以为打他们很轻松，没想到进攻山地时，埃托利亚人采取游击战术，依靠他们的机动性与重装步兵周旋。雅典人攻击时，埃托利亚人撤退。雅典人撤退时，埃托利亚人又用标枪等轻武器不断攻击。几次反复之后，重装步兵筋疲力尽，精神恐慌，伤亡惨重，被迫逃跑。此外，重装步兵不擅攻城。重装步兵一套装备三四十斤，头上戴着头盔，只有两个眼睛能够看到正前方，且盔甲沉重，攻击城墙非常困难。古典时代希腊人攻城最基本的办法，是绕着被围困城市的城墙再修一圈城墙，把对方困在城里，希望能把对手困死。当对手粮食消耗完毕时，不得不出来投降。但这种围困时间会非常长，经常迁延数年。

针对重装步兵的弱点，腓力吸收希腊方阵的优点，改造了马其顿的军事装备。比如他把长矛加长，后来标准的马其顿士兵使用的是名叫萨利萨的长矛，据说可以达到十几米长。行进之时，后排的士兵把长矛架在前排士兵的肩膀上，所有的长矛枪尖朝天，像一个大刺猬似的往前推进。增加兵种，除重装步兵外，增加了重装骑兵、轻装兵、投石手、弓箭手、工程兵等。一旦战争开始，弓箭手投石手首先出击，扰乱对方阵形，重装步兵随后向前开进，国王率领重骑兵冲锋，攻击对方的中央。当重骑兵攻击时，重装步兵跟上。这

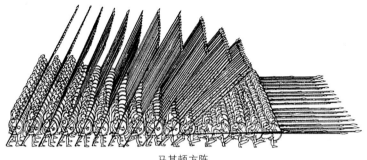

马其顿方阵

这是马其顿方阵的想象图。方阵虽然靠步兵决胜,但前后和两翼都配有骑兵、轻装兵等配合作战,实际上是一支复合型军队。

些重装步兵使用长矛,厚度达到 50 排,犹如庞大的刺猬阵。对手看到这样的气势,大多会气馁逃亡。

重装步兵和骑兵打败对手后,对方开始逃跑。如果是希腊重装步兵方阵,往往就地控制战场,不再追击。但马其顿军队不同。重装兵打垮对手后,那些弓箭手、轻装兵、投石手再度上阵发起追击,继续杀伤敌人,并打扫战场。

为解决攻城问题,腓力雇佣了很多希腊优秀的工程师,制造各种工程器械,包括攻城塔和投石器,还有专门挖地道的设计。攻城塔非常之高,一般高度会超过城墙,下面有轮子。攻击之时,士兵先进入攻城塔,下面的士兵推着攻城塔到城墙之前,利用高度往城内投掷石头或射箭,甚至丢火把入城。如果这些办法还不够,马其顿军队就会挖地道。如果地道挖不动,还有撞城锥。这种复合兵种

马其顿的腓力发行的钱币

其中一面可以清晰地看到"腓力"的铭文。

是希腊城邦从没见过的,不要说马其顿周围的那些蛮族抵挡不住,连希腊城邦的军队也难以抵挡,马其顿军队因此几乎所向无敌。

第三,发展经济。腓力二世宣布,凡新征服的地区,一律归马其顿国王所有,矿山也归于国王。这样,马其顿国王掌握了大量经济资源,用获得的矿藏大量发行金币银币,与波斯和希腊都同时通商,马其顿迅速富裕起来。

外交与征服

经过这一系列的改革,马其顿迅速强大起来,开始了对外扩张。马其顿扩张之时,采用的策略与范雎给秦昭王出的主意类似:远交而近攻。腓力首先和雅典等保持良好关系,集中力量对付色雷斯人,以及色雷斯的那些希腊人城市。灭掉色雷斯以及马其顿周围的部落后，马其顿着手征服北希腊，第一个目标是色萨利。在控制色萨利后，腓力跟色萨利一个强大家族的女性结婚，以姻亲关系巩固结盟。对其他那些被征服地区，腓力的做法类似。本来希腊人一般一夫一妻，但腓力接连娶了好几个妻子，通过这种手段笼络被征服地区，从而大大减轻了对征服的抵抗情绪。此外，腓力利用自己掌握的大量财富，收买各个希腊城邦的政治家。到公元前4世纪后期，几乎所有城邦里面都出现了亲马其顿派和反马其顿派。虽然亲马其顿派未必能掌权，但因为希腊城邦多行民主制，所有事情都通过公民大会决定。亲马其顿派如果反对，反马其顿派即使能够采取行动，也会受到拖累，给腓力的行动提供了时间和机会。

在完成了对周边地区的征服后，腓力决定进军希腊本土。公元前4世纪40年代，腓力利用弗奇斯与底比斯的冲突进军中希腊，一度兵临温泉关。温泉关是进入中希腊的大门，一旦被马其顿占领，则雅典和底比斯等都会受到直接威胁。虽然腓力的企图未能成功，但公元前338年，腓力再度借助底比斯和弗奇斯的冲突进入中希腊，很快就到了比奥提亚，逼近底比斯和雅典。

雅典当时最有影响的政治家是德摩斯提尼——他并非我们前面谈到的将军德摩斯提尼。此前他已经多次提醒雅典，腓力与一般的希腊人不一样，必须提防。他发现腓力根本不拿自己的身体当回事，打仗冲锋在前，身上伤口无数，眼睛竟然都瞎了一只，但他都不在乎。腓力出兵不分季节，即使冬天也作战，与希腊人完全不一

德摩斯提尼,雅典政治家,腓力最坚决的反对者

样。可是,雅典人就是不积极行动,每次都是慢半拍。公元前338年,当雅典人发现腓力已经到了比奥提亚,马上就逼近雅典大门口时,才终于觉醒必须行动。他们根据德摩斯提尼的建议,迅速与底比斯结成同盟。由于此前雅典在弗奇斯与底比斯的冲突中一直支持弗奇斯,为实现结盟,雅典向底比斯做了很多让步。两个城邦结盟后,组建了一支包括部分其他希腊城邦成员的联军,在中希腊的喀罗尼亚与腓力决战。虽然底比斯人和雅典人都表现得异常英勇——底比斯的"圣队",即我们上一章谈到的结成对子的300人的圣队无一生还,另外大部分步兵战死,雅典也有大批士兵阵亡,但终归无力对抗腓力强大的兵力。只是腓力希望远征波斯,他需要雅典的海军——当时雅典仍然是希腊的海军强国,拥有200多条战船——所以对雅典还比较客气,不但没有像处置底比斯那样予以军事占领,反而还无偿交还了雅典阵亡者的遗体,并释放了雅典俘虏。

公元前338年的喀罗尼亚战役,基本决定了希腊城邦的命运。次年,腓力在科林斯召集一次会议,组建科林斯同盟。同盟以腓力为盟主，主要目标是讨伐波斯。为赢得希腊统治阶级支持，科林斯同盟的盟约特别规定，不得改变各邦的政治制度，不得为了革命的目的解放奴隶，无条件支持腓力及其继承者。至此，希腊城邦自由交战的时代成了历史，它们的独立基本成为过去。

但希腊的统一并未完全实现。腓力只是科林斯同盟的盟主，各个城邦名义上仍然是独立的国家，只不过腓力在部分城邦驻扎了军队。斯巴达表现了它的倔强，拒绝加入同盟，宣称从来只有他们斯巴达人领导别人。不过，斯巴达早已无足轻重，不足以影响大局。因此，公元前338年的喀罗尼亚战役和次年科林斯同盟的建立，标志着马其顿基本上征服了希腊。只是征服并不彻底，一是有些城邦并未接受马其顿的霸权；二是那些接受霸权的，也只是迫于压力；三是马其顿自己没有能够对希腊城邦进行彻底的重组，使巴尔干希腊成为一个真正统一的国家，反而忙于利用自己的霸主地位，发动对波斯的远征。

希腊化时代

第二十三章
霸业成空——亚历山大东征

亚历山大无疑是个非常有能力的人，带着不到5万人的兵力，用10年时间，从巴尔干半岛一直打到今天的巴基斯坦，也就是印度河流域，最后又回到巴比伦，建立了地跨欧非亚三洲的庞大帝国。如此功业，可谓前无古人，也很少后有来者。

对今天来说，这个距离也许不是一个很大的问题。如今乘上飞机，从中国北京飞到英国，也不超过20小时。但在古代，人们的移动只能靠自己的两条腿，或者牛车，最好也就是骑马，从巴尔干到印度河流域，仅距离就令人望而生畏，不要说还得不断与敌人作战了。但亚历山大居然用了10年不到的时间，就打到了印度河流域。抛开他发动的战争属于侵略战争不论，他的行动的确足够迅速。

亚历山大之所以能取得如此成就，有一个很重要的前提：他的父亲腓力给他打下了很好的基础。本来对波斯的远征是腓力的规划，但因为腓力突然遇刺，使得亚历山大成了执行人。

本来腓力击败希腊城邦、建立科林斯同盟后，就打算远征亚洲。作为一个专制君主，为保证自己王室的血脉延续，以及政治稳定，他需要提前做一些安排。上一章我们提到，腓力是把自己的婚姻当作王权强化的工具的，他已经有多名妻子，但从科林斯回国后，他居然又要当新郎官了，结婚对象是一个马其顿贵族的女儿。

公元前3世纪至前2世纪的亚历山大大帝雕像

新婚燕尔，国王与新夫人似乎相当和睦，但也引起了其他人的不满。在腓力女儿出嫁的婚礼上，由于与一个年轻的马其顿贵族发生争吵，腓力被刺杀。

腓力被刺后，谁来继承马其顿王位？当时亚历山大最有资格。他已经成人，且曾经协助腓力指挥战斗，并且取得了显赫的战功。腓力的其他孩子，有一个虽比亚历山大年长，但是个弱智，其他都太小，不足以对他形成挑战。亚历山大的继位应该顺理成章。但事实并非如此，因为还有其他人觊觎王位。此时老将安提派特发挥了重要作用。他立刻把亚历山大带到马其顿军队面前，让马其顿士兵欢呼亚历山大成为国王。

不过，亚历山大的王位并不稳当。原来被腓力征服的那些地方听说腓力已死,刚上台的是个20岁的愣小子,认为暴动的机会来了,有些部落立刻发起了暴动。色雷斯部落也乘机起事,南边的希腊城邦打算暴动。亚历山大登基后,立刻带着军队杀向中希腊。希腊城邦自知无力抵抗,立刻表示归顺,并选举他为科林斯同盟的盟主。

平定希腊后,亚历山大出征色雷斯,暴动的色雷斯部落也被快速击败。当亚历山大领兵攻击一个遥远的马其顿西北部落时,大概有一两个月没有这位国王和军队的任何消息,以至于整个希腊都在哄传亚历山大已经战死。得此消息,底比斯率先暴动,雅典准备随后加入。亚历山大得到消息,马上急行军赶到底比斯,经过战斗迅速攻陷该城。大约为杀一儆百,亚历山大对底比斯的处置极其严厉:所有成年男丁被处死,妇女儿童卖作奴隶,城市也被他下令夷为平地。只留下了诗人品达的房子,理由是品达曾经写诗赞颂马其顿王室。其他希腊城邦一看,立刻再度表示归顺。这样,亚历山大用了两年不到的时间,就把国内那些反对他的势力翦除,巩固了自己的权力。

远征波斯

公元前334年,马其顿的形势稳定下来,亚历山大决定远征波斯。波斯是一个地跨亚非欧三洲的大帝国,希波战争并未使它受到根本性打击。但到公元前5世纪后期,波斯开始走上衰落道路:主

大流士三世

波斯亡国之君，出自庞贝马赛克画，表现的是大流士三世在伊苏斯面对亚历山大时的情形。

要原因是波斯内争不断。尤其是西部总督大叛乱，国王一直忙于镇压。其他原因则是埃及多次暴动。直到公元前4世纪末，也就是马其顿入侵波斯之前，波斯才好不容易把埃及起义镇压下去，进入相对和平的状态。此外，波斯帝国疆土的庞大，内部联系的薄弱，也消弱了波斯的统一。

当亚历山大远征波斯时，波斯国王是大流士三世。在波斯文献中，大流士三世非常有能力，毕竟他镇压了埃及的暴动。但从他与亚历山大交战的情况看，他实在非常草包。

公元前334年，亚历山大率领30000步兵，5000骑兵，160条战船，入侵亚洲。波斯国王最初显然低估了马其顿的兵力和亚历山大的能力。的确，自公元前546年波斯征服小亚细亚起，希腊城邦跟波斯经常交战。公元前5世纪希波战争之后，雅典与波斯之间的冲突还持续了许多年。公元前4世纪，波斯也与斯巴达进行过战争。长期的冲突，让波斯觉得，亚历山大的远征，不过是之前雅典、斯巴达那样的骚扰，于是他并未从帝国其他地区调动军队，而是下令当地的总督组织抵抗。然而，格拉尼科斯河一战，波斯损失惨重：数名总督阵亡，2000多人被俘。

这一仗初步表现了亚历山大的基本特点：亚历山大自己率领马其顿的重骑兵率先攻击，而且攻击对手最重要的部分。重装骑兵冲击过程中，重装步兵随后上压，他们才是决定性的打击力量。同时，弓箭手、投石手等轻装兵也会参与。波斯阵脚大乱，兵员损失据说数万人。这次战役消灭了波斯在小亚细亚的主力，波斯国王大流士三世觉得这一次和以往有所不同，决定在全国征兵并御驾亲征。

亚历山大用大半年时间继续在小亚细亚征战，因为格拉尼科斯河战役只是消灭了波斯主力，但波斯统治的特点，是各地高度自治。那些希腊人的城市，内地的部落，以及若干国家或联盟，并不完全听从波斯号令，也不会立刻接受亚历山大的指令。有些城市对亚历山大显然抱着拒斥态度，有的公开抵抗，如希罗多德的老家哈里卡纳苏斯，亚历山大攻打了几个月，也没完全占领。为征服这些地区，亚历山大花费了很多时间和精力。对那些主动归附的城邦，亚历山大也不会都给予优待，而是要正常交税。

波斯国王大流士三世利用这个机会进行战争准备，据说他征集了60万军队，准备到叙利亚跟亚历山大决战。亚历山大在小亚细亚过冬后，次年即进军叙利亚。今天的叙利亚相当不安生，最近若干年一直战乱不息，在古代更是战略要地。入侵者一旦占领叙利亚之后，南可进巴勒斯坦和埃及，东可攻两河流域以及波斯腹地，直接威胁帝国根基；实在难以进取，还可以退回小亚细亚或入海前往塞浦路斯等地。大流士选择此处决战，也算是有战略眼光。

然而，大流士在具体选择决战地点的时候，犯了个严重错误。波斯的优势，在于人数众多，且拥有较多骑兵，步兵的单兵战斗力相对较弱。但这位大王带着波斯大军到叙利亚沿海的伊苏斯。那个地方是一个关口，地形非常狭窄，波斯的60万军队在那个地方根本无法展开。加上这里地近沿海，有山地，不利于骑兵活动。马其顿人正好相反，军队人数少，但装备精良，长于近战，地方越小，对他们越有利。后来战役进程的发展，证明大流士军事上的确够草包。

决战时，亚历山大的基本战术和格拉尼科斯河之战一样。他率领自己的重骑兵首先攻击波斯的中央部分。波斯国王在这个位置，坐在战车上指挥作战。亚历山大直接拍马杀到大流士面前，一杆长矛直接向大流士招呼。一个波斯贵族赶紧冲过来替大流士挡了一枪。大流士受此惊吓，心胆俱裂，立刻调转战车，率先逃跑。要说这位国王逃跑的技巧还是不错，先开始驾着战车跑，发现路宽不够车辆通行后，就改成骑马逃命。在选择逃跑方向时，他预料到亚历山大会向巴比伦方向追击，因此故意向东北方向走。亚历山大果然追错

亚历山大在伊苏斯

庞贝的马赛克壁画,表现在伊苏斯战役中亚历山大正率兵冲向波斯国王大流士三世时的情形。

了方向,大流士顺利逃脱,但大流士的妻子和女儿都留在军营里,成了亚历山大的俘虏。

亚历山大知道大流士逃跑后也放弃了追击。他不愿意在切断波斯海陆联系的情况下贸然追击大流士,希望沿着海岸线继续攻击,以切断波斯海军和陆地的联系,进而瓦解波斯海军。因此亚历山大从伊苏斯向南,攻占腓尼基重要的城市推罗。为攻占该城,他前后作战半年之久。推罗是腓尼基非常重要的城市,也是波斯重要的海军基地。攻下该城后,亚历山大残暴地处置了该城的守军和居民,将大部分守军屠杀,幸存者卖为奴隶。在继续南进过程中,他攻占了今天经常会出现在新闻上的加沙,即巴勒斯坦的加沙。为报复该城的抵抗，他同样进行了屠杀，再由此向埃及推进。埃及总督直接向亚历山大投降。亚历山大到埃及后，以解放者自居，自称埃及法老。

亚历山大到达埃及后，除控制埃及重要的战略要地，掠取各种资源外，特意去朝拜西瓦绿洲的阿蒙神庙。亚历山大自认英明神武，觉得腓力这个凡人已经不配做他父亲了，希望通过询问阿蒙神，为自己的神性寻求依据。这个神庙在希腊人中也非常有影响，如果能够得到认可，则亚历山大觉得会提高自己在希腊人中的地位。

自新王国以来，阿蒙神就一直是埃及最重要的神。到阿蒙神庙之后，他把所有的人都拦在外面，自己一个人进去跟祭司交流，出来时他感到非常满意。当别人问他阿蒙神对他说了什么时，他只说天机不可泄漏，但他想要的答案已经得到。后来谣传说，阿蒙神承认亚历山大是阿蒙的儿子。这种情况本来在古代埃及并不稀奇，因为在古代埃及，法老就是神之子，或神在人间的化身。当亚历山大朝拜西瓦时，他已经征服埃及，成为埃及的统治者，在埃及人中间，已经取得某种类似神的地位，所以阿蒙神呼他为神子，不过是埃及人的习惯而已。但这样的行动，首先使他得到埃及人的承认，是一个政治行动。同时因成为神子，他犹如希腊的英雄赫拉克勒斯，也提高了自己在希腊人中的地位。他还借助于各种传说，诸如乌鸦领路等，增加了朝拜的神秘性。

自西瓦归来后，亚历山大于公元前332年离开埃及，再次回到亚洲，直面大流士。在此过程中，大流士又征集了一支军队。这支军队除骑兵和步兵外，还有战车兵，且战车轮子上都绑上了刀片，意图以战车攻击马其顿方阵。而且这次大流士接受了教训，选择两河流域北部的高加美拉村附近的平原，以方便骑兵和战车的行动。同时，平原也便于波斯军队发挥数量优势，能够充分展开阵形。

亚历山大向大流士逼近，快接近波斯军队时，亚历山大让军队就地驻扎，吃饭睡觉。大流士则傻乎乎地让他的军队摆好阵势，静待亚历山大攻击。然而亚历山大根本没有任何行动。波斯的士兵们站了整整一夜，未得休息。虽然如此，第二天决战之时，波斯军队仍然非常勇敢。战车固然被亚历山大巧妙闪过，但波斯骑兵给马其顿造成了巨大压力。步兵虽然一夜没怎么休息，也战斗得非常顽强。只是这一次大流士三世再次做了逃兵。他顶不住亚历山大的猛冲猛打，率先逃亡。波斯帝国的弱点在于，一旦国王逃走，波斯人战败，则其他民族往往不再卖力作战，除巴克特里亚人等少数士兵外，大多跟在国王后面脚底抹油。这一仗基本决定了波斯的命运：波斯主力尽失，军队作鸟兽散。亚历山大没有再追击国王，而是转向攻击波斯的主要城市。巴比伦、苏萨、波斯波利斯等，先后陷落，城中积累的大量财富，也都落入亚历山大之手。

在端掉大流士的老巢之后，亚历山大决定追击大流士。现在亚历山大的目标非常明确：消灭大流士三世，自己成为波斯国王。大流士三世是波斯帝国的象征，只要这个象征还在，波斯人就有卷土重来的可能。亚历山大下令猛追大流士三世，大流士则一路奔逃，一直逃到中亚。在那里，巴克特里亚总督比索斯绞杀了大流士三世，自立为波斯国王。亚历山大绝不能容忍有第二个波斯国王存在,在活捉比索斯后,按照波斯的习惯处死比索斯。从此,亚历山大成为波斯合法的国王。

但是,中亚地区的人民并不接受亚历山大。他们发起游击战争,多次重创马其顿军队。亚历山大历经3年征战,才最终平息了起义。

公元前327年,亚历山大入侵印度河流域。印度河流域的气候潮湿闷热,马其顿人很不习惯。更重要的是,印度军队战斗力较强,大象让马其顿人吃尽苦头。据阿里安称,亚历山大在印度河流域征

亚历山大进入巴比伦

17世纪法国画家塞巴斯提安·勒克莱尔描绘的亚历山大在人们的音乐和欢呼声中进入巴比伦时的情景。

战3年左右，仍不满意，希望继续东进，击败摩揭陀王国。但他的士兵不愿再战，逼迫亚历山大退兵。亚历山大本来还想坚持一下，假装绝食，但士兵不为所动。在随后召开的高级军官会议上，军官们也都无意再战。即使如此，亚历山大仍不愿公开退兵，最终找了个征兆不吉的由头，打道回府。士兵们一片欢呼，但亚历山大似乎从未忘记士兵们的反叛，后来找机会整治了士兵以及主张撤退的将领。

亚历山大自印度经伊朗高原退回巴比伦。到巴比伦后，他开始采取巩固帝国的一系列措施，其中有些措施在征服过程中已经开始。

10年东侵使马其顿从一个地处希腊北部的小国变成了一个地跨欧非亚三洲的大帝国。而且他所征服的地区，很多都是文明历史悠久的地区，有自己独特的文化传统和政治制度。如何统治帝国，成为摆在亚历山大面前最重要的工作。

第一，大体尊重被征服地区的宗教和文化习惯。比如对小亚细亚的希腊人城邦，他宣布解放希腊人，尊重希腊人的自由。到埃及后，他自称法老。到巴比伦后，他成了巴比伦王。征服波斯后，他又成了波斯国王。甚至在印度，他也尊重那位敢于与他对抗，表现出所谓王者气度的波鲁斯，不仅保留后者的国土，甚至还授予他更广大地区的统治权。

第二，改造马其顿传统的君主制。马其顿君主的合法性一定程度上建立在士兵的认可之上，每次新王登基，都必须得到士兵的欢呼。到波斯后，亚历山大一方面随着征服战争的胜利越来越傲慢，希望强化王权，另一方面希望借助波斯君主制统治波斯人。为此他开始神化自己，并采取各种措施提升自己的地位，具体表现之一，是要求马其顿人行跪拜礼。但马其顿人不愿接受。为此双方有过多次冲突，一些人为此丧命。亚历山大终归没有拗过马其顿人，只规定波斯人见到亚历山大要跪拜，马其顿人见亚历山大时，还是马其顿的习惯，不做跪拜。

第三，行政上采用波斯行省制，建立官僚体系。为统治广大被征服地区，亚历山大致力于建立比较完善的官僚体系。官僚当中的马其顿人、希腊人掌握主要权力，另有少部分波斯人。

第四，鼓励希腊人与被征服地区居民通婚。过去的学者们认为，亚历山大这是鼓励民族之间的相互融合，扩大帝国的统治基础。但在今人看来，那更像是征服者对失败者的惩罚，因为只有马其顿男性娶波斯女性，波斯男性却不能娶马其顿女性。至于波斯妇女是否愿意，不在亚历山大的考虑范围之内。所以，苏萨大婚——两万马其顿人娶了波斯女性为妻，更像是胜利者在瓜分战利品。由此导致的，肯定是不少波斯男性娶不到妻子。

第五，在战略要地建立城市，分派马其顿人和希腊人居住。这个做法过去被认为是传播希腊文化的举动。但今天的学者们早已不再如此认为。首先，这些城市都建立在战略要地上，意图是战略性的：控制当地居民。在建立城市过程中，马其顿人和希腊人侵占当地人土地。另外，被安置在这些城市中的马其顿人和希腊人也不愿意，他们希望回家。不过作为巩固统治的手段，这样的做法还是有一定效果。

总体上看，这一系列的措施还是有力的，但非常不幸，亚历山大未能高寿善终，而是英年早逝。公元前323年，刚过而立之年的亚历山大病死于巴比伦。关于他的死，历史上也有很多传说，其中最流行的是下毒说。但历史文献和当时的背景都暗示，亚历山大是酒精中毒，加上病毒性感冒死亡的。他有严重的酗酒倾向，在巴比伦时经常与马其顿人通宵达旦地喝酒。导致他死亡的那次，是当时他已经感冒发烧，却继续跟马其顿人做长夜之饮，导致病情加重，不治身亡。

亚历山大自己得到了解脱，但他通过征服建立起来的大帝国却很快瓦解，一个重要原因，是他死时尚无合格的成年子嗣。他的尸首还在床上，部将们就开始争夺，不久后刀兵相见。经过20年左右的混战，帝国最终分裂。

至此，亚历山大10年征战建立的霸业，彻底瓦解。帝国未能延续，固然与被征服地区广大、文化多样有关，但也与他自己的作为有密切关系。他忙于征服，未能为自己的帝国设计一套合理的制度，也未能处理好继承人问题。在帝国分裂基础上，希腊化世界孕育而生。

第二十四章
谁是最强者？希腊化世界的终局

希腊化世界：缘起与概念

"希腊化时代"是学术界的一个概念，一般是指亚历山大帝国分裂到罗马征服东部地中海地区前的时期。上起公元前323年亚历山大病死，下至公元前30年，最后一个希腊化国家托勒密埃及被罗马征服，前后约300年的时间。但也有学者从亚历山大东侵算起，或从公元前301年伊普苏斯战役、帝国正式三分算起。这一时期该地区的各城邦受希腊影响极深，我们称之为希腊化世界。从地域上看，希腊化世界西起意大利和西西里，经巴尔干到亚洲的伊朗高原、埃及，直到最东边的印度河流域，也就是今天的巴基斯坦。

为什么我们称呼这个时期的该地区为希腊化世界？希腊化这个名词是19世纪德国历史学家德罗伊森提出的。他认为，这段时期和古典希腊不同。从政治或宗教上看，这个时期有一个重要含义：

亚历山大创造的希腊化世界为后来基督教的传播创造了空间。如果没有希腊化世界，就很难有后来的基督教。正是在这个世界里，希腊文化、犹太文化、古代东方文化相遇。几种不同文化交融的结果，是基督教。基督教吸收了上述所有文化的成果。所以，对德罗伊森而言，希腊化世界虽然在文化上标志着东方接受希腊的文化，是一个东方希腊化的时期，但同时，这也是希腊文化在东方文化影响下逐步堕落、变质的过程。也就是说，在政治上，是希腊人统治了东方；在宗教上，基督教获得了创生的基础。

不过，当今的很多学者并不愿意接受这个概念。他们更多地认为，东方文化和希腊文化在这个时候相互交流融合，形成一种新的文化。这里没有谁优谁劣，只有文化相互适应。希腊文化影响了东方，东方文化同时也影响了希腊。如吴于廑先生早在20世纪中期已经指出的，没有希腊文化的传播，或者没有东方文化奠定的基础，希腊化文化都是不可想象的。我们认为，这个看法很有道理。

亚历山大死后，帝国分裂为三个主要的部分，一是原来的马其顿本土，二是亚洲的塞琉古，三是托勒密埃及。但希腊化世界还有众多其他国家，如帕加马、帕提亚、比提尼亚等。在希腊大陆上，雅典和斯巴达仍扮演着重要角色；在西西里，叙拉古在阿加托克莱斯统治下，一度击败迦太基，是西部希腊最大的势力；当然在意大利和西班牙，以及黑海地区，也有众多其他国家继续存在。不过在国际舞台上扮演重要角色的，主要是马其顿、塞琉古和托勒密埃及。

在三大国中，最初塞琉古面积最大，疆土从印度河流域一直延塞琉古一世原为亚历山大部将,在继业者的争夺中取得帝国东部领土,成为塞琉古王国的奠基者。

塞琉古一世

伸到地中海东岸,但在古代,如此庞大的国家也最难维持。印度河流域首先独立,归于孔雀帝国,不久后中亚,包括巴克特里亚在内,也分裂出去了。公元前3世纪,帕提亚——中国史书称安息——也独立了,并夺占两河流域和伊朗高原等地。公元前3世纪末,小亚细亚的帕加马从塞琉古分立出去。公元前2世纪在与罗马作战失败后,塞琉古疆土日益萎缩,到公元前2世纪末就变成一个以叙利亚为中心的国家,因而又称叙利亚王国。

马其顿的疆土主要包括马其顿本土、色雷斯等地。它面对的主要问题,是如何控制巴尔干南部的希腊城邦。那里有阿凯亚同盟,埃托利亚同盟,雅典和斯巴达等,爱琴海中的一些岛屿如罗德斯等,名义上也是独立的。从公元前3世纪末起,马其顿卷入迦太基与罗马的战争,让它面对的形势更加复杂。

托勒密埃及相对孤立，但因要获得希腊人和马其顿人为雇佣兵，因而采取措施吸引移民，还统治着西边的昔兰尼和东北部的巴勒斯坦、叙利亚以及爱琴海中的塞浦路斯等。对托勒密王朝来说，对内如何处理与人数占绝对优势的埃及人的关系，对外如何处理与塞琉古、马其顿等的关系，具有头等重要的意义。

希腊化世界在政治上比较复杂。统治者希腊－马其顿人始终是少数，统治的却是有悠久历史、文明传统深厚的地区，当地居民在数量上又占据绝对优势。如何调和希腊－马其顿传统和当地文化之间的关系，维护统治的稳定，各国有不同对策。但在制度上，也有一些共同的特征。

政治制度上，希腊化世界各国和希腊城邦迥然不同，与西亚、埃及传统的专制王权也不完全一样。各国基本上实行君主专制制度，国王毫无例外地都是各国最高统治者，并且都被神化。国王身边都有一帮亲信——王友，即国王的朋友。但朋友只是名义，实际上是帮国王办事的人，地位类似官僚，但有比较强的独立性。他们组成最高咨询机关宫廷议事会，与国王共同议事，就重要事务做出决定。易言之，宫廷议事会只是提建议，最后做决定的是国王。处理日常事务的是办公厅，如代表国王草拟诏书，供国王审查和批准，或者给地方发出指示。办公厅之下设有主管衙门，管理财政户口各种事务，与中国古代的六部类似。由于财政的重要性，在几乎所有国家，财政大臣都是最有权势的。

地方上一般实行行省制，行省制度基本延续波斯帝国，行省高级官员由国王任命。为防止割据,地方官员之间互不联系,直接向中央负责。行省之下,国王们鼓励建立希腊式城市,并授予城市某些特权,设置类似城邦的机关,如议事会、执行官员,有些城邦还有公民大会。不过与希腊城邦不同,这些城市只享有内部自治权,对外关系必须服从国王。出任官员和议事会议员的,大多是富人。国王如果认为必要,可以进行干预。

经济上,国王名义上是全国土地最高所有者,具体表现为国王还有权随意处置全国土地,把土地赐给自己的亲戚或者赐给士兵,并且对使用土地的人征收土地税。至于土地的具体占有,则王室直接经营一部分土地,收入归王室所有。其他土地归于神庙、个人,但都要向国王承担一定义务。

对外贸易大多由私人进行,著名的丝绸之路此时已经全线贯通,东西方之间的贸易相当活跃。不过托勒密埃及是个例外,那里实行专卖制度,如橄榄油专卖、莎草纸专卖等。莎草纸专卖特别值得一提。过去我们一般译为纸草,但纸草似乎不太合适,因为它是把埃及的莎草加工成的一种书写材料,翻译成莎草纸更合适。这是一种非常独特的资源,是埃及很重要的出口物资。托勒密埃及每年很重要的一部分收入就来自莎草纸出口。学者们曾在提洛岛找到莎草纸账单,显示自公元前3世纪以来,莎草纸价格一直在上涨。这里当然有需求增长的因素,但与托勒密国王垄断资源也有关系。由于托勒密国王享有垄断地位,埃及每年都能够上调莎草纸的价钱。由于地中海地区的主要书写材料都是莎草纸,用以替代的羊皮纸出现得

托勒密王朝钱币

托勒密一世发行,钱币上清晰可见"托勒密王"的铭文。

相对较晚,且价值不菲,使托勒密王朝可以随意涨价。

希腊化国家存在着深刻的矛盾,既有内部的,也有外部的,而且这两方面的矛盾相互交织,任何一个都不容易解决。

首先,希腊化国家内部存在严重的矛盾。如上文所述,希腊-马其顿人是征服者,拥有特权,并且占有土地,有时还不用交税。一些士兵夺取土地,侵占民房。一些希腊人在城市中兴建健身房,按照希腊人的方式生活,严重冲击当地原有的生活方式。当原住民向国王或国王的官员们申诉时,往往得不到回应,甚至国王发布新的命令,变本加厉地推行希腊化政策。对西亚和埃及的原住民而言,他们不过是更换了统治者,部分土地被剥夺,其他的则必须缴纳各种租税。因此,希腊-马其顿人和原住民之间,存在严重的矛盾,由此引发了原住民不同形式的反抗和公开冲突。下面两个具体的例子,可以说明一些问题。

第一个故事发生在埃及。按照托勒密王朝的规定,希腊士兵在埃及享有特权,他们可以免税,接受希腊式教育,甚至可以占用民房。当地埃及人极其不满,除公开有过数次比较大规模的暴动外,更多地采取消极抵抗。一天,一个希腊人士兵正从埃及人房前经过,遇上埃及妇女倒马桶,屎尿撒了士兵一身。这士兵大清早的被泼了一身粪水,就跟妇女理论起来。这妇女拒不认错,当地官员也解决不了,官司一直打到国王那里。这个士兵告状时特别提到,他是一个希腊人,竟然遭到一个埃及妇女的欺负,要求国王给他做主。可惜我们不知道这个案子最终结局如何,但两者之间关系的紧张,是一眼就能看出来的。

对于希腊人士兵侵占民房的企图,埃及人也消极抵抗。为防止士兵侵占民房,埃及人在家里修建祭坛,把房子弄得像个神庙,希腊人的习惯,是不能在庙里常住的。国王也有命令,不得侵犯埃及的神庙。埃及人巧妙地利用希腊人的习惯,抵制希腊人的入侵。

第二个故事讲述的是犹太人的反抗。在部分地区,由于希腊统治者的胡作非为和希腊文化的影响,原住民公开发动起义。起义者中最有名的是犹太人。安条克四世曾发布敕令,要求犹太人停止崇拜他们传统的上帝,接受希腊的神灵,放弃他们的生活习惯,甚至公然在犹太神殿的祭坛上放上犹太人视为禁忌的猪肉。于是公元前166年,马卡比率领部分犹太人暴动,并借助罗马的支持,成功赢得独立。

其次，不同的希腊化国家之间存在深刻的矛盾。由于所有帝国都诞生在亚历山大帝国的废墟上，所有国家都以亚历山大继承者自居，都想消灭其他国家，实现建立大帝国的迷梦，因此只要机会合适，希腊化国家之间就会爆发战争。托勒密埃及与塞琉古为争夺叙利亚和巴勒斯坦，多次爆发战争；塞琉古和马其顿为争夺爱琴海地区的岛屿和小亚细亚，也战争不断；马其顿和托勒密埃及为争夺巴尔干南部的希腊人城邦，虽未公开冲突，但也经常通过代理人进行战争。这些战争的结果，是任何一个国家都没有能力完全吞并另一个，但相互之间消耗严重。当公元前2世纪罗马势力大规模进入东部地中海之时，几乎所有国家都仰罗马鼻息，相互控告，让罗马成为仲裁者。罗马则利用这个机会不断东进，最终成为希腊化世界的霸主和统治者。

最后，内外矛盾之外，还要加上任何君主制国家都会遇到的无法避免的问题：争夺王位引发的内部矛盾。希腊化世界各国统治阶级内部，尤其是王室内部，经常为了争夺最高权力相互残杀。内战一直是经常现象，宫廷政变更多。尤其是塞琉古王国，到公元前2世纪及其以后，就没有几个国王能够正常上位。这其中当然有罗马的责任，从公元前2世纪初起，随着塞琉古在与罗马的两次关键冲突中失败，罗马人就成为塞琉古政治中的一个关键因素：当塞琉古国王登基后，罗马立刻煽动另一王室成员反叛。等造反的人上去了，罗马再扶持其他某个人来争夺。这里的关键问题，还是作为国王利益太大，很多王室成员都想自己独掌权力。试想，如果塞琉古王室真的内部团结，不听罗马煽动，那反叛问题自然不存在。然而君主制的痼疾在于，任何一个国王，当他坐上王位后，看其他人都像谋朝篡位的，时刻提防，其他人则总觉得，国王会找机会除掉自己，与其等死，不如舍命一搏。双方的相互猜疑，是反叛频发的根本因素。托勒密王朝后期也是如此，王室内部争端不断。一旦发生争议，都向罗马求助。久而久之，罗马成了整个希腊化世界的太上皇。

在这些复杂的内外矛盾中，希腊化国家内部、外部冲突几乎成为常态。最后的结果是自相残杀，所有国家不是进了火葬场，就是上了手术台。在此过程中，罗马日益强大。公元前241年，罗马征服西西里；公元前168年，罗马击败马其顿，随后在公元前146年将科林斯彻底摧毁，马其顿被整合为行省；阿凯亚同盟灭亡；公元前133年，帕加马国王去世时，干脆立遗嘱把国家赠送给了罗马人民；公元前64年，罗马吞并塞琉古；托勒密埃及末代女王克里奥帕特拉先是与恺撒结盟击败自己的弟弟掌握权力，恺撒死后又依附安东尼，公元前30年被屋大维击败，克里奥帕特拉自杀。至此，希腊化世界基本归于罗马帝国。

希腊化世界的确在政治上灭亡了，但这并不意味着希腊化世界没有意义。随着希腊文化与东方文化广泛相遇和融合，东方民族与希腊罗马人共处于一个世界上，欧亚大陆通过帕提亚、贵霜，被广泛连接起来，因此有学者戏称这是世界历史上第一个全球化时代。这个说法当然夸张过头，毕竟希腊化世界主要涉及的只是欧亚大陆，而且只是欧亚大陆的一部分。在文化上，希腊文化东传，东方文化

帕加马卫城雕刻

帕加马是希腊化时代东地中海重要的文化中心,宙斯祭坛雕刻尤其知名,图为女神雅典娜正与巨人交战。

仍然保持活力和适应性,两种文化相互结合,造就了新的希腊化的文化。如果没有希腊化世界以及随后的罗马帝国,也就不会有基督教,没有基督教,也就没有中世纪欧洲。希腊化时代在数学、天文、文学等很多领域的成就,在过去西亚、埃及和希腊各自独立发展时,也是不可想象的。我们只举几个例子就足以说明问题:雅典继续保持文化中心的地位,但亚历山大里亚和帕加马的辉煌程度,甚至犹有过之;荷马史诗是在亚历山大里亚首次被分卷并得到细致校勘的;卡利马库斯和泰奥克利图斯写出了大量诗歌;在史学领域,我们有希洛尼摩斯、贝罗苏斯、马涅托等,其中马涅托对古代埃及历史的分期,今天埃及学界仍在沿用;哲学上,有学园派、逍遥派、原子论派、斯多葛派、犬儒派等；萨摩斯的阿利斯塔库斯和埃拉托斯提尼在天文和地理学上成就卓著（阿利斯塔库斯计算过太阳、地球和月亮的相对体积，并且认为地球围绕太阳运动，而太阳是不动的；埃拉托斯提尼计算出地球周长为 39690 千米，与实际周长误差不超过 1%）；阿基米德发现了浮力原理以及众多实用机械；欧几里得创作了《几何原本》。美国学者乔治·萨顿的《科学史》巨著，第 1 卷从古代文明起源写到希腊古典时代末期，第 2 卷完全献给了希腊化时代。东西文明的交流，在希腊化时代结出了丰硕的成果。

希腊的遗产

第二十五章
荷马的餐桌——古希腊的文学

荷马的餐桌的说法出自古典时代的悲剧作家埃斯库罗斯,他曾经说,悲剧不过是荷马留下的残羹冷炙,因为荷马史诗才是真正的大餐,而史诗已经被荷马写完了。也就是说,希腊文学最正宗的题材是史诗,史诗歌咏的是严肃的主题。悲剧作家们后来写的悲剧,不过是荷马写完后剩下的残渣。应当说,面对荷马这样的文学巨擘,埃斯库罗斯过谦了。他们留下的,完全有资格被称为经典,足以在荷马的餐桌上占有一个位置。

古代希腊文学始于荷马,以及据称由他创作的两部史诗。在古风时代即公元前8世纪至前6世纪,史诗在继续发展,又出现了抒情诗。到古典时代,我们有雅典的悲剧、喜剧和演说,还有亚里士多德的文艺理论著作《诗学》。进入希腊化时代,文学上的一个重要成就是整理前人成果,如荷马史诗;创作上,新增田园诗、小说等类型。

古风时代：史诗与抒情诗

第一个要谈及的当然是荷马史诗。从历史上看，一个民族的文学，尤其是在古代，最早的作品往往都是史诗，而且是口传的史诗。如古代印度的《摩诃婆罗多》和《罗摩衍那》，日耳曼人的《尼伯龙根之歌》和《罗兰之歌》，中国藏族的《格萨尔王传》，斯拉夫人的《伊戈尔远征记》，等等。古代希腊人的史诗，则是《伊利亚特》和《奥德赛》。考虑到介绍荷马社会时已经较详细地介绍过荷马史诗，这里不再赘述。但还有不少跟荷马有关、篇幅较小的史诗，如荷马颂诗，赫西俄德的《田功农时》和《神谱》等。

希腊最早的传说在赫西俄德的作品里有所表现，《神谱》关于开天辟地、盖亚、乌拉诺斯、提坦以及宙斯确立至尊地位等神话，我们在神话部分已有所介绍。《田功农时》则有些特殊。他借一个哥哥劝诫弟弟的口吻，批评了当时社会上贵族的胡作非为，同时表达了农民自己的理想，呼唤建立正义的秩序。赫西俄德也因此被视为西方第一位农民诗人。然而作为诗人，除了作者自称农民外，我们实际并无证据。他的描写，似乎也不完全与普通农民相符合。他所介绍的农活与节令，与实际也不完全吻合。一些学者觉得，赫西俄德或许并非真正的农民，不过是借助诗歌，传达当时社会的主流价值观。而诗歌之中，也的确包含不少为人处世的格言。

在赫西俄德之外，还有许多托名荷马的诗歌。由于荷马史诗留下了许多空白没有交代，如阿喀琉斯的结局，特洛伊被攻陷的详情，奥德修斯回国夺取王位后的经历，他儿子特勒马科斯的成长和经历等，在《伊利亚特》和《奥德赛》中都没有交代。这些托名荷马的诗歌希望对上述问题加以补充和说明。这些诗歌篇幅不等，有些篇幅比较大，如《埃塞俄比亚人》《小伊利亚特》等，可能达到数百行，有些比较短小。内容和艺术水平也千差万别，但都提供了一些非常有趣的细节。如《奥德赛》提到奥德修斯回家途中，曾去地府拜见亡灵以及先知特莱西亚斯，并提到奥德修斯最后必须去外地。荷马的这些颂诗，则交代了奥德修斯如何去外地，游历了哪些地方。最后的结局如何。他的儿子特勒马科斯见父亲长期不归，第二次外出寻找父亲（第一次出现在《奥德赛》中，去了派罗斯和斯巴达）。据说有一次他在路上遇到一个老人，并与后者发生冲突，把老人打死。可这老人正是他父亲。特勒马科斯全不知情，继续寻找，来到女仙克尔吉的岛屿。克尔吉是一个神，也是一个仙女，特勒马科斯到达后，克尔吉并不知道特勒马科斯的身份，竟然跟他结婚，婚后还有了孩子。而在《奥德赛》中，奥德修斯曾与克尔吉同居。诗人想象，克尔吉跟奥德修斯也有一个儿子。这个儿子长大后也出去找父亲，到了奥德修斯的老家伊大卡，并且鬼使神差地跟奥德修斯的妻子佩涅洛帕结婚了。

这些故事之中，特勒马科斯和女仙克尔吉结婚，或许可以理解，毕竟克尔吉是神，神不会老。但佩涅洛帕是凡人。奥德修斯和克尔吉的儿子长大后，再去跟佩涅洛帕结婚，那时佩涅洛帕该有多大？简单计算一下，奥德修斯到特洛伊打仗的时候，至少已经20多岁。

他在特洛伊征战 10 年,又在外漂流 10 年才回家,那时佩涅洛帕肯定已经 40 多。等到奥德修斯和克尔吉的儿子再长大,怎么也得过 20 多年,那佩涅洛帕至少 60 多甚至 70 岁了。典型老太太一个,又如何跟一个 20 岁左右的小伙结婚? 因而有人认为,这个故事可能非常古老,古老到人类不同辈分之间的通婚禁忌还没有完全形成的时代。

除史诗外,托名荷马的还有诸多颂诗。这些诗歌大多没有完整流传下来,有些只剩下两行。学者们认为,它们很可能是有关诗歌的头两行。但有些诗歌相对完整,成就也比较高。这里举一个例子略作说明,《致德麦特尔》描写了女神德麦特尔在女儿被冥王抢走后四处寻找女儿的经历。其中一段大体如下:

> 痛苦攫住了她的心,她立刻用双手解下了神圣头发上的头巾,从双肩上扔下了她的斗篷,犹如一只发狂的鸟儿一般,在坚固的大地上和柔软的海洋上寻找她的孩子。但谁也无法告诉她真相,不管是神还是凡人,显示征兆的飞鸟也没有给她带来真实的消息。女神手持火把在大地上游荡了九天,她非常痛苦,滴露未沾,香膳未尝,也未曾往身上撒上哪怕是一滴水。

这首诗歌很好地描述了一个母亲失去女儿后那种六神无主的焦虑感,以及根本得不到任何消息时非常绝望的心态。在大地上游荡了九天滴露未沾,也不洗澡,是一个蓬头垢面、非常痛苦的形象。

史诗之外,古风时代还兴起了另一个很重要的诗歌类型——抒

阿奇罗霍斯

情诗。史诗把大的主题都吟咏过了，成为其他诗人难以超越的高山，后人再想突破非常困难。因而后人转向表达个人愿望，由此出现了抒情诗。

古风时代的抒情诗人数量众多，如阿奇罗霍斯、提尔泰、梭伦、阿克曼、卡林鲁斯等。这些人或表达个人情感，或表达作为城邦的代表的感觉，或其他情绪，当然也会利用传统的神话等主题。如阿奇罗霍斯是帕罗斯人，后随殖民者到塔索斯当雇佣兵，跟色雷斯人作战。他是一个好诗人，但真的不是一个好战士。一次他跟色雷斯人作战失败，临阵逃跑，连盾牌都扔掉了。如我们在前面已经谈到的，盾牌套在左手上，相当沉重。拿着盾牌逃亡相当不便，因此希腊人一逃跑，第一件事就是扔盾牌。遗憾的是，诗人的盾牌为色雷斯人所得，还挂在公开场合示众。这本来是非常丢人的事情，阿奇罗霍斯也知道这一点，因此写了一首诗自嘲，大意是他本来有一面很好的盾牌，但打仗时他把它藏在了树丛里。盾牌被色雷斯人发现，并被悬挂在公开场合，意在嘲笑他。但没关系，盾牌没有了就没有了，他可以得到一个更好的。

本来作为一个战士，逃跑中丢失盾牌非常让人难堪，但阿奇罗霍斯以诗自嘲，轻松化解了尴尬。但那是对自己。对于那些得罪过他的人，他从不客气。据称诗人的语言犹如匕首，威力甚至胜过匕首。在一首诗歌中，他咒骂悔婚的未婚妻，说她身材胖得像肥猪，脸上的皱纹像一道道的犁沟。他顺带还辱骂了前未婚妻的父亲，以至于对方羞愤自杀。把诗歌这么高雅的艺术用来骂人，而且骂得如此难听，我们只能表示，此人的德性实在让人不敢恭维。

提尔泰、梭伦这些人都是政治人物，他们的诗歌也跟政治有关。提尔泰是斯巴达人，生活在第二次美塞尼亚战争时。当时斯巴达人因美塞尼亚起义打击，都已经打算放弃。据说提尔泰写诗鼓励斯巴达人继续作战。"英勇杀敌，为祖国而战，死于前线最美好；弃城而逃，抛下沃土，到处行乞最可哀；带着慈母老父、稚子爱妻四处流浪，遇到谁谁讨厌。"也许他的鼓舞真的起了作用，斯巴达人终于赢得了战争的胜利，成功征服了美塞尼亚。

梭伦的诗歌也表达自己的政治愿望，但风格完全不同。他的《致城邦》希望利用雅典人集体的力量，维护城邦的安宁和秩序。此外，早期的哲学家们也用诗歌来表达他们的哲学思想。

古典时代文学的代表是悲剧和喜剧，也都是诗歌体。悲剧从希腊人的所谓山羊歌队转变而来，但也吸收了古风时代的哀歌等素养。希腊人总祭祀酒神，祭祀酒神时会有一个人在前面领着人们游行，后面的人跟着唱酒神颂歌。领头的人会先叙述酒神狄奥尼修斯的经历，然后成为第一个演员，跟游行的那些人对话。两边的观点往往不一致，互相辩论，通过辩论推动剧情向前发展，这就形成了后来

埃斯库罗斯

的悲剧表演,演员数量也从一个逐渐增加,有时甚至不限定演员数量。

古典时代最有名的悲剧诗人分别是埃斯库罗斯、索福克勒斯和欧里庇得斯。他们各自都写过100部左右的悲剧,但仅有少量流传下来,如埃斯库罗斯的《被缚的普罗米修斯》和《波斯人》,索福克勒斯的《俄狄浦斯王》和《安提戈涅》,欧里庇得斯的《祈援人》《特洛伊妇女》《美狄亚》和《阿尔凯斯提斯》等。从这些悲剧的名字我们就知道,它们基本以远古的神话为题材,一般不涉及现实生活,但绝不意味着不讨论现实。不管是最初的,还是后来的悲剧,多少都与现实有关。如雅典的悲剧中,公元前494年至前493年上演的佛吕尼库斯的悲剧《米利都的陷落》,叙述的就是公元前494年米利都被波斯攻陷的史事:米利都的成年男丁全部被杀,妇女儿童被卖为奴隶。波斯人从别的地区迁来移民到米利都居住。佛吕尼库斯可能是太好的一个作家,把场景写得非常悲惨。据说看到悲剧时,现场所有观众都哭了。雅典人为此罚了悲剧作家一笔款,并且禁止以后再上演这个悲剧。不过今天的学者们认为,罚款恐怕不纯粹是艺术感染力,更多的是政治考虑，或许亲波斯的人士在其中起了作用也未可知。无论如何，它表明悲剧最初是直接触及现实政治的。公元前5世纪70年代上演的埃斯库罗斯的悲剧《波斯人》，证实了我们这个基本判断。该剧描写了公元前480年的萨拉米斯战役和前479年的普拉提亚战役，宣称萨拉米斯战役的胜利来自雅典战船，而普拉提亚战役的胜利归于多利亚人的长矛。

遗憾的是，古典时代的悲剧大多失传，很多悲剧我们连名字都不知道。在那些失传的悲剧里，肯定有一些现实主义题材的，即便是那些以神话故事为主题的，如流传下来的埃斯库罗斯的《被缚的普罗米修斯》，索福克勒斯的《俄狄浦斯王》和《安提戈涅》等，也都与现实有这样那样的关系。弗洛伊德从《俄狄浦斯王》悲剧或神话中推导出所谓"俄狄浦斯情结"，但该剧的核心，是提醒统治者不

这幅图表现的是俄狄浦斯进入底比斯城时，在城门口与斯芬克斯对话的情景。斯芬克斯给俄狄浦斯出了一个谜语，然而这个难住之前所有人的谜语被俄狄浦斯轻松猜出，斯芬克斯随即从城头跌下摔死。

俄狄浦斯与斯芬克斯

要过于自信，否则可能报应到自己头上。《安提戈涅》的主题被黑格尔以来的很多哲学家们视为国家法律和宗教义务的冲突，显然涉及城邦政治中如何对待统治者的命令的问题，其中安提戈涅公开否认底比斯国王克莱翁颁布的法律具有合法性，并宣布自己遵守的才是真正的法，才是人民同意的法。后来克莱翁的儿子也宣布，他的父亲是独裁者，而独裁者只能统治无人的城邦。

欧里庇得斯的悲剧流传下来的较多，有 17 部。阿里斯托芬曾无情地嘲笑欧里庇得斯只会掉书袋，家里有一个图书馆，可以查到各种神话。又说欧里庇得斯家像开服装铺的，装满了古代的服装。欧里庇得斯确实搜罗了一些服装供演员使用，以便他们可以穿着适合角色的服装出现。他还有一个很不好的习惯：当悲剧的冲突无法解决时，欧里庇得斯让人从天上用绳子吊一人下来，假扮雅典娜或阿波罗或宙斯，让神决定最后的结局。

这样一个在时人看来有好古癖且经常让神出场的作家，作品中却提出了一些非常严肃的问题，而且在当时是非常超前的问题。如《美狄亚》，该剧叙述了伊阿宋前往黑海地区的科尔奇斯取金羊毛。在科尔奇斯公主美狄亚的帮助下，伊阿宋成功得到了金羊毛。为了爱情，美狄亚不惜抛下家庭，远嫁希腊。但后来她年纪大了，伊阿宋又恋上了科林斯的公主，还要落井下石，把美狄亚和孩子从家里赶走。走投无路之下，她决心报复，设下毒计，假意送新娘一件衣服——那件衣服剧毒无比，毒死了新娘和新娘的父亲，还把自己和伊阿宋生的两个孩子杀死。我们可能会觉得，美狄亚过于疯狂，但在欧里庇得斯笔下，美狄亚的行为完全可以理解。他借美狄亚之口抨击说，男人动不动就说自己保家卫国，女人没用。但女人生孩子才是真正的痛苦，她说她宁愿上三次战场，也不愿意生一次孩子。她还揭露了男女关系的不平等，指出女人结婚，等于给自己找一个主人，还得哄着主人，犹如奴隶一般。从这个角度看，欧里庇得斯对女性抱有深深的同情。此外，他还在悲剧中讨论过城邦如何治理、君主制和民主制的优劣等与政治直接相关的问题。有些学者认为，希腊悲剧完全是政治性的，是把城邦的制度和社会搬到舞台上，让观众去评判。

喜剧和悲剧完全不同，喜剧直接涉及现实生活，在阿里斯托芬的喜剧中，雅典所有的政治家，从伯里克利、克莱翁、尼奇亚斯，到将军拉马库斯和德摩斯提尼，都被阿利斯托芬挖苦过，连苏格拉底都被他嘲笑过。在喜剧《云》中，阿里斯托芬说苏格拉底不是生活在地上，而是生活在虚空中。他坐在一个篮子里，眼望天空，观察天象，开办了一个思想所，最大的本事是教年轻人如何以非为是、以是为非。其中一个老农民，因儿子和媳妇生活奢侈，欠了一屁股债。面对债主盈门的状况，他决心跟苏

阿里斯托芬

格拉底学习辩证法，以达到赶走债主不还钱的目的。但这老农太淳朴，学费交了却怎么也学不会诡辩。于是老农把儿子送到苏格拉底处。他儿子是个不学无术的纨绔之徒，去苏格拉底那里后很快就学会了所谓的辩证法。学成归来后，债主又来讨债，老农的儿子跟债主进行辩论，顺利赶走债主。老农本来很高兴，但没过多久，屋子里传出了老农的惨叫。因为他儿子找了一个理由，把他爹揍了一顿，并且证明儿子揍老子应该。老农非常愤怒，一把火把苏格拉底的思想所给烧了。所有雅典人，包括苏格拉底本人在内，当时都不过是一乐。但阿里斯托芬显然代表了雅典部分人的立场，不是纯粹的玩笑。公元前399年，三个雅典人控告了苏格拉底，罪名之一是以非为是、以是为非，腐蚀青年。

阿里斯托芬一生写过44部喜剧，流传下来的有11部，嘲讽过希腊和雅典的众多神灵和人物，且情节和故事非常吸引人，用他自己的话说："我也是一个英雄诗人，可不曾蓄着长发。我不曾欺骗你们，把同一个剧本演了又演；总是想出一些新的情节来表演，它们各自不同，并且十分巧妙。"的确，他可以让赫拉克勒斯和酒神狄奥尼修斯下到阴间请埃斯库罗斯回到人世，以挽救雅典悲剧的衰落；他还能让鸟们在空中建立自己的国家，隔断人间和天神的联系，迫使天神们屈服；也可以让狄凯奥波利斯单独与斯巴达签约，开辟和平市场；还可以嘲讽雅典的民众法庭。总之，只要是当时在雅典发生过的事情，多少都会在他的喜剧中有所反映。由于喜剧是从乡村发展起来，里面有些话在今天看来属于荤段子。

阿里斯托芬之后是所谓新喜剧，新喜剧的代表作家是米南德，主题基本不再涉足政治，而转向日常生活，写生活和风俗这一类的事情。新喜剧后传到罗马，大受欢迎。罗马的喜剧，尤其是早期的喜剧，基本抄的是雅典的新喜剧。

文学的发展，导向文艺理论的产生。亚里士多德在公元前4世纪末写过一部《诗学》，系统回顾了诗歌的创作和发展。

亚里士多德

演说是希腊比较特殊的一个文学类别。它在雅典和希腊的发达，有其特殊的背景。由于城邦所有重大事务都在公民大会上讨论，讨论过程中，了解情况的政治家需要向听众提出他的主张，其他人或者补充，或者修正他的意见。辩论完毕后，公民大会就相关问题进行表决，由此形成了演说传统。此外，在城邦间的交往中，使节们也需要向相关城邦阐述本邦的主张，同样需要演说。而希腊书面文化不够发达，口传文化某种程度上继续发挥作用。所有这些，共同促成了希腊演说的产生、发展和繁荣。

演说最早出现在荷马史诗中，奥德修斯就曾被称为擅长演说的人，弗尼克斯教导阿喀琉斯做的两件事分别是：会做事情和会发议论。古风时代，梭伦等政治人物大约也都是演说家。公元前5世纪的地米斯托克利、伯里克利和克莱翁等,无疑也是擅长演说的。修昔底德专门记录了伯里克利和克莱翁的多篇演说。从公元前5世纪后期起,演说成为一种常态,但凡是希腊人,只要想在政治上有所作为,就必须是一个好的演说家,因此,古典时代的希腊,尤其是雅典,产生过多位知名演说家,后人在此基础上,确定了阿提卡十大演说家的名单,其中最著名的是安提丰、吕西亚斯、德摩斯提尼、伊索克拉底等。

德摩斯提尼是其中最有名的,留下的演说也最多,约60篇左右。关于他学习演说的故事不少。由于古代缺少现在的扩音器,面对公民大会上的几千人,发言人真的要声音特好,还要有足够的吸引力。这就意味着演说家需要长时间的训练,才真正敢到公民大会上去说话。据说德摩斯提尼父亲去世早,人也比较腼腆,不太敢说话。练习演说时,他到海边,嘴里含着石子,面对咆哮的大海发表演说,终于成为最有影响的演说家。

希腊的文学首先影响了罗马,罗马最初的不少作品都直接抄袭自希腊,第一部正规的拉丁文学作品是《奥德赛》的拉丁语译本,奥古斯都时代也仍在很大程度上模仿希腊,如维吉尔的《埃涅阿斯纪》,前半部的漂流模仿《奥德赛》,后半部分的战斗则模仿了《伊利亚特》。这种影响通过罗马一直影响到近现代。从影响力来看,希腊文学是世界性的遗产。

第二十六章
理性精神——希腊的哲学与思想

希腊哲学对西方哲学的影响非常显著，奠定了西方哲学的基础，提出了后世西方哲学讨论的几乎所有主要问题，如世界的本原、话语和真理、人与国家、道德与法律之间的关系等。这一章简单介绍希腊哲学的发展，始自米利都学派，止于希腊化时代的斯多葛学派。

哲学的前身：神话

希腊哲学的根本原则是理性精神。最初希腊人靠神话来解释世界。赫西俄德及他之前的时代都用神话来解释世界的起源和宇宙秩序。对赫西俄德来说，世界最初是没有秩序的，是卡俄斯，即混沌，到天地分开，山川大地显露自己，经第二代神灵，再到宙斯用正义确立宇宙秩序，以正义奠定他的统治地位。但这种对世界的传统宗教解释，很早就遭到了质疑。

在荷马史诗里，我们就看到了这种质疑的倾向，尽管质疑的声音非常微弱，质疑者的结局也不好。在荷马史诗中，最初提出质疑的有两个人。一是特洛伊的统帅赫克托尔。当别人告诉他象征宙斯的鹰飞过，显示自己一方兆头不吉时，赫克托尔说：为祖国而战，就是最大的吉兆。当然大家都知道，赫克托尔会被阿喀琉斯杀死。另外一个质疑者，是向奥德修斯妻子求婚的108人中一个很重要的人物，叫安提诺奥斯。这个名字就很有意思，意思是反智的，他对所谓的神意根本不在乎。他的结局众所周知，被奥德修斯射杀。荷马的态度，说明了当时希腊人的一般倾向。不过这是城邦萌芽时期的状况，等到城邦慢慢形成之后，情况就不一样了。

如法国学者韦尔南所说，急剧动荡的城邦生活是培育理性的温床，并使理性精神走向成熟。当人们开始用理性的方式来审视他们自身的生活和他们所置身的世界时，哲学就诞生了。最早的哲学家活跃于公元前7世纪至前6世纪，与城邦的形成差不多同时。

那么，城邦是怎样促使哲学形成的？这与城邦议事和统治的方式有关。城邦所有重要的事情都要提交到公民大会上讨论。仍然用韦尔南的话说，把重要的事情放在会场中间，所有人都有权利就这个事情发表意见，形成辩论。在辩论过程中，怎样来证明谁说的更有道理？那你必须运用逻辑、理性、常识，还有相关的证据和先例，说出一套完整的理由。在此过程中，神的那套东西逐渐失灵，人类需要借助话语，用逻辑的力量来说服别人。因而城邦政治本身就需要理性：甲提出一个问题，并做出论证，乙对同一个问题进行说明和反驳，乙之后可能是甲，也可能是丙再出面，或综合两种意见，或支持其中一种意见，如此循环往复，直到大家能够达成一致。所有人都用话语的力量相互对抗，而不是动不动就秀肌肉亮拳头，以蛮力或者权力压服他人。所以，理性是在讨论和解决问题过程中，逐渐孕育产生的。这是城邦能够孕育哲学最重要的原因。当然，社会经济发展创造的剩余财富，使得部分人能够脱离直接的物质生产而专心思考和转向文化创造，埃及和西亚文化传入提供的资源和刺激，甚至某些哲学家的灵机一动，也都发挥了不同程度的作用。无论如何，到公元前 6 世纪，希腊哲学诞生了。

米利都学派

第一个哲学流派是米利都学派，时约公元前 6 世纪中期。该学派有三个代表性人物，分别是泰勒斯、阿那克西曼德和阿那克西美尼。

第一位是泰勒斯，泰勒斯的理论是什么呢？他提出，你别看在世界上的事物千奇百怪、多种多样，但它们都是由水变过来的。世间万物，地上的石头，天上的太阳，都是水变过来的。泰勒斯如何说明水变成万物，因为他的著作失传，我们并不太清楚。后人做了一些猜测，但终归是猜测，很难说它们真符合泰勒斯的原意。这些猜测中，亚里士多德的解释或许最符合我们的常识。他这样解释泰勒斯的学说：

因为一个东西,如果一切存在物都由它构成,最初都从其中产生,最后又都复归为它(实体常住不变而只是变换它的性状)。在他们看来,那就是存在物的元素和始基。因此他们便认为并没有什么东西产生和消灭,因为这种本体是常住不变的。

这一派哲学的创始人泰勒斯把水看成始基(因此他宣称地浮在水上)。他之所以得到这个看法,也许是由于观察到万物都以湿的东西为滋养料,以及热本身就是从潮湿中产生,并且靠潮湿来保存的(万物从其中产生的东西就是万物的始基)。他得到这种看法,可能是由于这个缘故,也可能是由于万物的种子就其本性来说是潮湿的,而水则是潮湿的东西的本性的来源。

泰勒斯本人是一个很好的科学家,还是一个政治家。有一个故事说,泰勒斯经常观察天上的星星,结果有一次他忙着看天上的星星时,没注意脚下的水坑摔了下去,因此遭到了别人的嘲笑。还有人嘲笑他研究哲学没用,无法赚钱养家。泰勒斯宣称他只是没兴趣赚钱。为证明自己的能力,他利用自身的天文知识,预见第二年橄榄会大丰收,于是在头一年冬天用很低的价格从别人那里把所有的橄榄作坊全租过来。第二年果然橄榄大丰收,所有人都去找泰勒斯租橄榄作坊。他稍微抬升租金就大赚一笔。赚完之后,他便金盆洗手,表示自己做这个事并不是真的要赚钱,只是要证明哲学家赚钱很轻松。

泰勒斯还是一个很有创见的科学家。几何学据称就是泰勒斯从埃及学来。埃及人会测量土地，有丰富的理论知识，但泰勒斯把测量土地的学问变成了一个有一般规律的几何学。据说泰勒斯还预见到了公元前 585 年的日食。当年吕底亚和米底的军队正在打仗，突然之间太阳消失，天地一片漆黑。双方认为这是神意，于是握手言欢，还签订了条约，两边的国王还结成亲家。希罗多德特意提到，米利都的泰勒斯预见了这一次日食。

泰勒斯在政治上也很有创见。当波斯人要征服小亚细亚的希腊人时，泰勒斯曾经建议，亚洲所有的希腊人都放弃自己的城邦，选择一个叫泰奥斯的城市作为他们的第一首都，其他城邦都变成这个大城邦的一个单位。这可以说是最早的联邦制的萌芽，大约到公元前 4 世纪中期，阿卡狄亚人才第一次实践。

用理性来解释世界上的所有现象，是哲学不同于神话的根本特征。在泰勒斯身上，这个特征第一次得到了充分的展现。

阿那克西曼德继承了泰勒斯的基本理论，认为世界的本原应该只有一个。但他觉得不应该是某种具体的东西，而应该是某种叫无限的东西。无限不同形式的结合产生了世界上的万物，但这个无限是什么？他没有下定义。阿那克西曼德可能还是世界上第一位提出进化论的人。他宣称，人类应该是进化来的，指出所有的动物刚生下来就会吃东西，而且不多久就可以跟在母亲后面到处走动，只有人类出生之后，需要很长时间才学会自己吃东西、学会走路。如果人类最开始就这样，则人类应该在世界上早都死绝了。所以，人类应该是从某种其他动物进化到现在这个样子的。这种推论应该说非常天才，当然他认为人类从鱼演化而来，则从今天进化论的具体研究而言，不免链条过长了点。无论如何，他能从实际生活中观察到这一现象，并据此逆向反推，不能不令人佩服。

据说阿那克西曼德还画了第一幅世界地图，这也是了不得的一桩事。虽然他画的地图今天看起来可能比较搞笑，那里只有三块大陆、亚洲、欧洲和利比亚，中间是地中海。我们只是不知道，公元前500年，暴动的希腊人领袖阿利斯塔戈拉斯去斯巴达求援所携带的世界地图，是否就出自阿那克西曼德之手。

阿那克西美尼和前两位又不同，他认为世界的本原不是水或无限，应该是空气。理由是空气的浓度不同，组成的物质也不同，它稀薄的时候是火，浓厚的时候会变成风，变成云，更厚的时候会变成水和土。

表面上看，阿那克西美尼又把世界的本原归于某种具体的物质，是不是往后倒退了？非也，因为阿那克西美尼和前人不同的地方，在于他详细解释了世界的本原——空气，怎么样演变成了具体的物质。这是前面两人都没有做到的，而阿那克西美尼做到了。

米利都学派的发展表明，希腊人的确富有创造性，他们总是试图在前人的基础上向前推进。泰勒斯说世界的本原是水，阿那克西曼德则认为应该是无限，阿那克西美尼又否定了阿那克西曼德，宣称是空气，并且具体解释了空气变成各种不同物质的原理。这样一种气氛，也促使其他哲学家在批评前人的基础上提出自己的学说，进而创造了我们今天仍然遵守的学术规范。

赫拉克利特和毕达哥拉斯

赫拉克利特是小亚细亚希腊人城邦以弗所人，活跃于公元前 6 世纪末至前 5 世纪初。他宣称世界的本原是一团火，而且强调这个世界一直在变化。他的名言是人不能两次踏进同一条河流。道理大家都明白，当你第二次踏进这条河的时候，你和过去的你不一样了，河和过去的河也不一样了。虽然表面上看起来没有变化，但实际上你自己有变化，河流也有变化。在辩证法发展史上，他的看法非常有贡献。

赫拉克利特之后，爱琴海北岸希腊人城邦阿布德拉的德谟克里特提出，世界是由无数不可再分的原子构成的（在希腊语中，原子的意思就是不可再分）。原子在虚空中运行，不同原子的结合，组合

公元前 5 世纪希腊哲学家，据称曾到过印度，但在雅典并不为人所知。

德谟克里特

第二十六章　理性精神——希腊的哲学与思想

成为不同的物质,变成我们所看到的世界。

毕达哥拉斯本是爱琴海中岛屿萨摩斯人,后移民意大利。他大约较米利都学派稍晚。作为一个数学家,他宣称这个世界的本原是数,而且不同的数有不同的美。他吸收了俄尔甫斯宗教的理论,宣布人会轮回转世。一个很有名的故事说,一次毕达哥拉斯走在路上,看到一个人正在打一只狗,狗痛得汪汪叫。毕达哥拉斯要求那人不要打狗,后者问何故,他答称,那狗是他以前的朋友,他从它的叫声中听见了他朋友的声音。他及其门徒经常秘密研讨,有一些比较奇怪的食物禁忌,如不准吃豆子。这些都和希腊城邦讲求公开的政治环境不太契合。公元前5世纪,毕达哥拉斯派在意大利数次受到迫害,影响逐渐下降。

从毕达哥拉斯开始,我们就已经转向西部希腊的哲学家即意大利和西西里的哲学家。公元前6世纪中期,波斯征服小亚细亚,部分希腊哲学家移居西方,其中弗凯亚人后来迁居意大利中部的埃利亚,后来那里连续出现了一些哲学家,他们被称为埃利亚学派。

埃利亚学派的精神祖师可能是色诺芬尼。色诺芬尼很重要的贡献是批判荷马和赫西俄德,或者说以荷马和赫西俄德为代表的传统希腊神话。他抨击道,荷马和赫西俄德宣称神和人一样要通过有性生殖,和人一样钩心斗角、通奸、骂人,还有各种坏习惯。但这都是荷马、赫西俄德的想象。他的例子是:色雷斯人的神是红头发的,而埃塞俄比亚人的神是黑皮肤的。如果牛、马等动物有手,能够创造神灵的话,则牛捏出来的神一定是牛的样子,马捏出来的神一定是马的样子。

不过色诺芬尼并不否认世界上有神,他绝非无神论者,相反,他批判荷马的理由,是荷马和赫西俄德的神不是真正的神。他心目中的神有点唯一神的味道:神应该全知全能,依靠他的意念左右一切,到处窜来窜去对神是不合适的。

埃利亚学派的芝诺提出了两个非常有意思的命题:"飞矢不动"和阿喀琉斯追不上乌龟。对于前者,他的理由是飞行着的箭在每一特定的时刻都是静止的,静止的总和仍是静止。"因为如果每一件东西在占据一个与它自身相等的空间时是静止的,而飞着的东西在任何一定的霎间总是占据一个与它自身相等的空间,那么它就不能动了。"对于后者,他的解释是:阿喀琉斯虽然是荷马笔下的英雄,但阿喀琉斯和乌龟本身隔了一段距离。如果阿喀琉斯要追上乌龟,就必须先追上和乌龟之间一半的距离。可是要达到一半的距离,阿喀琉斯又必须先达到一半的一半的距离,依此类推,一半的一半可以无穷地分下去,用他自己的话说,"你不能在有限的时间内越过无穷的点。在你穿过一定距离的全部之前,你必须穿过这个距离的一半。这样做下去就会陷入无止境,所以,在任何一定的空间中都有无穷个点,你不能在有限的时间中一个一个接触无穷个点"。具体地说,阿喀琉斯所以追不上乌龟,是因为"他首先必须到达乌龟出发的地点。这时候乌龟会向前走了一段路。于是阿喀琉斯又必须赶上这段路,而乌龟又会向前走了一段路。他总是愈追愈近,但始终追不上它"。对于前者,我们可以说他忽略了运动是运动与静止的相对统一体,把静止绝对化了。至于后者,亚里士多德指出了芝诺论点隐含的前提:乌龟爬行的速度与阿喀琉斯追击的速度相等,忽略了不同事物之间有着不同的运动速度。从对哲学的贡献来说，巴门尼德与芝诺对事物静止一面的观察与描述，在当时无疑是无人可以企及的。

约公元前492年，恩培多克勒生于西西里南部的希腊人城市阿克那加斯，家资巨富，其祖父曾在奥林匹亚赛会上赢得过战车赛的胜利。他认为，世界由火（宙斯）、土（赫拉）、水（埃多奈乌）、空气（奈斯提斯）4大元素构成，所有事物都是由这4种元素按不同比例混合后形成。天是由同样的气凝聚为冰形成的；太阳则是围绕大地的火；冬天的产生是由于趋向膨胀并且趋向上升的气占统治地位；夏天则相反，相当于趋向下降的火占统治地位。事物生灭的动力来自爱与争，当爱把它们联合在一起的时候，争又会逐渐把它们分开。有一个时期爱完全占据优势，但争逐渐把爱排挤出去，占据优势，而爱又逐渐返回，把争排挤出去，如此周而复始，循环往复，造成了世界万物不断的运动与生灭。他既汲取了赫拉克利特关于世界不断变化运动的理论，又汲取了巴门尼德关于静止的部分观点，并将二者有机地融合起来。

智者学派与苏格拉底、柏拉图和亚里士多德

到公元前5世纪，智者出现在雅典，包括高尔吉亚、普罗泰戈拉、安提丰、希皮亚斯等。他们曾遭到柏拉图和亚里士多德的猛烈批评，但这些人就是民主政治下的职业教师。他们流动教学，教那些雅典人怎样成为演说家，怎样把道理说明白，这些人后来被格罗

特恢复了名誉。他们讨论的问题非常广泛。一位名叫安提丰的智者指出，希腊人对异族即外国人，往往是对离自己近的比较尊敬，远一点的就不那么尊敬，原因无它，不了解罢了。他还认为，神话和法律是某个聪明人为限制我们人类而创造出来的。他们告诉人们在天上有一个神，一直监督着人们，防止人们犯上作乱，并且一直遵守和敬畏法律。他还注意到，法律是人为了防止相互伤害而共同同意制定的。法律有自然法和人定法的区分。人定法是人类给自己制定的法律，自然法适合所有人类或所有动物，管着整个自然界，自然法因此一定是高过人定法的。人定法只是适合人类，而且只适合一些特定的人群。比如雅典的法律只适合雅典，斯巴达的法律只适合斯巴达，但在这些法律背后，应该有一个共同的规则，高于所有人定法的规则，那就是神的自然法，所以自然法是最高的。

对各种政治制度的优劣，智者派也有过讨论。普罗泰戈拉借助神话论证民主政治的合理性；色拉叙马霍斯则强调强权即正义。在修昔底德关于米洛斯对话、米提莱奈辩论的记载中，也依稀可以看到智者派理论的影子。柏拉图和亚里士多德所以对他们猛烈批评，是因为智者派把现实中存在的很多东西解构，比如神的神圣性，希腊人对外国人的态度等。

古典时代最伟大的哲学家无疑是苏格拉底、柏拉图和亚里士多德。对苏格拉底，这里简单的几句就够了。第一，苏格拉底用德尔菲的话"认识你自己"来教导人们，意思是人们自己需要知道自己的界限，不要觉得自己无所不知。由此诞生了苏格拉底的第二句名言:"我知道我不知道。"苏格拉底要求人们认识到,人类有的认识有很多局限,人类不知道的东西,永远比他们认为自己知道的要多得多,因此承认自己的无知,更不容易。

苏格拉底家境一般,虽有资格充任重装步兵,但显然并非豪富之家,仍需要为生计操心,然而他似乎对养家糊口并不太感兴趣。据说他的兴趣是与人讨论问题。讨论过程中,他往往先让对方抛出自己的观点,之后围绕这个观点展开讨论,指出对方观点的漏洞。柏拉图书写的那些以苏格拉底为主要发言人的对话,大多具有这个特点。据称他的学生曾到德尔菲去问神,希腊谁最聪明?德尔菲的神说苏格拉底最聪明,苏格拉底说这似乎不太可能,因为他知道自己一无所知,但神不会犯错,于是他去找那些他听说知道一切的人

苏格拉底

西方最著名的哲学家之一,将哲学从探讨自然转向探讨人类自身,其教导曾被阿里斯托芬嘲笑。公元前399年,他被雅典人处死。

去交流，既有诗人、哲学家、老师、工匠、各行业的专家，也有政治名流，但最后他发现，那些人其实非常无知，所以他就向他们指出来他们很无知，由此得罪了那些人。更要命的是，他的学生学了他的办法，也是跟别人谈话，谈话的时候也采用苏格拉底的办法，最后把别人逼到墙角，没话可说，面红耳赤，学生则一阵嘲笑。这类行为，成为苏格拉底受审的重要原因。不过，他教导的学生中，有几个确实糟糕，给雅典造成了巨大灾难。公元前4世纪的一个演说家声称，苏格拉底被控告的原因，是他教导的学生。从今天的立场看，苏格拉底是否怪异，他到底喜欢何种主张，是他个人的思想和私德，并不足以成为控告他的理由，更不是判他死刑的依据。从这个角度看，苏格拉底被处死虽然不是没有原因，但确属冤案。

苏格拉底门徒，写有大量以苏格拉底为主角的对话，名作包括《理想国》和《政治家》等。

柏拉图

对柏拉图和亚里士多德，坊间介绍他们生平及其思想的书非常之多，这里不再赘述，只针对亚里士多德补充几句。亚里士多德是一个非常有名的哲学家，但更是一个百科全书式的学者，很多学科是在他的手上得以独立的。如政治学（希腊人称为城邦学），形而上学（物理学之后的学问，即最高的学问），还有伦理学、动物学、诗学等，他都是第一位写出系统性著述的。他与柏拉图的不同之处，是柏拉图总是按照自己的逻辑往前推论，亚里士多德则更重视经验事实，并在自己的著述中引用了大量具体例证。但是作为师徒，他们两位的政治哲学比较接近，基本上都是奴隶主的哲学。在他们的理想中，管理国家的都是不事生产的公民，公民则需要靠奴隶养活。他们也都非常重视培养学生。柏拉图创建了阿卡德米学园，亚里士多德创建了吕凯翁学园。两个学园都曾长期存在，在古代教育等诸多领域发挥过重要作用，也使雅典即使在失去政治中心的地位后，仍能保持文化中心的显赫地位。

犬儒派与斯多葛派、伊壁鸠鲁派

在苏格拉底、柏拉图、亚里士多德同时或之后，希腊还有犬儒派、斯多葛派、伊壁鸠鲁派等诸多其他哲学流派。这些流派中，犬儒派主张人脱离城邦独自生活，只要能够满足人类最基本的需求即可。他们极其藐视世俗规则。据称该派的创始人第欧根尼在科林斯生活，住在一个木桶里。一次马其顿的亚历山大大帝去见他，问他有什么要求,第欧根尼答称,没什么要求,就是大帝挡了他的太阳,因此要求大帝离得远一点。他们有时通过自己的行为宣示哲学主张。据称他曾到奥林匹亚,先就哲学发表演讲,说完之后,他竟然当众解开裤子拉了一泡大便,所有人见状,都只能掩鼻而走。这些做法乍一看难以理解,实际上有点挑战人间规则的味道。

斯多葛派的一个重要贡献,是抛弃城邦的狭隘,提出了所谓四海之内皆兄弟,大家都平等的主张。该派的主张,一定程度上迎合了希腊化时代的世界形势,在后来的罗马帝国时代有着相当大的影响。大家熟知的罗马皇帝马可·奥勒留,就是一位斯多葛派哲学家。

伊壁鸠鲁也主张脱离城邦,对死亡哲学有重要贡献。该派继承了德谟克利特的原子论,并有所发展。在罗马时代卢克莱修的《物性论》中,有对该派理论的阐释和应用。

希腊哲学对后世的影响,是无论怎么估计都不过分的。希腊人讨论的问题,大体规定了后来西方哲学讨论的主要方向。希腊人的哲学主张还被犹太人吸收,影响了基督教;通过西塞罗,拉丁语获得了一批哲学术语,希腊和拉丁的哲学术语,基本上被现代的西方哲学所继承。

第二十七章
希罗多德及其他：西方史学的起源

　　西方史学无疑起源于古代希腊，希罗多德、修昔底德、色诺芬和波利比乌斯，这四个不同时代的人，代表了希腊史学四种不同的传统。这一章我们主要介绍他们四位的情况。

　　希罗多德记录希腊和波斯之间的冲突，他的书一般称为《希波战争史》，或者根据希腊语原文翻译成《历史》，也就是他的考察记录，是他探索的结果。修昔底德主要记录的是希腊人之间的一场内战，即雅典和斯巴达人之间的大战——伯罗奔尼撒战争，他的书一般也被翻译成《伯罗奔尼撒战争史》。这场大战后来被汤因比认为是希腊世界的第一次世界大战。色诺芬在才能上虽比希罗多德和修昔底德要差，但他是一个多面手，除《希腊史》续作修昔底德的著作外，他还开创了传记和回忆录等不同的风格和不同的流派。他写过斯巴达国王《阿盖西劳斯传》等传记，还写过历史小说《居鲁士的教育》。该书翻译成"教育"实际上并不完全合适，叫居鲁士的"成长"可能更合适。波利比乌斯与前面的三位不同,前三位都以希腊世界为主角,波利比乌斯则以罗马共和国为主题,记录罗马崛起为世界霸国的历史,把整个地中海地区都作为罗马崛起的背景来处理,主角是罗马。意大利史学家莫米利亚诺曾说,罗马的历史更接近我们今天所习惯的民族国家的历史。先是罗马统一意大利,之后是征服地中海。不管意大利或地中海区原来有多少国家,它们都是罗马崛起的前奏,最终登场的是罗马这个主角。

希腊史学的产生

首先我们解释希腊为什么会产生史学。了解古代世界历史的读者都会有一个非常深刻的印象,古代两河流域和埃及文明的历史非常悠久,是人类最早的文明之一。但在那些地方,好像没有见到能够称为历史著作的东西。当然不能说完全没有,有一点点影子,如亚述国王的年代记。但严格地说,那些东西可以叫历史记录,不能叫历史学,因为那里没有历史思想,而且更多的是宣传,传播国王的伟大和英勇,所以我们看到的记录,是国王出征到达了哪里,杀了多少人,砍了多少树。这个不能叫历史,最多是编年史。后来的希伯来人倒是有一点写历史的意思。他们把希伯来人的经历描绘为上帝意志展现的过程。他们的《列王记》有历史书的韵味,但那些记录更多的是宗教,是希伯来人宗教经典的一部分。古代埃及有自传,但自传不是历史学。写自传的目的,是因为传主要去阴间了,要在另一个世界继续过日子。在正式进入阴间之前,要接受一次审判,那次审判会决定死者未来的生活状态。因而每一个人写的自传都是吹嘘自己如何公正,如何慷慨,如何帮助别人。就此而论,在古代世界的文明中,除中国之外,只有希腊,还有受希腊影响的罗马有史学。不过罗马史学是在希腊史学影响下产生的。

那么我们会好奇,希腊人为什么会产生写历史的想法。上一章我们介绍哲学时,谈到希腊人的理性思想。希腊史学的发端,也与理性思辨有直接关系。希罗多德在他的著作开头就说,那本书是哈利卡纳苏斯的希罗多德探索的成果,并说明了他探索的原因。第一,为了使人类过去的事业被记录下来,不至于因为年深日久被遗忘。这样看,他是为了跟遗忘做斗争。第二,要探索波斯人和希腊人发生争端的原因,即他不仅要记录希腊人和波斯人取得的丰功伟绩,也要探讨他们发生争吵的原因。这就不仅仅是记录了,而涉及背后的原因。这些事实表明,史学的产生,与希腊人自身的经历密切相关:公元前5世纪初,波斯三次入侵希腊。一次是公元前490年,在马拉松被雅典战

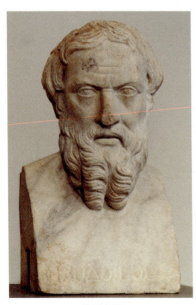

希罗多德

败；最后一次是公元前 480 年到前 479 年，萨拉米斯、普拉提亚、米卡莱三次战役，希腊人都打败了波斯。如果算上公元前 492 年那次，则应该有三次。战争的胜利，让希腊人非常惊奇：波斯如此强大，缘何败于兵微将寡的小小的希腊？而且希腊不仅面积小，很多城邦好不容易联合起来，还并不团结，争争吵吵，最后居然打赢了有统一指挥的波斯，这原因到底在哪？这样，很多希腊人要考虑这个问题。虽然有部分希腊人将希腊的胜利归于神灵，希望借助希腊人压制波斯的傲慢和过分强大，但希罗多德那样的人并不满足于此，他们希望从人的视角解释希波战争的胜负。希腊城邦的多样，城邦制度提供的自由空间，给希罗多德等的探讨提供了必要的空间。所以，古代希腊史学的产生，有希波战争的刺激，更有城邦制度的因由，还有因此产生的希腊人的好奇心。

希罗多德

希罗多德之前，希腊人已经开始写历史，只是那时的历史写得还比较简单，主要记录波斯怎样崛起。主要的记录者，是小亚细亚的希腊人。公元前 546 年后，波斯已经击败了当时希腊人心目中最为强大的吕底亚，顺带征服了小亚细亚的希腊人。吕底亚的灭亡以及波斯的迅速崛起，对小亚细亚的希腊人产生了重要影响，作为波斯臣民的他们，开始认真思考波斯帝国带来的巨大变化，有些人在介绍波斯的同时，也涉及古代东方的历史。希罗多德也是小亚细亚的希腊人，显然受到了这种大的氛围的影响。具体说来，希罗多德的家乡哈利卡纳苏斯是一个希腊城邦，希罗多德的底色是希腊文化。但他出生时，哈里卡纳苏斯已经落入波斯人统治下，波斯的统治，给这个城市留下了很深的痕迹。即使提洛同盟建立，哈里卡纳苏斯加入提洛同盟，但波斯始终在哈里卡纳苏斯附近，包括希罗多德在内的很多希腊人都到过波斯。根据他的记录，他亲自到过巴比伦和埃及，听说了埃及和巴比伦的历史，还听到当地人讨论波斯的历史。游历波斯之后，他到了希腊本土，在雅典呆的时间可能最长，有人甚至认为，希罗多德和雅典最伟大的政治家伯里克利关系密切，虽然对此我们没有明确的证据。从希罗多德不断为伯里克利所属的阿尔克麦翁家族辩护看，他应该跟后者有一定联系。还有一个传说称，希罗多德在雅典、底比斯和奥林匹亚都朗诵过他的作品。最后他到了意大利南部的图里伊。那是雅典人建立的一个殖民地，据说他被接纳为那个地方的公民。如果套用古代中国人读万卷书，行万里路的谚语，则希罗多德肯定行过万里路的。他的足迹遍及当时整个的地中海地区，从意大利到希腊本土，到小亚细亚和巴比伦，再到埃及和北非，见到了很多跟希腊人不一样的制度、风俗和物产。对希腊人内部的差别，他应当认识得更加清楚。在他的身上，各种文化因素融合，使他有能力去琢磨希腊和波斯冲突的原因。

他的书也体现了他作为一个旅行家的特点。《历史》，也称《希腊波斯战争史》或《希波战争史》，英文直接翻译成 *Persian Wars*。该书一共 9 卷，前 4 卷半叙述了波斯和希腊早期的历史。为说明波斯帝国的崛起和征服,希罗多德谈到了波斯之前的吕底亚、米底,记录了巴比伦和埃及的历史。从他的描写看,他亲自到过巴比伦,好像至少绕巴比伦转过一圈,记录了巴比伦的所有城门,还有该城的风俗习惯。在埃及,他访问了埃及的祭司,记录了埃及的历史。因波斯和希腊本土作战时,主持抵抗的主要是雅典和斯巴达,所以他又记录了雅典和斯巴达的历史。为说明雅典和斯巴达的历史,他又记录了希腊人怎么成了他们那时的样子。因战争涉及西西里和意大利,他解释了叙拉古不给希腊人提供援助的原因,并介绍了叙拉古的历史。

任何一个读过希罗多德著作的人都会发现,《希波战争史》似乎东拉西扯,像个大杂烩,又像天方夜谭,不像历史。但是,这种多样性和表面上的不统一,正体现了希罗多德一个很重要的特点。他要交代波斯如何强大起来,希腊的历史又是如何演变的,那些都是他探讨希腊和波斯冲突原因的一部分。对希腊和波斯战争本身,他主要关注的是波斯为什么战败,希腊为什么胜利。他不断强调的,是希腊人所以能够打赢,是因为他们拥有自由,波斯所以战败,是因为所有人在国王面前都是奴隶,奴隶帮主人打仗,是能偷懒就偷懒。如在描写温泉关战役时,他记录了波斯人拿着鞭子在后面抽打士兵,逼迫他们往前推进的情况。记录战争结果时,他特别说到,所有的希腊人都知道,只要把波斯人打败了,那么其他人都可以忽略不计。一旦波斯人战败,其他人都会脚底抹油。

上面的叙述,已经部分交代了希罗多德为什么是西方"历史学之父"的原因。虽然在他之前有人写过历史，虽然他有各种弱点，但是，第一，他系统地叙述了一个重大事件的历史，就是希腊波斯战争的历史。第二，他有宏大的眼光，充分考虑了双方的情况。第三，他有历史批判精神。对希腊历史，他主要记录公元前7世纪以来的情况，之前的时期，他认为那些属于神话，不太可信。第四，他搜罗各种资料，包括口传的故事和书面文件等，还去访问一些人物，构建了一个基本的叙事框架。在他之前，还没有人这么做过。

修昔底德

修昔底德比希罗多德大概年轻20岁左右，具体的年龄我们并不知道。公元前424年左右，修昔底德任雅典将军，按照雅典人任职年龄最低30岁，且将军属于重要职务，人们推断他至少出生于公元前454年之前，很可能更早，早到公元前460年之前。他出身名门，祖上和色雷斯地区联系密切，在那里拥有矿山。他本人受过良好教育，而且他生活的年代，雅典已经接受了智者派的洗礼，他本人也熟悉智者的主张。

他写历史的动机、方法和希罗多德颇为不同。希罗多德喜欢游历，很可能一边游历一边记录。修昔底德则宣布，从战争一开始，他就知道那会是一场伟大的战争，开始收集材料，并对战争加以记录。后来（即公元前424年）他被流放，但流放反而给他提供了方便，使他可以和双方来往，了解双方的情况。

修昔底德的《伯罗奔尼撒战争史》一共8卷，只写到公元前411年。大家都知道伯罗奔尼撒战争一直打到公元前404年，但他只写到411年。第8卷还不完整，最后一个句子是半句话，告诉我们小亚细亚的波斯人总督到了以弗所，后来再无下文，所以我们现在看到的修昔底德作品，最后是一个省略号。对于他未能完成的原因，我们没有任何材料。有人猜测他可能去世了，有人则猜测其他原因。就目前的资料而论，这些猜测只能停留在猜想阶段，不太可能有定论。

修昔底德

修昔底德是一个爱国者，非常热爱自己的国家雅典，对于雅典最后的战败，他非常不甘心，不断地批评导致雅典失败的那些人。但他也是一个非常理性的人，受过智者派的影响，完全从人的角度去解释历史，对希罗多德每每都赞同的神谕，他不屑一顾。少有的神谕，还被他从理性的角度做了解释。

与希罗多德不同，修昔底德对和主题无关的事情一般不涉及。

经济和文化在他的书中基本没有位置。对人类的其中一半——女性,修昔底德的书里一个都没有提到。那里完全是男人的世界。

修昔底德严格按照年代书写,并且大体上把一年分成夏季和冬季,有类编年史。每一年的事记完后,他会写上一句,修昔底德所记载的战争的第几年结束了。因此,他的年代学较希罗多德更加准确。希罗多德大体上是按照40年一代人的时间往回推算年代,结果有的希腊史上的年代,早得让我们难以置信。然而,对于早期希腊史,更准确地说,是伯罗奔尼撒战争之前的历史,修昔底德也缺乏准确的年代学。比如他说,米诺斯是第一个组织海军的人。但这个第一人到底什么时候组织的海军,我们并不清楚。他随后说到的"这时候海上的交通比较便利些了"的"这时候",我们其实也不知道是啥时候。他也提到"雅典人是最早放弃这种随身携带武器的习俗而采取比较安逸和奢侈的生活的",然而"最早"到什么时候,不知道。后面说斯巴达人最早实行裸体运动,"在以后的时期中,城市的位置不同了,因为航海事业比较普遍,有了资本储蓄,有城墙的新城市事实上是建筑在沿海一带的……",还有特洛伊战争,等等,他一样缺乏准确的年代。甚至雅典帝国崛起的进程,他也没有提供几个准确的年代,经常使用诸如"波斯人撤退之后"、"不久之后"、"雅典人第一次军事行动是围攻埃翁"、"后来在潘菲利亚发生欧吕麦东之役"、"大约在这个时候"等术语,以至于对希波战争后到伯罗奔尼撒战争爆发之间的希腊历史年代学,我们只有他提供的相对年代顺序,对它们的绝对年代,只能从同时代的或更晚的其他作家那里了解。不过,他关于公元前431至前411年之间的年代,倒是非常准确。包括伯罗奔尼撒战争爆发的年代,他为精确起见,提供了雅典执政官、斯巴达监察官和阿尔戈斯的赫拉祭司在位年代。对此,我们是必须要感谢他的。

在史料批判方面,修昔底德比希罗多德做得更彻底。希罗多德的原则是有闻必录,但不代表他相信,因此对同一件事情,他经常提供多个不同版本。修昔底德则宣布,他所记录下来的所有事情都经过严格考核,他写下来的每一句话都有根据,尽管他也承认,即使是这样,真相还是不容易得到。因为在采访过程中,他发现对于同一件事情,不同的人有不同的说法。

修昔底德全书中最遭诟病的一点,是书中的演说词。《伯罗奔尼撒战争史》大约1/4的篇幅是演说词。这些演说词出自希腊的政治家、将军或使节之口,发表于公民大会上或对方的官员面前,或在阵前的军队面前。演讲的功能各种各样,有说明政策动机的,有说明个人动机的,还有一些是鼓舞士气的。修昔底德声称,他的原则是尽量保持原话的大意。然而,他自己也承认,他自己亲自听到的,他很难完全记住;别人转述的,存在同样的难题;更糟糕的,是他没有听到,别人也没有告诉他。到那时候,他就会让演讲者说出他认为在那个场合必须说出的话来。也就是说,不管是他自己听到的,还是他没有听到的,至少都经过他的加工,或者根本就是无中生有,由他创作的。

这种处理方式当然会造成许多问题。比如,在修昔底德笔下,斯巴达人和雅典人一样长篇大论,摇唇鼓舌的能力绝不在雅典人之下,甚至超过雅典人。有些战败的人向战胜者乞求饶命的时候,也是一通长篇演说,而且口气根本就不是祈求活命者的,倒像是两个地位完全平等的人在讨论某个哲学问题。因而直到现在,我仍然非常信服英国古典学者,同时也是哲学家的科林伍德对修昔底德的批判,这里不妨直接放上他的文字:

> 让我们自问一下:一个具有真正历史头脑的正直的人,能允许自己使用那样一套程式吗?首先来考虑一下他们的文风。从历史上说,使所有那些非常之不同的人物都用同一种方式在讲话,这难道不是粗暴吗?在一次战斗之前对军队讲话时或者在为被征服者乞求活命时,没有任何人是能用那种方式来讲话的。……第二,再考虑一下它们的内容。……在我看来,这些演说似乎本质上并不是历史学而是修昔底德对演说人行动的评论,是修昔底德对演说人动机和意图的重建。……作者的头脑不能完全集中在事件本身,而是不断在脱离事件而走到隐藏在它们背后的某种教训里去,走到某种永恒不变的真理里去。

过去很多学者认为修昔底德的书写非常客观,他既批评雅典,也批评斯巴达,批评雅典甚至比批评斯巴达更多。德国史家兰克的书房中就总是摆着修昔底德的雕像。但我们现在认识到,修昔底德的书明显是建构起来的,甚至伯罗奔尼撒战争整个这样一个事件,都是被他建构起来的。霍恩布洛尔指出,《伯罗奔尼撒战争史》中存在两个修昔底德,一个希望记录这场战争所有的细节,一个取向具有极端选择性,前者让修昔底德表现得像个录音师,后者则让修昔底德成了社会学家。他对准确性的追求,以及他在第 2 卷开头所宣称的全面记录,与我们在该书其他部分看到的记录存在矛盾,该书最多就是一部"对关键事件和个人高度风格化的和选择性的处理"的历史。因此,我们在利用修昔底德提供的史料时,必须同时参考其他史料,有时还得用历史家修昔底德批评编者修昔底德。

色诺芬与波利比乌斯

修昔底德的继承者色诺芬是一个军人,做过雇佣兵,参加过小居鲁士的远征。他也是一个很不错的作家,但在哲学认知上实在是个半瓶醋。写作上,他是一个多面手,有不少作品传世,如《远征记》记录了希腊雇佣兵在巴比伦北部战败后通过亚美尼亚回到黑海和希腊地区的历程;《论骑兵指挥官》是一部军事著作;《论僭政》宣称僭主是世界上最不幸的人;《回忆苏格拉底》把苏格拉底写得比任何公民都要好;他的《苏

色诺芬

第二十七章 希罗多德及其他:西方史学的起源

格拉底的申辩》(柏拉图写过同名著作)虽然内容与柏拉图的多有雷同,但他显然完全不懂苏格拉底的哲学。《阿格西劳斯传》可谓希腊人第一部标准传记著作,把自己的恩主吹上了天;《拉西第梦人政制》极力赞美斯巴达的制度,但随后一句"他们现在已经不遵守来库古的制度了",把前面说的全给否定了。

色诺芬的历史写作有很重要的毛病,就是他的能力和见识远不如修昔底德,也远不如希罗多德和修昔底德公正。他的主要著作《希腊史》极力维护斯巴达,猛烈抨击斯巴达的对手底比斯。他的视野和对历史事实的判断,也远不如修昔底德,有时会忽略非常重要的史实。如《希腊史》没有提到很重要的阿卡狄亚同盟的建立,也没有提到雅典第二海上同盟,更没有提到美塞尼亚解放。在《西方史学史》中,郭小凌批评说:

> 他(即色诺芬)的主要史著《希腊史》原本续修昔底德,甚至第一句便试图接修昔底德的最后半句,然而他并没搞清修昔底德的本意,一开始就失去了修昔底德的精神。《伯罗奔尼撒战争史》末尾半句是说波斯的小亚总督担心与斯巴达的暂时联盟关系破裂,赶往赫沧斯滂海峡与斯巴达人会谈,首站停留在以弗所邦,"在那里祭祀阿尔泰米丝女神……"色诺芬一上来就是"在这之后",直接转到赫沧斯滂,中间留有一段空缺,并且未做任何交代,而在修昔底德书尾已说明雅典拿下的塞西卡库斯却为斯巴达所占领,修昔底德已叙述过的战役和事件也被色

诺芬重新又讲了一次。这种现象对于循序渐进、深思熟虑的修昔底德是绝对不可能发生的。两人的差距在《希腊史》的一开始就暴露出来。

不过色诺芬有一个优点：文笔非常平实，读起来比较轻松。很多时候学古希腊语的往往从阅读色诺芬开始。

最后我们谈一点波利比乌斯。波利比乌斯是阿凯亚同盟的将军，在罗马做过人质，后来得以到各个地方游历。他主要写罗马统一地中海的历史，把罗马作为一个大国来处理。他很重要的贡献是，认为地中海是一个相互联系的整体。他的另一个很重要的提法是，罗马的强大是罗马共和国的政治制度优秀而造成的。所以他强调罗马的混合政体不容易被腐蚀的优越性。他的观点被罗马人接受，后来西塞罗也用混合政体来解释罗马共和国的稳定和优秀，只是更加保守而已。

波利比乌斯的目的，是阐明罗马崛起于东西地中海区的原因。但他眼光远大，意识到东西地中海区的历史已构成一有机的整体，对希腊历史也给予了充分的重视，马其顿、阿凯亚同盟和埃托利亚（Aetolia）同盟的历史，都曾得到叙述。对于公元前2世纪以前的希腊史，他主要依赖前人的研究成果。关于与他同时代的历史，有些事件是他亲身经历的，有些是他采访当事人、目击者得来，具有较大的可信度。政治上他亲罗马，关注的是罗马如何在不到53年的时间里能够征服地中海地区的原因，希腊仅是在与罗马发生关系时附带涉及，少有系统叙述。他的著作目前仅前 5 卷保存较完整，其他均为残篇。尽管如此，他有关斯巴达、阿凯亚同盟和埃托利亚同盟的历史，仍具有重要的价值。

　　至此，我们大概归纳一下，会发现希腊史学树立了好几个范例。希罗多德的著述既是军事战争史，也是文化史，记录了风土人情一类的资料。修昔底德是典型的政治军事史家，也亮出了自己客观主义的宣言，尽管他并不那么客观。色诺芬创造了传记、回忆录等题材。波利比乌斯创立了大国史的范例。这些范例，对后来罗马的史学乃至对近现代西方的史学都产生了重大影响。希腊史学因此当之无愧地成为西方史学的源头。

第二十八章
美的追求——古希腊的建筑与艺术

任何一个去过西方的读者朋友都会发现，西方的建筑至今仍使用着希腊的列柱。从古代到中世纪经近代至当今，西方建筑使用的材料和样式等，都不同程度地受到希腊古代建筑的影响。甚至我们的人民大会堂，也使用了希腊式的列柱，不信诸位可以去天安门的人民大会堂看看正门使用的柱子，大体借鉴了希腊人的伊奥尼亚和科林斯式风格。

2007年，我和几位同事在日本出席世界古代史学术会议，期间碰到荷兰莱登大学的一位教授。会下聊天时，他谈到希腊人最伟大的贡献之一是希腊人知道和欣赏美。我觉得他说得非常有道理，因此这一章的标题就用上了"美的追求"。希腊人对美的欣赏和追求，跟城邦制度也有关系。在讨论希腊文化时，我们需要始终牢记城邦这个基本背景。

城邦决定了希腊所有的建筑不是为某一个统治者，而是为所有公民服务的。希腊神庙有一个很重要的特点是列柱式，是开放型的，除了某些特殊部位，神庙是对所有希腊人开放的，至少是对公民开放的。为愉悦神灵，神庙需要修得漂亮，并用与神灵有关的雕刻和绘画进行装饰。

19世纪的欧洲人总是觉得大理石白色纯净，最能表现希腊艺术的高贵和伟大。但现代的考古发掘证明，那是近代西方的想象。希腊人几乎所有的雕像都是上色的，根本不是纯白的大理石。在希腊那种地中海式气候条件下，夏天的太阳如果照在纯白的大理石上，给人的感觉会非常不舒服。希腊人所以要给大理石上色，正是为了追求美感。这一点，也正与把公民作为一种理想一样，所有雕像都融进了理想公民的形象吻合。

克里特迈锡尼文明——宫殿

希腊文明时代最早的艺术品，当属爱琴文明时期，即克里特迈锡尼文明时期，主要有陶器、宫殿、房屋、金属加工等。

对于陶器，我们在第二章中提到过克里特的收获者花瓶：一帮农民干完活后扛着工具，嘴里唱着歌往家走，有人喝醉了和旁边人瞪眼睛。克里特的宫殿由英国考古学家伊文思恢复，虽然有伊文思的想象，但大体能反映克里特文明的一些基本情况。宫殿的柱子下细上粗，与古代中国建筑的柱子颇为不同。克里特宫殿中，克诺索斯重建的宫殿面积达1.3万平方米，宫殿本身的人口可能有1.2万人。克诺

斗牛

索斯的面积达到 75 公顷，人口超过 2 万。如果把 5000 米外的港口城市阿米尼索斯以及乡村的人口包括进来，也许会超过 5 万人甚至更多。整座宫殿给人的感觉是结构复杂，曲回廊绕，但严整有序。无怪乎后世的希腊人以迷宫相称。宫殿的功能相当完善，有接待外宾的海关，招待客人的餐厅，贮藏各种食物以及重要物品的仓库，讨论政事的大厅，举行宗教仪式的神庙或者祭祀场所，保存文书的库房，国王及其家属的生活区。宫殿装饰豪华。如果伊文斯的复原可信，则整个宫殿依山而建，柱子下细上粗，饰以红色。宫殿的墙上、走廊和地板上，都有华丽的壁画装饰。最著名者，如所谓的"巴黎贵妇""持杯者""祭司王""斗牛"等。但这些并不是最常见的，因为那里受欢迎的主题乃是花鸟、风景和动物，海洋生物的主题经常出现，其他如采集番红花、捕鱼、会饮、少年练习拳击等，也不少见。

迈锡尼的艺术也相当繁荣，城市建设、武器制造、陶器制作等，都有相当高的水平。迈锡尼居民主要的居住地在城外，卫城的城墙厚约6米，长近千米，面积约3.85万平方米。其入口乃该城西北著名的狮子门。门上两头狮子相向而立，象征着城市的强大与富足，可能还有主人的权威。卫城的核心是宫殿，宫内设施一应俱全。传说中涅斯托尔的宫殿，因为美国考古学家布列根等人的努力，我们的了解要全面些。该宫殿约建于公元前1300年，毁于公元前1200年左右。与迈锡尼和提林斯不同的是，派罗斯的宫殿没有设防，其面积仅及克诺索斯宫殿的1/4。但它具有与迈锡尼宫殿共同的特征，其中心是一个被称为麦加隆的长方形大厅，厅内有圣灶，灶旁4根木柱支撑着天花板，墙上饰以壁画。围绕着这个麦加隆的，是一系列功能不同的房间，如王座间、档案室、储藏室等。从现在复原的情况来看，里面绝对是雕梁画栋。

　　迈锡尼的墓葬相当驰名。迈锡尼、提林斯、派罗斯和底比斯等地，都发现了诸多规模不等的圆顶墓，墓中陪葬品也相当丰厚。在登德拉发现的一座墓葬中，随葬品"包括一只硕大的金戒指，一条粗粗的迈锡尼项链，一枚可能从埃及进口的鸵鸟蛋，镶金边的青铜带玻璃花，刻有章鱼的金杯，剑柄镂金的青铜剑（属公元前1400年以后使用的那种），剑柄末端的圆头是象牙或玛瑙制作的，还有一个饰有牛头的金银杯"。这座墓葬显示了不曾遭遇盗掘的迈锡尼圆顶墓陪葬的丰厚。举世闻名的阿特利乌斯宝库和克吕泰奈斯特拉陵墓，仅其墓室的庞大和建筑技术，已足以让人惊叹。

　　克里特和迈锡尼文明靠宫殿及其官僚系统维持，其核心是宫殿。

一旦宫殿消失，艺术也跟着衰败。克里特迈锡尼文明的艺术很大程度上是统治阶级的艺术，与普通大众关系不大，也不太容易扎根。迈锡尼文明衰退后，物质文明随之衰退，建筑也陷入低潮。考古发现的公元前12世纪到前9世纪所有的建筑，几乎都是低矮的茅草屋，用泥土糊起来的墙，陶器的装饰也很粗糙，都是很简单的几何图形或线条。

希腊艺术的复苏

公元前10世纪至前9世纪，希腊艺术开始慢慢地复苏。现在看到的陶器上的装饰颇多几何图形，史称几何陶。陶器上的画面，基本是工匠画的一个个的圆和诸多线条，表现人、车、马时，也用剪影和写意性的线条，只有脑袋还能勉强识别出来，知道画家着力表现的是人，可是画像上人的躯干部分是一个倒着的三角形，双手像两根火柴棍。画家们不知道怎样表现人躺在车上的情形，表现人在车上的图景时，人要么坐着，要么站着。但人像的脚和车中间隔着一段虚空，就像那个人会法术，是悬空的，犹如诈尸一般。马也是剪影的形状，马的躯干像个三角形，四条腿就是四根火柴棍。虽然绘画和线条色彩都很简单，但和前一时期只有简单的圆圈比较，这种技法已是进步。这个时期的另一进步，是哪怕只是简单的人像，希腊人已经开始用艺术品或画面来叙述一个故事了。其中一个画面，是一个英雄躺在战车上，一看就是给他举行葬礼。他的身边有女性

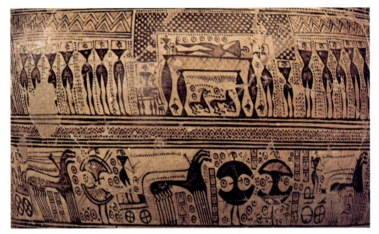

几何陶时代的艺术

在那里撕扯自己的头发，或撕扯自己的衣服表示哀悼。它所表现的，是一个英雄去世，他的家人在给他举行葬礼。用画面来叙述故事，是克里特－迈锡尼文明时期没有的，而在古典时代常见，因此这是一个重要的创新，预示了未来的走向。

古风时代即公元前8世纪以后，希腊的建筑开始复兴，尤其是神庙建筑：

首先，希腊人修神庙，不仅在表达他们的宗教虔诚，更在于希望获得神灵佑护。希腊人和神之间的关系，是神的能力超过人，神可以保护人类，也可以为祸人类。要求得神的保护，人类必须给神灵修建漂亮的神庙，还要给神献祭，让神灵高兴。需要时，希腊人会到现场祭神和祈祷，神可以答应，但也可以拒绝。

在《伊利亚特》中，奥德修斯参加短跑比赛，可那时他显然年事已高，至少过了运动的巅峰期，跑不赢年轻人。据说跑步过程中他向雅典娜祷告，雅典娜马上就给他双腿灌注了精神，使他一阵风似地超过了所有人，得了冠军。而特洛伊人向雅典娜祷告时，据说雅典娜把脸转过去了，意味着祷告无效。

其次，希腊人大兴土木，是因为希腊世界是众多城邦的世界，每个城邦都需要在国际舞台上显示自己的存在。显示的方式之一，就是神庙建筑。希腊人最初用木料和茅屋修建神庙。后来财富增加，又从埃及学习了用石料建筑神庙的技术，开始用石料来建筑神庙。石料神庙的第一个代表是科西拉的阿尔特弥斯神庙。在此之前，科林斯已经修建了阿波罗神庙，但阿波罗神庙现在只剩了几根柱子，虽然仍能显示神庙的美丽，但比较完整保存下来，且有雕刻装饰的神庙，还是科西拉的阿尔特弥斯神庙。

科西拉地处西北希腊，即今日的旅游胜地科孚岛。公元前7世纪，科西拉修建了阿尔特弥斯神庙，神庙山墙上以雕刻装饰，表现希腊的英雄珀尔修斯杀死美杜莎的故事。美杜莎在中间吐着舌头，头发乱蓬蓬的全是蛇头，正在逃跑。珀尔修斯在旁边，在雕刻的另外一处，出现了飞马和巨人。据希腊神话，飞马和巨人是美杜莎被杀之后从她的身体里诞生的。这样，雕刻比较完整地叙述了一个神话故事。不过我们也很容易发现，美杜莎和阿尔特弥斯之间没有任何联系，把美杜莎雕在神庙山墙上，显然意在用一个非常凶恶的东西镇守神庙，防止其他恶灵侵犯神庙。在神庙雕刻和所崇拜的神之间建立联系，当时希腊人还没想到。

弗朗索瓦陶瓶

瓶画在古风时代开始成熟，大体经历了三个阶段：原始科林斯风格、雅典的红底黑画陶和黑底红画陶。这些精美陶器上的绘画都非常漂亮，而且长于叙事。这里以弗朗索瓦陶瓶为例略做说明。

陶瓶上有多个绘画带，每条带都叙述了一个故事。其中之一是忒修斯的故事。这位雅典传说中的国王到达克里特，得到公主阿里阿德涅的帮助，杀死米诺牛，之后又带着阿里阿德涅逃亡到纳克索斯。忒修斯抛弃阿里阿德涅独自回到雅典，但最后酒神出现在画面里，和阿里阿德涅在一起，暗示阿里阿德涅和酒神成了夫妻。这样，一系列的绘画叙述了一个完整的关于忒修斯和阿里阿德涅的故事。

古风时代的另一现象，是有些艺术家会宣示自己的"版权"，并为自己的手艺自豪。一个叫欧克米德斯的画家画了一幅醉汉图，三个醉汉神态各异，非常传神。画家对此非常得意，不仅在下面签名，而且公开嘲讽对手：欧弗洛尼奥斯绝无此画。欧弗洛尼奥斯是欧克米德斯的对手，两人是竞争关系。讥笑对手的目的，是宣示自己的技艺和"版权"。

古典时代艺术的发展

古典时代的建筑、雕刻、绘画都有发展。第一个迹象就是埃吉纳的阿菲伊亚神庙。神庙山墙上的雕刻描绘了所谓赫拉克勒斯弯弓射箭的精美画面。随后是奥林匹亚的宙斯神庙，那是古代世界的七大奇迹之一，据说雕刻师是从雅典去的。神庙的东西山墙各叙述了一个故事，都跟奥林匹亚有关。东山墙上叙述的是珀罗普斯向希波达米亚求婚的故事。希波达米亚是比萨国王奥诺玛乌斯的公主，因神谕说未来的女婿会杀死岳父，奥诺玛乌斯当然不希望神谕兑现，否则女儿的婚礼就会成为他的葬礼。为防止神谕兑现，他以招女婿为名，把未来可能的女婿人选加以消灭。消灭当然不是直接使用武力，而是以比赛定胜负：向他女儿求婚的人要和他进行一次战车比赛，失败者会被处死。求婚者可以先出发，等到求婚人出发之后，奥诺玛乌斯会杀牲祭神，祭神之后再去追赶求婚的人。比赛的距离，是从伯罗奔尼撒西北的皮萨到半岛北部的科林斯，几乎是斜穿伯罗奔尼撒。

很多人也许觉得，这比赛对后出发的国王相当不公平。祭神程序复杂，首先挑牲口，之后要取得牲口的"同意"，如果是一头牛，则祭祀的人要从牛头上割下一撮毛丢进火里，拿锤把牛砸死，砸死后要给牛放血、剥皮，开膛破肚，再把牛油拿出来缠到牛的大腿上，烧给神灵。这个过程非常冗长，没有一两个小时完不成。很多人被这个貌似优厚的条件吸引前去求婚，然而尝试的结果没有一个成功。

奥林匹亚的宙斯神庙复原图

建于公元前 5 世纪中期，据称建筑师是菲迪亚斯。希腊人曾在附近的体育场举行奥林匹亚赛会。

因为奥诺玛乌斯的马是战神阿瑞斯送的神马，人间的马根本跑不过神的马，于是求婚者都被处死了。

珀罗普斯在寻找妹妹欧罗巴过程中到了皮萨，并向希波达米亚求婚。他知道自己没有可能战胜国王，于是收买了车夫，据称是把奥诺玛乌斯的车轴弄松了。比赛时，奥诺玛乌斯的马照常跑，可车轴在半道上松开，车毁人亡，珀罗普斯得以和希波达米亚结婚。东山墙上的雕刻，表现的正是比赛开始之前的画面。宙斯决心让珀罗

宙斯神庙西山墙上的阿波罗

普斯获胜,他站在中间,最为高大,两边分别是希波达米亚、奥诺玛乌斯等,两边的墙角里是两个河神。艺术家巧妙地避开了比赛中的血腥画面,但熟悉神话的人都知道,随后的比赛,是奥诺玛乌斯的死亡和珀罗普斯的胜利。

东山墙的雕刻表现的是静态,西山墙的雕刻则以动态为主,叙述拉皮斯人与半人半马族之间的战争。半人半马族本是参加拉皮斯人婚礼的,但他们在酒精的作用下,竟打算强抢新娘。拉皮斯人在阿波罗的帮助之下,将其彻底击败。对希腊人来说,这个故事象征着文明对野蛮的胜利。就构图布局论,阿波罗占据中心,他右手平举,头也转向右侧,裸露的身躯无比俊美,既拥有巨大的威力,又像一个威严的法官在做出裁决。在他的左右,分别是搏斗着的人群,他们也像东山墙一样,随着山墙墙面的高低或立或坐,或蹲或卧,恰好布满整个山墙。

古典时代最有名的艺术品是雅典的卫城建筑群。公元前448

年,伯里克利本有意召集一次全希腊的和平大会,讨论希波战争中被毁的建筑的恢复和希腊人之间的和平问题。会议因斯巴达人抵制失败,雅典人遂决定自行重建自己被毁的建筑,雅典卫城建筑群就此诞生。整个重建过程延续数10年,甚至在伯罗奔尼撒战争期间都还在进行。所完成的建筑和雕刻,也成为整个希腊艺术的瑰宝。

读者们可能都知道卫城上的帕特农神庙。但需要注意的是,除帕特农神庙外,卫城上还有胜利女神庙、埃莱奇特乌斯神庙、忒修斯神庙等众多其他建筑。卫城之前还有一尊雅典娜巨像,立在山门

帕特农神庙

又译帕提侬神庙或帕特嫩神庙。

之前。从整体结构看，它以帕特农神庙为主建筑，周围的其他建筑相互衬托，如众星捧月一般将帕特农神庙的主建筑地位烘托得更加突出。在建筑风格上，它兼收并蓄，既采用了以雄浑、刚毅著称的多利亚柱式，也融合了挺拔、秀丽的伊奥尼亚柱式。这里只简单地介绍一下帕特农神庙的建筑与雕刻。

帕特农神庙供奉的是雅典国家的保护神雅典娜。雅典娜女神一直是处女，她的神庙又称处女宫。这也正是帕特农一词的来历。它始建于公元前448年，整体工程完成于公元前432年，由菲狄亚斯任工程总监，伊克提诺斯和卡里克拉特设计。神庙采用多利亚柱式，东西两面各有8根柱子，两侧各有17根柱子，柱高10.43米。神庙内殿分成正殿和后殿两部分。正殿内耸立着一座巨大的用黄金和象牙装饰的雅典娜神像，后殿为长方形大厅，是存放雅典国家档案和财物的地方。神庙的东西山墙、间板和檐壁上都有十分精美的雕刻。东山墙上的浮雕表现的是雅典娜的诞生，西山墙上的是雅典娜和海神波塞冬争当雅典保护神的故事。在回檐下的92块间板上，也都雕有以希腊神话和雅典历史为主题的浮雕，以纪念雅典以及希腊在反波斯战争中取得的辉煌胜利。神庙内墙上长达160米的浮雕带，表现的则是雅典人纪念雅典娜女神时的场面。因此，在帕特农神庙中，浮雕不仅是一种叙事手段，而且在神庙和它的雕刻之间建立了有机联系。整个建筑和雕刻工艺的精细，也不能不让当时的人和后来的人敬佩。借用普鲁塔克的话说："大厦巍然耸立，宏伟卓越，轮廓秀丽，无与伦比，因为匠师各尽其技，各逞其能，彼此竞赛，不甘落后。"雕刻"好像年年常春的神物，能够摆脱岁月的销蚀。在它们的结构之中，似乎蕴藏着某种永生的活力和不死的精神"。遗憾的是，岁月终于销蚀了雅典卫城的辉煌。帕特农神庙几经风雨，特别是近代以来战争的破坏，只留下残垣断壁。而卫城上的雕刻，也因为希腊丧失了独立，遭到严重破坏，其中相当大一部分被运到英国，成了大英博物馆的展品。

希腊三大柱式

在希腊建筑发展过程中，逐渐形成了占优势的三种柱式：多利亚式、伊奥尼亚式和科林斯式。多利亚式起源较早，至少在公元前7世纪已见雏形，古典时代主要流行于伯罗奔尼撒半岛以及由多利亚人建立的海外殖民地中，但也有不少伊奥尼亚人城邦采用多利亚柱式，雅典的帕特农神庙是其中最著名的例子。多利亚柱式的基本特点是强健、朴素和粗壮。它的基石是三层异常简单、平整的石阶，石阶大小相同。基石的厚薄取决于神庙的规模。神庙越大，基石越厚，目的是给全庙一个稳定的基础。基石之上是柱子本身。多利亚式柱子不用柱础，柱身直接立于基石之上。柱身粗壮，其宽度与高度的比例通常是1:5或1:6，但粗者可达1:4，也就是说，如果一个神庙的柱子是5米高，则它的直径可达1米至1.25米。这样的比例，使柱子显得十分粗壮结实，给人以顶天立地之感。但柱子本身并非光秃秃的全无装饰，而是通身刻以凹槽，一般每根柱子20条，使其粗壮中显出秀美。不过希腊人很注重美感，柱身由下到上虽逐渐收缩，但并不是一收到底，而是在中央部分让其略微外凸，像似为承受重压而鼓足力量一般，更增添了柱子的活力。

柱头由两部分组成，紧接着柱身的是一块略向外伸出的圆形颈石，颈石之上是一块面积与它相等但呈方形的垫石。在较早的建筑中，颈石和垫石都较大，犹如一块磨盘压在柱子上，十分沉重。希腊人很快就意识到它的缺点，将其逐步缩小，后仅让其稍大于圆柱而已。

柱头之上是额枋、檐壁和檐口。额枋紧接柱头，都是平整的石条，通常没有任何装饰。檐壁则比较讲究，由石质间板和三垅板交叉排列而成，且涂以深浅不同的颜色，显得庄重而严谨。檐壁之上就是屋顶。屋顶类似中国农村中的瓦房：中为屋脊，两边为斜坡，以瓦为盖，但其倾斜度较低，仅有130度至150度，因而在檐壁和屋顶之间形成一个三角形山墙。这里是艺术家们大显身手之处，他们可以在这里雕刻各种神话故事。

伊奥尼亚柱式大概起源于小亚细亚和爱琴海各岛屿，最初在希腊大陆并不流行。它同样是柱子立于石阶之上，只是在石阶之上，伊奥尼亚人创造了一个精巧美丽的柱础。柱础呈圆形，与柱身相互协调，柱身立于柱础之上。与多利亚式相较，伊奥尼亚柱式更为窈窕，柱高与柱身直径的比例通常是8∶1或10∶1，柱身也刻有凹槽，越发使它显得亭亭玉立，因而人们常认为，多利亚式得阳刚之气，而伊奥尼亚式得阴柔之美。

最能体现伊奥尼亚柱式特点的是它的柱头。它的颈石被缩成很短

三种希腊柱式对比示意图

的装饰带，夹在两个非常显眼的涡卷之间。涡卷突出较多，其螺旋纹舒展自如，显得华丽多姿。柱头之上的额枋和檐壁也与多利亚式有所区别。额枋被刻成从上到下逐渐收缩的三段，檐壁则是连续、平坦干净的石板，后多用于雕刻，成为艺术家们十分青睐的创作场所。

科林斯式兴起较晚，大约出现于公元前5世纪末，据说是一个石匠看到顶在少女头上的花篮产生灵感创作出来的。它最大的特征是其柱头上的毛茛叶形状装饰。一般是叶片分两层交错环绕，中间杂以卷须和花蕾。柱子的其余部分与伊奥尼亚式相同。因其状似花篮而又承受重压，多少给人以弱不禁风之感。它最早见于伯罗奔尼撒西北巴塞的阿波罗神庙，代表作则是雅典的吕西克拉特纪念亭。

希腊的柱式体系并非一成不变，也不那么截然分明，而是不断变化，相互影响。古风时代，多利亚式较为流行。古典时代，伊奥尼亚式逐渐风行，并影响多利亚式，使后者变得修长、纤巧。到公元前4世纪科林斯式兴起后，三种柱式更是相互影响，各擅胜场。有时我们会在同一建筑中看到三种不同柱式，例如在巴塞的阿波罗神庙中，外层的柱子为多利亚式，内层柱子是伊奥尼亚式，而在阿波罗神像的旁边，还立着一根科林斯式的柱子。建筑设计师们交替使用不同的柱式，充分发挥其各自的长处，收获相得益彰之效。此外，我们也不要以为，三种柱式流行的区域与古希腊三大支派：多利亚人、伊奥尼亚人和埃奥利亚人分布的地区吻合。实则科林斯式和多利亚式都起源于传统上属于多利亚人的地区，但它最典型的表现，都在伊奥尼亚人的雅典，其卫城建筑群中，我们更能看到两种柱式并行不悖。同样值得注意的，雅典卫城和巴塞的阿波罗神庙的设计师都是雅典人。

古典时代的绘画

最后我们介绍绘画。在这个领域，希腊人也很有成就。

继古风时代的鼎盛之后，古典时代的瓶画缺乏创意，无论主题还是技法，大体都是照抄。但在壁画上，希腊人表现出了杰出的创意。最有名的画家有公元前5世纪的波利诺托斯，公元前4世纪的宙克西斯、帕尔哈西奥斯和阿佩莱斯等。

波利诺托斯在雅典创作过马拉松战役，可惜画作已经失传。据后人记载，画面上出现了将军米太亚德、军事执政官卡里马库斯，还有某个神灵。他还创作过《波斯人》《特洛伊的陷落》和《奥德修斯在冥土》等，遗憾的是这些画作也都未保存下来。

宙克西斯和帕尔哈西奥斯大体属于同一时代，名气也都相当大。据说两人进行过一次绘画比赛。宙克西斯画了葡萄，葡萄真实到让鸟信以为真，飞过来啄葡萄。帕尔哈西奥斯更胜一筹。当所有人都认为幕布还没有揭下来时，帕尔哈西奥斯说，幕布就是画。也就是说，他人根本就分不清楚到底哪个是幕布，哪个是画。

米洛斯的维纳斯

阿佩莱斯可以说是亚历山大大帝的御用画家，据说他没有一天不动笔的，专门画亚历山大大帝和他的马。他的画极其写实，据称有次亚历山大大帝把他自己的马牵过来，那马一看墙上的马，以为遇上了同伴，立刻嘶叫联系。

希腊化时代，希腊绘画继续发展，其中之一是马赛克画。在意大利的庞贝城，人们发现了一幅马赛克画，表现亚历山大和大流士在伊苏斯交战的场面。亚历山大的神勇、大流士的胆怯，整个战斗的画面，都极其生动传神。雕刻上，希腊化时代最著名的，莫过于"米洛斯的维纳斯"。这尊断臂的美神像，由于法国人的广泛宣传，几乎成了希腊艺术的代表。虽然它的确够美，但古典时代和希腊化时代希腊的雕刻，成就远不止于此。我们只要提到几尊雕刻，相信大家就会留下印象，如米隆的《掷铁饼者》、波利克利特的《荷矛者》，还有《克尼多斯的美神》、《毛索鲁斯陵墓》及其雕像、《拉奥孔》等。它们中的任意一尊，无不都是博物馆的镇馆之宝。希腊人在艺术上的创造力和对美的追求，真的令人惊叹，让人敬佩。

第二十九章
卓越就是目的——赛会与竞争精神

19世纪瑞士学者布克哈特提出,希腊人有一种竞争精神。希腊人为什么会有竞争精神?说起来还是跟城邦制度有关系。城邦所有重要的问题都要在公民大会上讨论,这就是两个或几个演说家之间的竞争,谁有本事说服听众接受他的建议,让他的建议变成法律,谁就是赢家。所谓的竞争,首先存在于政治领域。亚里士多德在名作《雅典政制》中,总是把雅典政治家一对一对地列出来。如希波战争时期,米太亚德代表贵族,地米斯托克利代表民主,西门代表贵族,伯里克利代表民主,西门被流放后,伯里克利和政治家修昔底德又成了对头。亚里士多德的列举过于机械,毕竟不管是米太亚德还是地米斯托克利,或者西门和伯里克利,他们都必须借助人民的支持保持自己的影响。在这个意义上,他们都是雅典的政治家,都必须赢得人民的支持,借用芬利的话说,他们都是"人民领袖"。或者用修昔底德批评伯里克利之后雅典政治家的话说,所有人都想

授予冠冕

与现代奥运会有金银铜牌不同，古代奥林匹亚赛会只有一个胜利者会被授予冠冕，使用的材料就是用金刀截取的阿尔提斯河谷的橄榄树枝。

着讨好人民。因此，竞争的存在，首要的在于城邦制度的设计本身。

政治上的竞争体现在赛场上，就是在赛会上为卓越而竞争。竞争的标的，在波斯人看来非常无意义，因为奥林匹亚赛会的优胜者所获得的，不过是只能戴几天的橄榄枝扎成的冠冕，没有任何物质上的收益。相反，为了赢得冠军，倒是需要大量的时间训练，并且投入大量的金钱。

赛会的起源

人类是群体动物，早有游戏的传统，玩游戏的时候相互之间会有竞争。到阶级社会之后,游戏娱乐虽然民间还存在,但显得比较原始。当然在上层社会,仍有某种形式的娱乐,如我们在克里特壁画中看到的斗牛。牛仔要从牛头部跳上去,在牛背上翻一个跟头,然后从牛的尾部下来。为完成这个动作,需要有一个人先双臂架在牛角上,压住牛头,方便牛仔翻跳,牛尾部还有一个人张开双手接应。可以想见,这比现代西班牙斗牛要凶险得多,估计不少人因此死于非命。至于那些牛仔们,有的也许是自愿表演,还有一些恐怕是被迫表演给上层阶级的人看的。

在克里特的上层阶级中,拳击可能相当流行。在一幅壁画上,我们看到两个少年正互相击拳。迈锡尼时代,好斗尚武之风盛行,流行的游戏是狩猎。在迈锡尼的所谓猎狮匕首上,我们能清晰地看

米诺斯宫殿壁画中的少年拳击手

到狩猎的场景。

古典时代赛会的发端,可以在荷马的《伊利亚特》中看到。在举行过好朋友帕特洛克洛斯的葬礼后准备散场时,阿喀琉斯宣布,他将出资组织一场赛会。从史诗的描写看,赛会的主要项目包括短跑、拳击、战车、标枪、铁饼和摔跤等,也就是说,古典时期主要的赛事项目都出现了,而且奖品丰厚。

比如短跑,参与竞争的人有奥德修斯、安提罗霍斯等4个人。奥德修斯年纪最大,跑的时候肯定不如20来岁的安提罗霍斯等年轻人。为了赢得胜利,据说奥德修斯在赛跑过程中向雅典娜祷告,雅典娜马上给他的腿灌注了力量,于是他得以超过所有对手赢得胜利。诗人这里显然缺了点脑筋:希腊人的短跑也不足200米,速度快的话,也就20秒左右的时间。当奥德修斯发现自己落后时,才向雅典娜祷告,那祷告至少需要20秒左右,即使雅典娜听见马上反应,给奥德修斯的腿灌注力量,那时距离也已严重不足,不太可能超过所有其他人。当然这是为了显示神的权力和能力,我们不用太当真。当阿喀琉斯宣布拳击比赛开始时,英雄埃佩奥斯站起来宣布:他是希腊第一拳击手,随即把胳膊和拳头一亮,威胁对手道:"我要撕碎他的肉,砸碎他的骨节,让为他送葬的人都到这里来等待。"他说完之后,发现居然仍有人挑战,于是两人大战一场。埃佩奥斯如愿击败对手。还好他并未乘胜追击,在把对手击倒后,就不再继续攻击。只是对手被打得够惨,"不断口吐鲜血,脑袋歪向一边。他们把他扶回座位仍未苏醒……"

有些项目表现了规则的原始。如标枪比赛,当阿加门农宣布他要参加比赛时,虽然有对手挑战,但并未真正举行,而是由阿喀琉斯直接宣布阿加门农获胜。这在现代的竞赛中显然不可想象,表现了赛会的私人性质和举办者的权力。不过战车比赛有趣,值得多说几句。参加者有狄奥墨德斯、欧墨罗斯、安提罗霍斯和墨涅拉俄斯。据说最好的赛车手是克里特的欧墨罗斯,本来大家认为他是铁定的冠军,因为他的马最好。但是雅典娜欣赏的是狄奥墨德斯,所以半道上把欧墨罗斯的马的辕轭弄坏,导致两匹马冲出跑道,也让大家的预测落空,于是狄奥墨德斯从第二名成了第一名。安提罗霍斯在比赛中作弊,在一个拐弯的时候逼迫墨涅拉俄斯给他让道,赢得了第二名。

颁奖典礼时,狄奥墨德斯的第一名没问题,安提罗霍斯的第二名就遭到了挑战,先是阿喀琉斯准备把第二名颁给欧墨罗斯,经过安提罗霍斯据理力争,好不容易获得了二等奖的奖品,但随后墨涅拉俄斯提出挑战,宣称安提罗霍斯舞弊,要求实行神判:向神发誓。安提罗霍斯爽快地认了错。墨涅拉俄斯也借坡下驴,宣布既然对方认错,他就不要奖品了,奖品还是归安提罗霍斯,自己取走了作为第四名的奖品。至于第五名,因为无人领取,则被阿喀琉斯做主送给了涅斯托尔。

在《奥德赛》中,法埃西亚人举行过一个赛会,那里也有多项赛事。在铁饼比赛中,被嘲讽不善竞技的奥德修斯捡了一个最大的石饼,扔得比所有人都远,顺利获得冠军。这个记录似乎暗示,当时比赛所用器具并不完全统一。稍后，赫西俄德也记录了自己参加赛会的情况，只是他参与的是诗歌比赛。

上述赛会都是私人举行的，大部分出现在葬礼上，是悼念死者仪式的一部分。由城邦组织的赛会主要出现在古风时代，并逐渐兴盛起来，原因在于：第一，原来的贵族作为骑兵在军事上失去了价值，贵族要体现自己高人一等的地位，在政治上与其他公民竞争，在社会上参与饮宴诗歌比赛，此外就是赛会。在这样的比赛中，贵族能够表现自己的与众不同。第二，现实生活需要。希腊人交战以重装步兵为主，需要穿上装备跑步向敌人进攻，因此在赛会上出现了武装赛跑的项目。在战场上与敌人交战时，武器可能会被折断，那时或靠匕首，或靠拳头，于是有拳击、角力等项目。其他项目如摔跤等，也在战场上能用上。第三，宗教上的需要。希腊人需要愉悦神灵，向神灵致敬，用赛会表现凡人的卓越，是向神灵表达敬意最直接的方式。希腊的赛会大多出现在宗教节日上，并且伴随着大量祭祀活动，说明了这一点。此外在这样的赛会上，还要举行音乐和诗歌比赛。这样，原本私人举办的赛会，成为城邦出面组织的综合性竞技活动。

泛希腊赛会和城邦赛会

在古代希腊，泛希腊的赛会有四个：

影响最大的是奥林匹亚赛会，也就是我们经常说的古代奥林匹克运动会,在伯罗奔尼撒的奥林匹亚的宙斯圣所举行,主要是祭祀宙斯。这个赛会到底是谁创办的?并无定论。有人说是宙斯,他在赢得了对第二代提坦巨神的胜利之后,创立了赛会。也有人说是赫拉克勒斯,还有人说是珀罗普斯,他在赢得了希波达米亚的婚礼之后创办了赛会。所有这些都是神话,我们不能当真。

有准确纪年的第一届赛会是公元前776年,后每四年举办一次。赛会最初规模很小,项目大概只有短跑,后来规模慢慢扩大。扩大的原因,可能是因为奥林匹亚交通方便,伯罗奔尼撒各个城邦不用说,殖民运动之后,西部的希腊人,即西西里和意大利的希腊人到奥林匹亚参赛相当方便,赛会初期的冠军不少是西部希腊人,暗示这个推断不是没有道理。到公元前6世纪,奥林匹亚赛会成为规模最大、影响也最大的赛会。在大部分时间里,赛会的举办者是埃利斯人,名为希腊人裁判官的裁判,也由埃利斯人担任。这可能也是赛会能够扩大的另一原因,因为它是一个小邦举行。如果由大邦主办,其他希腊人觉得是在给城邦做宣传。

第二个是皮提亚赛会,祭祀阿波罗,在德尔菲举行。据称阿波罗射杀大蛇皮同后,希望找到某些人给他献祭,发现了正在海上航行的克诺索斯的克里特人。他化身海豚,把克里特人引到德尔菲,让他们在那里定居。第一届赛会,就是阿波罗亲自弹奏利拉,唱着颂歌,把克里特人引到德尔菲定居。因此,皮提亚赛会最初只有音乐和诗歌朗诵,影响不大。但是,随着殖民运动的开展,阿波罗作为神谕发布者,影响迅速扩大,求取神谕的人数也急剧增加。公元前 586 年，赛会得到重组，基本仿照奥林匹亚赛会的模式，赛前派使者宣布神圣休战，将比赛分成少年组和成人组。在原来的诗歌和音乐比赛之外，赛会增加了众多体育项目，如战车、赛马、角力、跑步等。赛会四年一届，定期举行。但为了避免与奥林匹亚赛会撞车，选择在奥林匹亚赛会后两年进行。公元前 582 年，皮提亚赛会抄袭了精神奖励的做法，只是冠冕不是橄榄冠，而是腾皮峡谷的月桂冠。当年西库翁僭主克里斯提尼赢得了战车赛冠军，还捐建了一座圣所。皮提亚赛会的影响也随之迅速扩大。在整个古风和古典时代，皮提亚赛会的地位都仅次于奥林匹亚赛会。

第三个是伊斯特米亚赛会，据说是为了纪念底比斯王子麦利凯泰斯淹死于海里举办的，另一说是纪念海神波塞冬的，还有一说是忒修斯创立。但不管是谁创立的，公元前 582 年之后，规模慢慢扩大，成为泛希腊的赛会。赛会的举办者是科林斯，它和前面两个赛会不一样，两年一届。

第四个是尼米亚赛会。尼米亚地理位置偏僻，地处科林斯西南 30 千米左右的内地，水陆交通都不如前三个赛会方便。赛会的历史据说非常悠久。一说是赫拉克勒斯杀死尼米亚的狮子后，为致敬父亲宙斯创立了赛会，另一说是七雄前去攻打底比斯时，在尼米亚停留，为纪念当地的英雄奥菲尔泰斯在那里进行了历史上第一次竞技比赛。有据可查的，是公元前 573 年克莱奥奈（Kleonai）在尼米亚修建了一座宙斯神庙，并举行了赛会。由于这里距离阿尔戈斯只有 25 千米，赛会的举办不可避免地受到阿尔戈斯的影响。赛会两年一届，除一般的体育项目外，尼米亚赛会包含音乐比赛。可能因为地域关系，在四大赛会中，尼米亚赛会影响居于末位，却受到政治更大的影响。公元前415年，尼米亚被斯巴达人及其联军摧毁，赛会一度被移到阿尔戈斯。公元前4世纪中后期虽然再度搬回到原址，但60年后再度移到阿尔戈斯，此后逐渐衰落。

四大赛会虽然由不同城邦主办，但在时间的安排上，希腊人还是形成了惯例，在时间上有意错开。这样，在一个奥林匹亚赛会的周期里，实际上一共有6次赛会举办。运动员们可以根据赛季的安排，每次赛会都前往参加，逐渐形成循环赛，并赢得所有赛会的冠军，成为今天所说的大满贯。虽然如此，奥林匹亚赛会仍然声望最高，在赛事安排上，也给其他赛会充当了示范。但其他赛会并非一味照抄，而是各有特色。皮提亚和伊斯特米亚赛会上的音乐比赛，是奥林匹亚赛会不重视的，尼米亚赛会更重视竞技项目。作为赛会，它们共同的特征，都是向神致敬，在祭祀神灵的基础上发展起来。然而，在古代希腊，宗教从来没有与政治分离。宗教固然深刻地影响着政治，同时，政治也给宗教活动打上了自己的烙印，即使是泛希腊赛会，也不例外。

此外，各个城邦也会组织一些地方性的赛会，如雅典的泛雅典娜节、酒神节，斯巴达的叙亚琴奇亚节，萨摩斯的赫拉节等。最后提到的赫拉节在公元前404年之后被那些寡头派改名叫吕桑德里亚节，那是因为吕桑德作为斯巴达海军统帅打败了雅典，萨摩斯的贵族拍吕桑德的马屁，把赛会名字改成纪念吕桑德的节日。

阿尔戈斯也有赫拉节,祭祀天后赫拉。在某一年的赫拉节上,发生了一个非常动人,也让人唏嘘的故事。有一对兄弟的母亲想去参加节日,但是他们赶车的牛在地里干活没回来,所以这弟兄俩担当了牛的角色,拉着车子去了赫拉神庙。其间的距离据说是9千米。到达神庙后,兄弟俩因孝心受到阿尔戈斯人的称赞,他们的母亲也非常自豪,进而向赫拉祷告,希望赐给两个儿子幸福。这俩儿子据说真得到了幸福。因为他们在庙里面睡了一觉,然后在睡梦中都平静地去世了。希罗多德解释说,这意味着赫拉解除了兄弟俩的痛苦,但对重视传宗接代的希腊人和他们的母亲来说,不知道这到底是悲还是喜了。

城邦的节日和泛希腊赛会不太一样的地方,在于城邦在发展过程中随时会增加节日,比如雅典后来增加了统一节、潘神节、阿斯克雷皮奥斯节等。其中潘神节的增加最为有趣。据说马拉松战役时,菲狄皮德斯奉命到斯巴达去求援。在经过阿卡狄亚山区时,他遇到了潘神。潘神跟菲狄皮德斯说,他一直对雅典人不错,但雅典人从来不祭祀他。所以他要求,如果雅典人祭祀潘神,那他会在战役中帮助雅典人。据称战役中雅典人确实得到了潘神的帮助,他们战后也履行诺言,开始祭祀潘神。阿斯克雷皮奥斯节则因为阿斯克雷皮奥斯是传说中的医神。公元前430年雅典暴发瘟疫,极其需要医生,就把"医神"从另一个城邦请来。由于城邦组织的赛会大多具有地方特色,且体现城邦的意志,有些项目只有城邦的公民才能参加,因此赛会也很难发展成泛希腊性质的赛会。

泛希腊性质的赛会增强了希腊人的泛希腊认同，城邦的赛会则重在增强城邦的认同。所以在城邦赛会中，有一天主要是吃喝：所有公民加入，全城犹如宴会厅。公民们在那一天能够吃到平时难以见到的肉食，还可以给自己放一天假，体会自己作为城邦公民的自豪感。

主要竞技项目和运动员的影响

虽然希腊人的赛会名义上都是业余的，但运动员需要经过严格的专业训练。跑步、武装赛跑、战车比赛、角力、拳击、摔跤等，

赛马

古希腊人交战时经常会使用骑兵，但当时尚无马鞍和马镫，而是人直接骑在马背上作战，因而需要相当的技巧。

都必须经过一定训练，才能真正击败对手。下面以奥林匹亚赛会为例，对古代的主要竞技项目略做说明。

赛会的第一天是准备工作，包括运动员登录、分组，最重要的是祭祀宙斯。在完成所有准备后，比赛在第二天正式开始。抛开分组不论，第一天的项目包括战车比赛、赛马、五项全能；第二天上午用于祭祀宙斯，下午少年组比赛，项目包括200米、摔跤和拳击；第三天上午的项目主要是赛跑，包括200米、400米和长跑（4800米），下午是摔跤、拳击、角力和武装赛跑。后来其他项目陆续引入，包括跳远、武装赛跑、双马战车赛和马驹赛等。这里摘要介绍几种主要的比赛。

所有项目中，最刺激的是战车，最残忍的则是角力。战车由专门的驭手驾驭，场地不过是一个长近400米，宽约250米的略微平坦的地方，南北两边为观众席。比赛距离近9000米，车手需要赶着疾驰的马车来回12圈。因为转弯十分急迫，近乎180度，经常出现人仰马翻的情景，多数人可能根本无法完成比赛。

德尔菲战车比赛的赛道似乎与奥林匹亚类似，也是一个来回奔驰且转弯急促的比赛，因多辆车同时比赛，而且人人奋勇争先，相互抢道，人仰马翻、车毁人亡的事情，几乎是每年都会上演的剧目。公元前462年的比赛中，一共有48辆战车参加比赛，最后只有库莱奈的国王阿凯西拉斯完成了比赛，成为理所当然的冠军。索福克勒斯的《埃莱克泰拉》描写了据称发生在德尔菲的奥莱斯泰斯参加的战车比赛。此前奥莱斯泰斯已经参加了包括跑步在内的所有比赛，而且全部获得胜利,战车是他的最后一项赛事,一共有10辆车参加。在抽签确定赛道后,比赛正式开始。

> 他们各就各位排列马车。铜喇叭一响,赛车立刻开始了。参赛者同时吆喝着马匹,抖动手里的缰绳。整个跑道上充满了马车的吱嘎声和喧闹的轰隆声。尘土飞扬,起初拥挤混杂在一起,大家都毫不怜惜地挥鞭驱策,力求超过对手的车轮和喷着鼻子的马匹。后面马匹喷出的热气灼痛了前人的脑后,唾沫星子沾满了前人的后背和车轮。奥莱斯泰斯巧妙地驾驭着马车,

战车比赛

荷马史诗中常见战车作战,但到古风时代,随着骑兵兴起,战车成为一种纯粹的装饰品,几乎不再出现在战场上,因而也成为贵族特别青睐的一项运动,以显示自己的与众不同。

总是紧贴着绕过跑道两边的标桩,每次车轮都几乎擦着了它们。他放松右边的缰绳,凭借外边的马全速奔驰,勒紧左边的缰绳,控制内圈马的速度。有一阵子,大家笔直往前驰骋,没有出事,但是,突然埃尼亚人的马执拗地不服驾驭,离开了自己的跑道,一拐弯——这时他们已跑完第六圈开始跑第七圈——头部撞上了利比亚人的马车。接着,别的车子一辆一辆飞驰过来,撞上,翻倒,破碎,整个克利萨原野上撒满了车马的碎片和残骸。来自雅典的车手,看到了这一幕,机警地把马车拉向一旁,放慢速度,从海浪般滚动在跑道中间的破车死马旁驶过。奥莱斯泰斯最后上来,他已经勒马减速,把希望放在最后的冲刺上。但一看见那个剩下的唯一对手时,他又对着快马的耳朵发出一声响亮的吆喝,催促它们快跑。于是赶上了前面的车子,并排驰驱着,仅时而这个时而那个地超过一个头。至此,这不幸的人站在他完好无损的马车上跑完了他的每一圈路程。最后在拐弯时他放松了左手的缰绳,不觉车轴碰到标桩边上,轴销折断,人被抛出车外。精致的缰绳皮带又把他缠住了,身体落地时,受惊的马匹往跑道中间四散乱奔……他被继续拖了一段路,脸朝地面,过会儿又腿膝朝天,直到人们好不容易制止了马匹的狂奔,解下了他。这时已没有一个亲友见了能认出这不幸的尸体。弗奇斯人立即把他火化了,把他高大身躯的可怜骨灰盛在一个小小的铜罐里正送来呢。他们这样做,为的是让他可以建坟安葬在自己祖先的土地里。

故事当然是编造的,意在让克吕泰拉斯泰拉相信,奥莱斯泰斯已经死了,以便她放松警惕,但索福克勒斯生动的笔触,借着这个传说中的故事,清晰传达了一次战车比赛的全景和细节。比赛中最危险的就是两头转弯之时,因为角度非常小,近乎180度倒转,特别容易撞车。另外,损毁的其他车辆也随时会造成灾难。所以那位雅典车手小心避开。但可能超车心切,奥莱斯泰斯在最后转弯时稍许松懈,立刻车毁人亡。东道主出于对死者赢得了所有冠军的敬重,才火化了他的尸体并将其送回阿尔戈斯。可以相信,一般的失败且身亡者,肯定没有这样的待遇。事实上,除跑步外,其他比赛如摔跤、拳击和角力,一样可能死人,而且死亡发生的频率相当之高。可以说,几乎每一次比赛,都是从鬼门关走一趟,而一场比赛下来能够不受伤,绝对是值得炫耀的资本。

但也有不少幸运儿,例如雅典的阿克比亚戴斯,一次曾经包揽战车赛的前三名,或许第四名也是他的。由于养马本身就是一项十分花钱的活动,还需要雇佣专门的车手训练马匹,因此赢得战车比赛胜利的,大多是希腊最富有的财主,或者干脆就是一些城邦的僭主。

角力最为残忍。它综合了拳击、摔跤和角斗等手段,似乎除了不准咬人外,所有手段都可以用上。此外,与现代角力或拳击不同,选手们根据抽签被分成两人一组,相互对抗,胜利者进入下一轮。另外,一场比赛中,不会划分为轮次,而是一场定胜负,所以上来双方就死磕,直到一方被战败,或者认输为止。在这种情况下,比

角力

赛的第一要求是体力。为了增加力量,多数选手选择大量吃肉,以强化自己的体格。同时,学习拳击以及摔跤中使用的各种技术。如在拳击场上一样,角力场上经常出现死人的情况,有些是被正常击倒的,有些则是被对手犯规算计。虽然犯规者会遭到裁判严厉处置,但已经死去的再也无法挽回。

跳远运动员需要手持重达5000克的一个哑铃,理由是那样可以让运动员保持平衡并跳出最大距离。该项目的记录是一个名为法伊罗斯的克罗同运动员创造的,据说他跳出了16.8米。

值得注意的是,在泛希腊性质的赛会上,希腊人几乎纯粹为比赛而比赛。公元前480年,温泉关战役正在进行,在温泉关的守军只有7000多人。当波斯人听说大多数希腊人在忙着奥林匹亚赛会,就问赢得冠军的奖品是啥？得知奖品只是一个橄榄冠时，波斯人觉得不可思议，为一个橄榄冠比赛！对参赛的那些贵族而言，获胜是为了证明自己和一般人不一样，奖品是次要的。

不过，这不是说获胜没有任何好处。一旦获得冠军，会产生巨大影响，受到城邦的优待，比如免税。希腊城邦的公民一般不用交税，但偶尔会有一点特别税。但不管什么税，冠军一律免税，且由城邦免费供养，在议事厅用餐。还有很多赛会冠军后来获得了政治影响。今天的职业运动员都有自己的粉丝，古代希腊很多运动员也有粉丝，尤其是年轻人，会追随在冠军身边，时间长了会形成一定政治影响。希腊城邦很小，一旦得了冠军，所有人都知道，他们如果有野心，就会成为政治人物。

这里的几个例子足以说明运动员的影响。公元前632年，在雅典发动政变的库伦就是奥运会冠军。德尔菲的神谕告诉他在宙斯节日政变，他真的在奥林匹亚的宙斯的节日发动政变了。然而政变因遭雅典人反对失败，于是德尔菲的神说，神谕说的不是奥林匹亚的宙斯的节日，而是雅典的宙斯的节日。当然这是神给自己预言失败进行开脱的一种手段。此外，领着雅典人在西盖翁和米提莱奈作战的将领，也是奥运会冠军。公元前6世纪雅典的西门得了两个奥运会冠军，第二次得冠军的时候，他觉得自己总拿冠军不太合适，就把冠军送给了当时雅典的僭主庇西特拉图。但最后还是有人觉得西门影响太大，把他暗杀了。虽然希罗多德没有明说，但我们能明显感觉到，他的死让僭主家族的人安心不少。

西部希腊人的僭主，如叙拉古的僭主，也热衷于参加比赛，意在为自己的统治和地位寻求合法性，或者为自己寻求在希腊世界更高的政治和文化地位。然而希腊人不太买账。有一次僭主参加悲剧比赛朗诵诗歌时，因诗歌和朗诵都实在太差，观众直接怒了，先是丢东西，后来要上去打人，吓得僭主只好逃命。

无论如何，古代赛会的追求，直接启发了现代奥运会的创办者，并且现代奥运更加开放，世界各国运动员都有资格参加，而且在不同地区轮流举办。这样，现代奥运具备了更多的包容与和平意义，也具有了更高、更快、更强的追求。

第三十章
古典希腊到现代希腊

本书的结尾介绍希腊后来的发展,这是一个从罗马帝国行省演变成现代民族国家的长期过程。

公元前4世纪末,希腊被马其顿征服,但马其顿人大体还属于希腊人,文化上大体也是希腊的,到希腊化时代,马其顿人也基本被作为希腊人接受。然而,从公元前3世纪末起,罗马逐渐向东扩张,公元前168年灭马其顿。公元前146年,罗马征服了希腊,设立马其顿和阿凯亚两个行省。于是,希腊本土和马其顿都变成了罗马的行省。在此之前的公元前3世纪中后期,西西里成为罗马的第一个行省。公元前64年,塞琉古被消灭,罗马在那里建立叙利亚行省。公元前30年,埃及被灭,末代女王克里奥帕特拉自杀,希腊化世界的主要国家至此都归于罗马帝国。只是埃及过于富裕,交给任何一个人都不太让人放心,取得内战胜利的屋大维把埃及作为自己的私人领地。至此,希腊人梦想的政治独立彻底丧失。

罗马帝国时代，希腊作为文化中心继续繁荣，罗马人也经常到东方学习。同时，希腊人到罗马寻求出路的也越来越多。由于希腊文明早已在东地中海扎根，所以希腊语作为官方语言，继续在巴尔干到埃及等地扮演重要角色。公元395年罗马帝国分裂，希腊作为东罗马的行省继续存在，成为现代学者所称的拜占庭帝国的一部分。公元14世纪至15世纪，奥斯曼土耳其逐渐蚕食拜占庭帝国领土，先后夺占巴尔干等地。1453年，奥斯曼帝国占领东罗马都城君士坦丁堡，灭亡拜占庭，巴尔干地区又成为奥斯曼帝国的一部分。1821年，希腊在西欧民族主义影响下发起独立战争，1822年基本赢得独立，建立近代民族国家。

独立初期的希腊疆土只包括伯罗奔尼撒和中希腊部分地区，后来色雷斯、克里特等陆续被并入希腊。第一次世界大战后，希腊试图利用土耳其的软弱夺取伊斯坦布尔，但遭遇失败，现代希腊的疆域大体形成。然而，独立之后，希腊政治长期不够稳定。第二次世界大战中，希腊一度被纳粹德国占领。希腊人民奋起反抗，借助反法西斯战争的胜利，驱逐了纳粹势力。战后希腊再度陷入动荡，一度建立军事独裁体制。20世纪70年代末，希腊政治逐渐稳定，建立了希腊民主共和国。

这里我们略微往前追溯，首先回顾一下希腊国名的起源，接着概要介绍希腊的遗产及其所经历的变化。在今天的希腊语中，希腊被称为"Ελληνική"，意思是"希伦的子孙"。古代希腊的神话称，所有希腊人都是希伦的后代。希伦则是传说中大洪水之后唯一幸存者丢卡利翁的儿子。希伦的后代中,阿凯奥斯成了阿凯亚人的祖先,伊翁成了伊奥尼亚人的祖先,多洛斯成了多利亚人的祖先。

然而修昔底德已经发现,希腊这个地名最初仅指色萨利叫赫拉斯(Hellas)的地区,后来才慢慢扩展到巴尔干。据现代学者研究,大概到公元前7世纪才成为所有希腊人的统称。在荷马史诗中,那时的希腊人还叫阿凯亚人,而非希腊人。现代希腊语仍然保留了"赫拉斯"的名称。在今天希腊共和国的护照上,写的仍是"Ελληνική Δημοκρατία",即希腊民主共和国。

然而在英文中,希腊经常被称为"Greece"而非赫拉斯。这个名字又是怎么来的?说来有趣,比奥提亚有一个小村庄叫格莱依,而格莱依人到意大利建立了一个殖民地,殖民地的人因此被称为Graeci。后来罗马人借用了这个名字,并将之用于称呼所有希腊人。近代西方文化深受罗马传统影响,罗马对希腊的称呼,也被大多数西方人接受,所以现代英文中,希腊经常写成Greece而非Hellas。不过中文倒是接受了希腊自身的传统,翻译成希腊(Hellas),而非根据拉丁语称为格莱克。

作为罗马帝国的行省,希腊在政治上基本无关痛痒。在罗马帝国的几十个行省中,希腊本土不过是一个叫阿凯亚的行省,而且并非最重要的行省。但在文化上,希腊仍然重要。东部帝国仍然用希腊语,雅典仍是文化中心,很多罗马人要接受教育,需要到雅典这样一些地方来学习修辞学、辩论术等。公元2世纪的罗马皇帝哈德良也喜爱希腊文化。他不仅把希腊人组成一个所谓的泛希腊同盟,而且完成了雅典的奥林匹亚的宙斯神庙的建筑。这个工程本是雅典的僭主庇西特拉图开始的，但工程过于浩大，不但他自己没完成，他儿子也无力完成。后来的雅典和希腊化时代的那些统治者们，尽管赞助了许多其他建筑和设施，却都没有管这个烂尾工程。哈德良动用罗马帝国的财富，终于完成了这个庞大工程。希腊人自己自然乐见其成，因为作为政治上衰落的补偿，他们极力要在文化上证明自己。

文化证明的另一迹象，是公元 2 世纪发生的第二智者运动，期间出现了许多重要人物，如普鲁塔克、波桑尼亚斯、菲洛斯特拉图斯等，他们拼命吹嘘希腊人早年的辉煌、祖先的伟大，因此诞生了不少名作。普鲁塔克的《名人传》（又译《希腊罗马名人传》）用一个希腊名人对一个罗马名人对照列传的方式，以证明希腊人在政治和军事上曾经的伟大。波桑尼亚斯是一个游记作家和地理学家，他在希腊游历时，实际看到的是罗马富豪阿提库斯修建的庞大体育场，也就是我们今天仍能见到的泛雅典娜体育场（音译帕纳辛纳科斯体育场），但他主要记录的，多是自由希腊时代那些伟大的建筑。对罗马时代的建筑，波桑尼亚斯尽量不涉及，或轻描淡写。

这一现象体现了罗马统治下希腊知识精英矛盾的态度。一方面他们必须承认罗马的统治，另一方面他们又为过去自豪。

这个时期的一项重大工程，是泛雅典娜体育场的兴建。主要捐助者阿提库斯是罗马帝国时代的富豪。无论他最初的动机是什么，体育场兴建后，雅典人在这里举行各种赛会。不过有趣的是，这座

泛雅典娜体育场

罗马时代修建，但采用了古典时代雅典人举行的泛雅典娜节的名称，显示了古典希腊传统在罗马时代的活跃。

体育场在现代希腊得到了认可。1896 年，体育场经过整修，成为第一届奥林匹克运动会的主运动场。2004 年，它经过改建成为第 28 届夏季奥运会的主赛场，如今则是希腊数个足球俱乐部的主要场地。

斯巴达缺乏这样的文化底蕴，到罗马时代成了旅游景点。斯巴达人的那些传统习惯，比如鞭打少年，成了一个旅游表演项目。据后来罗马时代的作家记载，有些少年在表演中被鞭子抽死。

拜占庭帝国时代，希腊所在的巴尔干地区继续作为行省存在，但在宗教上，基督教最终取得了统治地位。在基督徒看来，异教的

查士丁尼

拜占庭皇帝查士丁尼为统一思想,加强统治,宣布封闭柏拉图创办的学园。这一举动标志着基督教彻底在拜占庭取得了独占地位。图为查士丁尼和他的廷臣们。

希腊变成了基督教的希腊,古代希腊人崇拜的众神,被耶稣基督取代。公元 1054 年,东西基督教正式分裂,东方基督教演变成希腊正教,又名东方正教,西方形成天主教。希腊成为东正教国家。公元 1204 年,第四次十字军攻占君士坦丁堡,把伯罗奔尼撒、阿提卡变成了拉丁帝国的一部分。拜占庭复国后,希腊逐渐回归拜占庭。公元 14 世纪至 15 世纪,奥斯曼帝国征服巴尔干半岛,并把统治维持到公元 1821 年。奥斯曼帝国统治时期,伊斯兰教传入希腊,部分人改信伊斯兰教。公元1821年，希腊独立战争爆发。

独立战争的爆发是多种因素促成的，概括起来主要有以下几个方面。第一，奥斯曼帝国的歧视政策。在奥斯曼帝国统治下，信仰伊斯兰教的穆斯林占有较多较好的土地，是统治阶级。在行省或国家机构中，穆斯林也占据统治地位。作为基督徒的希腊人很少有机会。在政治上和经济上，希腊人都被歧视。第二，18世纪以后，奥斯曼帝国日渐衰落。公元15世纪至17世纪，奥斯曼帝国一度非常强大，疆土从保加利亚经希腊，延伸到小亚细亚、叙利亚、巴勒斯坦、埃及和北非。但是，18世纪及其以后，因内部分裂和外部受到攻击，帝国走上了衰落的道路。埃及和阿拉伯半岛先后独立，其他地区也陆续脱离帝国。统治伯罗奔尼撒和阿尔巴尼亚的阿里巴夏也希望独立。正在崛起的俄罗斯帝国趁火打劫，多次发动对土耳其的战争，割占大片领土。第三，希腊人势力日渐增强，首先表现在经济领域，希腊的航运业发展起来。法国大革命爆发后，因英国人封锁法国，意大利、荷兰都被拿破仑占领，希腊人借机取代这些国家的航运地位。第四，法国大革命提出的民族国家主张，刺激了希腊人的独立愿望。拿破仑战败后，很多国家陆续独立。部分希腊人认为，他们也应该独立。独立的第一步，是复兴希腊语。还有部分人如克拉伊斯等，在复兴古典希腊语的同时，还希望借助西方的力量赢得独立。

希腊人独立的愿望，正与西欧希腊主义的兴起吻合。西欧很多人喜欢希腊，如19世纪前期的德意志诗人、思想家经常把德意志想象成希腊；法国大革命也推崇希腊民主传统；英国诗人拜伦和雪莱都写过关于希腊的诗歌；哲学家密尔甚至声称，马拉松战役比诺曼征服中的哈斯丁斯战役都重要。希腊作为西方文明的根，正是在这个时期逐步确立起来的。

希腊在西欧受到青睐还有自然条件方面的因素。希腊仍处在土耳其统治下，那地方他们没去过，被想象成与西欧迥然不同的、纯洁的、文化的国度。古代希腊则是人全面发展的时期，是空气清新、阳光明媚的伊甸园。而英国和西欧当时正在工业革命，经济发展造成的环境污染和社会分化，以及文化的被鄙视，使西欧人异常怀念远古的希腊。

多个因素的综合，促成了希腊独立战争的爆发。1822年，土耳其军队正忙于镇压试图独立的阿里巴夏，在希腊的兵力空虚，希腊人乘机发动起义。起义的中心在伯罗奔尼撒，定都伯罗奔尼撒东

19世纪初英国诗人，又称拜伦勋爵。他不仅写有关于希腊的诗歌，而且在希腊独立战争开始后自费前往希腊参战，花费大笔金钱支持希腊海军并亲自统帅军队。1824年他因病逝于希腊。

拜伦

北部的瑙普里亚。起义者的目标本想定都雅典，但雅典还在土耳其手中。

希腊暴动赢得了西欧广泛的支持。拜伦和雪莱等都呼吁援助希腊，欧洲大国包括俄国也都出面干预，迫使土耳其在1828年承认了希腊的独立，巴伐利亚的奥托王子被选为希腊国王。

摆在希腊人面前的有两个重要任务：一是实现国家统一，二是实现现代化。最初希腊人希望把古代希腊人曾经居住的地方都收归现代希腊，至少是巴尔干的全部直到君士坦丁堡的地区，理由是君士坦丁堡曾是古代希腊人的殖民地拜占庭。小亚细亚西岸地区曾有众多古希腊城邦，他们也希望能够拿回来。

国家统一到20世纪初基本实现。希腊最初的国土仅包括南希腊，随后中希腊的阿提卡和比奥提亚、北希腊的色萨利加入。第一次世界大战后，克里特归于希腊，爱琴海中的岛屿，大部也归于希腊，但夺取伊斯坦布尔的企图遭遇失败。因而今天的希腊疆土大致包括克里特、伯罗奔尼撒、色萨利、马其顿、爱琴海中的一些岛屿等。

希腊实现现代化的历程更为复杂。1834年希腊定都雅典，1844年通过了宪法，规定26岁以上的男性都有选举权。但国王与政府之间权力斗争激烈，工业化进展缓慢，到1912年，希腊的公路才4000千米，铁路1000千米。

20世纪中前期的希腊政治仍不稳定。20世纪初，韦尼泽罗斯政府通过了一系列社会立法，承认公民有游行权利，并禁止随意逮

2004年雅典成功举办夏季奥运会，会徽仍然采用了古代奥林匹亚赛会的橄榄冠图案，从而将古代与现代联系起来。

2004年雅典奥运会会徽

捕。第二次世界大战中，希腊加入同盟国一方，被希特勒德国占领。希腊人民开展游击战争打击侵略者，希腊共产党势力和影响都日益扩大。战后，马歇尔计划使希腊经济每年增长7.3%，迅速实现了现代化，英美扶植的势力也在权力争夺中取得优势，逐步打败了共产党。1974年，希腊在经历多年动荡后，最终确立了宪政。1977年，希腊加入欧共体。1981年，安德里亚斯·帕潘德里欧开始执政，颁布了一系列社会立法，实现全民医疗保险，实行养老金制度，增加教育支出，希腊进入发达国家行列。

20世纪90年代，希腊的发展再度遭遇挫折。经济增长每年只有1.3%左右，但通货膨胀率达到两位数。2008年的经济危机重创希腊，经济滑坡极其严重，政治动荡，人民抗议风潮不断。前些年笔者遇到一个美国希腊裔教授，特意聊起希腊财政破产后的状况。她直言不讳地说，由于财政困难，养老金被大量削减，老人生活困苦。虽然如此，在欧盟帮助下，希腊大体熬过了危机，基本实现小康，现在是欧盟的重要成员国。2020年暴发的新冠肺炎危机中，希腊政府在积极防控疫病的同时，实现了社会政治和经济的平稳发展。希腊1100多万的总人口中，约500万住在大雅典区，另有100万左右居住在大城市萨洛尼卡及其周边。农民在希腊人口中占比相当低，绝大多数人是工人或者其他自由职业者。

在欧盟诸国中，希腊可能是对中国最友好的国家之一，政治和经济合作良好。希望在未来的日子里，中国和希腊两大文明古国能够持续保持友好交流，共同发展。